SOLTEIRO SOFRE DEMAIS

SOLTEIRO SOFRE DEMAIS

BRUNO GODOI

O PRIMEIRO BARBA LIT NERD DA GALÁXIA

SÃO PAULO
|E|M|P|Í|R|E|O|
2015

Todos os direitos reservados
Copyright © 2015 Bruno Godoi
Copyright © 2015 Editora Empíreo

Editor
Filipe Nassar Larêdo

Assistente de edição
Adriana Chaves

Capa
Project Nine

Projeto gráfico & diagramação
Project Nine

Revisão
Letícia Teófilo

Texto de acordo com as normas do Novo Acordo Ortográfico da Língua Portuguesa
(Decreto Legislativo Nº 54, de 1995)

Dados Internacionais de Catalogação na Publicação (CIP)
(Câmara Brasileira do Livro, SP, Brasil)

Godoi, Bruno
  Solteiro sofre demais : o primeiro barba-lit nerd da galáxia / Bruno Godoi. -- São Paulo : Empíreo, 2015.

  ISBN 978-85-67191-12-6

  1. Ficção brasileira 2. Humor na literatura I. Título.

15-08191   CDD-869.3

Índices para catálogo sistemático:
1. Ficção : Literatura brasileira 869.3

2015
TODOS OS DIREITOS DESTA EDIÇÃO RESERVADOS À
EDITORA EMPÍREO
RUA CAJAÍBA, 451
VILA POMPEIA
05025-000 – SÃO PAULO – SP
TELEFONE (11) 2309 2358
WWW.EDITORAEMPIREO.COM.BR
CONTATO@EDITORAEMPIREO.COM.BR

Todo livro deve ser mantido ao alcance de qualquer pessoa e em contato com os olhos.
Conservar na temperatura do seu ambiente.

[E|M|P(Í)R|E]O]

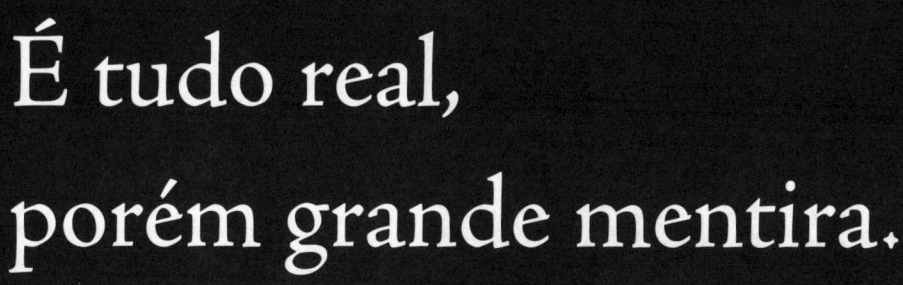

É tudo real,
porém grande mentira.

Pra mim e pra você

42=132

1

Tutorial básico

A história é sua. É simples, rápida, divertida. Nem precisa pensar. Começa pelo começo, passa pelo meio e fecha no final. Fácil. Repetindo: a história é sua. Sua não é verter suor pelos poros, do verbo transpirar; é pronome possessivo. Repita aí: a história é sua. Seu nome é Larry James Lurex, 33 anos, professor de Literatura. Você tem doença grave, chamada doença gravíssima. Além de doente é pobre. Tem pouca grana. Motivo: gasta muito e dá poucas aulas. Pouco dinheiro entrando, muito dinheiro saindo. Saldo negativo. Transação no vermelho. Você é você, sempre, esse é o segredo do livro.

Logo, se você for feio, será feio; se for bonito, será bonito. Sendo feio ou bonito, você é legal e engraçado. Não pega muita mulher nem pega pouco, mas tá sempre transando. Se bem que pegar seria semanticamente errado, pois são elas que te pegam. Então você é pegado. Isso por você ser você, e você é legal e engraçado. E você é bonito. Você é tu; e tu nunca vai dizer que você é feio. O ano é 2016. Seu sonho é ser o Super-Homem. Seu herói predileto é o Lion, o chefe dos Thundercats. E você é doente.

Seu nome é Larry James Lurex. Você tem doença grave. Sofre de Ereção Só Com Safadas – ESCS. Popularmente significa que você fica excitado só com as safadas. Observação: você ganhou um iPhone do seu Primo. Seu Primo desistiu do aparelho. Tempo demais fuçando na net é pouco tempo transando com sua avó – Vovó Sex. iPhone mais sinal Wi-Fi resulta em mulher sem sexo. O mundo está condenado, procriação em declínio. Pessoas usam os dedos no celular ao invés de usá-los nos órgãos sexuais alheios.

Penalidade máxima. Internet mais WhatsApp é combinação fácil pra arrumar rolo, e Vovó Sex é ciumenta.

Seu Primo namora sua avó de noventa anos. Vovó Sex. A vó é sua, não do seu Primo. Primo é o nome do namorado da vovó. Seu melhor amigo é o Leo. Feio, peludo, maluco, baixinho e desempregado. Um dos sonhos dele é pegar sua ex que descobriu ser bi e hoje namora uma amiga. Amiga dela, da ex, agora bi. Leo é ainda mais doente, fica excitado com qualquer mulher, porém não sai com ninguém. Nem pega nem é pegado. Vocês moram numa república, Nossa República. Leo tem banheiro particular. Claro, duro e solteiro resulta em saldo solitário individual.

Leo é masturbador. Vocês dividem a Nossa República com Freddie e Ritinha. Freddie raramente pega mulher. Na verdade, Freddie nunca pega nada nem é pegado por ninguém. Vocês acreditam que ele é assexuado. Sexuado ou assexuado, não importa o sexo. Ele é o Freddie. E Freddie é bom amigo. Vocês moram numa república. Nossa República. O lugar chama Nossa República. Você, o Leo, o Freddie e a Ritinha moram lá. Tem noite que vocês não saem. É tanta a preguiça que ultrapassa a falta de dinheiro pra sair. Veja bem: falta de grana não é motivo pra deixar de sair.

Claro que não. Passar o Radar de Solteiro pelas ruas é grátis, ninguém cobra. Também, vocês moram numa avenida movimentada, numa praia mais movimentada ainda. Imagina: Nossa República fica na Avenida Atlântica, em frente à Praia de Copacabana, Rio de Janeiro. Cariocas lindas. *The love is in the air!* (Nossa República fica numa região inspiradora.) Mas mesmo assim vocês ficam em casa na sexta à noite. Nossa República fica num prédio residencial antigo, amarelo, com fachada elaborada, estilo *Art Déco*; elevador com porta de correr, modelo sanfona; corredor acarpetado. Você morre de medo desses elevadores velhos, sempre rangem e travam.

E hoje é dia de passar a noite bebendo e mexendo no WhatsApp, claro, é sexta-feira. Mas antes de prosseguir na prosa, faremos um breve estudo estilístico. Lógico, você é professor de Literatura. Então atente à simetria dos parágrafos. Todos iguais. Mesmo tamanho e número de palavras. Os parágrafos do livro têm cem palavras. (Tem.) (Duvida?) (Conte!) Conte os sinais gráficos como palavras. Diálogos serão em sequência. Ora, José Saramago fez isso e ganhou o Nobel, sua obra é lembrada e estudada; se tivesse usado estrutura normal e batida de falas isoladas, ele seria lembrado e estudado? Pense na Literatura.

José Saramago utilizava um "estilo oral", priorizando a comunicação em detrimento à correção do "estilo escrito". *Hã?* Simples. Imagine um bate-papo leviano, conversa de boteco. A comunicação flui muito rápida, ligeira. Conversa pelo celular, idem. Rápida, sem rodeios. Com certeza é rápida pra gastar menos possível os créditos. Pessoas fazem assim. Quem for rico não faz, tem celular de conta, pode falar até babar. Outra coisa, os diálogos estão inseridos nos parágrafos. Contudo, diferentemente de Saramago, usa-se aspas iniciais e finais para isolar as falas. Isso propicia sensação de fluxo, vazão, corrente. Detalhe: sua fala será em itálico; assim: *Itálico*.

"Sim, sua fala". Você é o personagem principal, Larry James Lurex. Você *fala*. Itálico poderia ser pensamento, e como você é você, sua fala fica na mente, por isso pensamento. *OK, já está enchendo.* "Espere! Pra fechar o estudo estilístico, teremos números". A história foi dividida em capítulos. Fato. Capítulos em parágrafos. São 77 capítulos e 770 parágrafos simétricos. "Moleza, não? Só 770 parágrafos". *Sim. São 770, o livro todo. Pode contar.* Repetindo: cada parágrafo possui cem palavras. Ó, cada capítulo tem dez parágrafos. Resumão: cem palavras, um parágrafo; dez parágrafos, um capítulo. Só isso. Você lê até debaixo d'água.

"Ultrafácil. Megarrápido. Supersimples". É abrir o livro e ler dez parágrafos, pular o capítulo e ler mais dez. Assim você larga do começo, cruza o meio, breca no final. Igual Fórmula 1. *Coisa diferente, né, gente? Pelo amor de God.* Deixemos a mesmice de lado. O estranho é sinal de novo. Tá bom, "não há nada de novo aqui", alguém pode refutar. Não importa. E o Kiko[1]? Então, deixemos o estudo literário e partamos pra leitura. Lembrando: nem precisa pensar, é rápido e simples; os diálogos também, ninguém vai se perder. Pode ler no metrô, na esteira (até transando).

---

1 O kikotenho com isso.

2

Chove forte

Mesmo assim têm turistas lá embaixo, na praia. Leo voltou do supermercado Pão de Açúcar com saquinhos de suco megaconcentrado, desses que um grama pinta o Mar Vermelho todo. Pode até ser vermelho mesmo, aí seria vermelho suco megaconcentrado. Então teríamos o Mar Vermelho Megaconcentrado. Freddie trouxe vodca; você, pizza e fandangos. O vizinho trocou a senha do wireless. A operadora do seu celular é tão ruim a ponto da mensagem no WhatsApp chegar por Sedex 10. Só no outro dia às 10 horas. À vista disso temos a dissertação do dia e as três partes para se ter uma.

Primeira parte. Introdução: pizza, vodca, fandangos, sexta-feira, suco colorido, falta de internet; Leo e Freddie em casa; Ritinha doente e de cama. Segunda. Desenvolvimento: pelos fatores da Introdução, vocês não farão nada à noite. Ficarão na república bebendo. Terceira. Conclusão: vai dar merda! E o tempo passa. Você senta e bebe, come a pizza, come o fandangos, limpa os dedos no sofá. Ketchup com farelo de fandangos, depois de seco, parece argamassa. Passa mais o tempo. O Leo anda pra lá e pra cá e bebe. Freddie deita e finge que bebe. O tique-taque vai tiquetaqueando e vocês vão bebendo.

Leo, pare de gritar!, você grita pro Leo. Na hora, ele replica gritando: "Larry! É você quem grita!". Você grita pra pedir pra ele parar de gritar e assim grita além dos gritos dele. Física. Propagação do som: quem grita mais é mais ouvido. *Correto. O miserável tem razão*, você pensa. Aí o Freddie explica em voz baixa: "Os dois estão gritando porque o som está no máximo". Física: quem não grita quando todos gritam, não se faz ouvir. O som continua alto.

Você e Leo continuam a gritar, Freddie continua a tentar explicar que o som está muito alto.

Os vizinhos reclamaram. O porteiro já chamou o elevador. Lá vem ele pra censurar os gritos. Acabou a vodca. O suco está em 90% do conteúdo. Só 10% de suco megaconcentrado pra esvaziar uma garrafa e fazer idiotas berrarem uns com os outros. Vocês estão no Primeiro Grau da Embriaguez, o Macaco. Há uma lenda. Ela explica os graus. O Macaco: falante, inquieto; o Leão: machão, nervoso; o Porco: sujo, babão. A escolha dos animais é evidente, feita por amostragem. Sorte geral é vocês raramente passarem do Macaco. Azar dos vizinhos, pois no Macaco vocês são ninjas na arte Gritar.

Ciência. Química: álcool, solução, concentração. Biologia: sangue, bêbados; álcool no sangue. Sociologia: quando alguém enche o saco, outro alguém reclama. Assim, o porteiro chega. Bate à porta. Bate de novo. Mais uma. Chuta uma. Chuta duas. Chuta três. Nosso Som é bom, Leo comprou na feira dos piratas; tão bom que não deixa vocês ouvirem nada do que se passa do lado de fora do apartamento. Nosso Som é o nome do aparelho de som da Nossa República. Aqui tudo é Nosso ou de alguém. Plural ou singular, sempre pronome possessivo. Seu, Nosso. O sapato do porteiro é bom também.

Esse porteiro é chato. Ele comprou o sapato numa loja de calçados, e é só dele, não Nosso. Ele chuta e grita. Ritinha continua acamada. "Hoje ela não levantou", Leo te disse mais cedo. Leo não trabalha, passa o dia na república cuidando da casa e vigiando a Ritinha. Cuidando da casa? Então cuida errado, pois a república é mais bagunçada do que lixo de condomínio rico. Pelo menos, ironicamente, Nossa República cheira gostoso (tem perfuminho). Ritinha escuta bem, tão bem que quando chutam a porta, é ela, Ritinha, quem atende. E lá vai ela correndo pra porta da sala.

"A Ritinha tá doida?", Leo grita e aponta pra ela. "Au, au, au!", a Ritinha fala com a porta. *Ah, merda. É o porteiro chutando a porta*, você resmunga, desliga o som e abre a porta. De cara o porteiro exclama sem emoção: "Multa!". Ele não diz boa-noite nem nada de bom, só entrega a multa que nunca é boa. Terceira do mês. Atente ao fato de ser a terceira sexta-feira. É Matemática fundamental. Operação básica: somar pra pagar. O mês tem quatro sextas-feiras; se estamos na terceira e chegou a terceira multa, logo: semana que vem tem mais uma.

Não é previsão da Mãe Dináh, é previsão lógica mesmo. Vizinhos chatos recebem multa pra deixar os moradores legais em paz. Era pra funcionar, contudo, se toda sexta tem multa, obviamente não funciona. Status: problema detectado. Solução: desconhecida. Freddie pega a Ritinha e ordena: "Rita, pare de gritar!". Ritinha tem três quilos e quinze centímetros. Pinscher zero. Preta. Orelhudinha, parece morcego. Anda pulando feito cabritinho. É chata pra bater com pau. Voz fina e irritante. Chata e arisca. Não deixa ninguém encostar, é daquelas que não se deixa ser pegada. Virgem. Agitada. Elétrica. Coração a mil, enfartará a qualquer hora.

Ritinha rasga sofá, tem medo de trovões, faz cocô no tapete do banheiro e odeia visitas inesperadas; além, claro, de visitas agendadas. Mas é bonitinha, gracinha em pessoa, de estimação. Leo arrota perguntando: "Como pagaremos as multas?". Você responde: *Pagaremos quando você arrumar emprego*. Mas Leo tem de cuidar da Ritinha. Freddie trabalha na farmácia em frente ao restaurante mais badalado da região, ao lado da boate-zona-pub mais badalada da região, e ganha pouco. Ainda, Freddie recebe pouco mais da metade em remédios, com o resto, absurdo, compra mais remédios. Ritinha não trabalha, você não deixa, ela é sua protegida.

Aí a multa sobra pra você, por isso bebe mais pra esquecer as dívidas. O assunto da multa perde a importância. Você precisa de sinal de internet urgente. *Preciso de sinal de internet urgente*, você avisa. Leo soluça: "Preciso de vodca urgente". Freddie solta a Ritinha: "E eu preciso defecar urgente", e corre pro banheiro. Você pensa: *Desde quando um bêbado fala defecar?*, você até cogita em comentar com o Leo, mas desiste. Leo é chato, tem hora que é melhor evitar. Mais tique-taque tiquetaqueia. Química: álcool. Biologia: você fica mais bêbado. Sociologia: ao inferno com tudo, você tá bêbado.

3

Culto religioso

Sexta-feira é dia de culto na Minha Igreja. *Hoje eu vou*, você declara. A igreja não é sua. O Minha não é pronome possessivo, é substantivo próprio. Nome da igreja. Minha Igreja. "Sério, Larry? Vai mexer com a religiosa virgem?", Leo pergunta, "e seu tratamento?". Leo é daqueles que dizem o errado na hora certa e errada. Não importa a hora, diz o que deve ser dito erroneamente. Freddie volta do banheiro e entra no diálogo, que agora vira triálogo: "Já te falei, Larry, o tratamento é inútil. Você nunca vai se curar assim, seu problema é espiritual, não carnal".

Seu nome é Larry James Lurex. Lurex é sobrenome inglês que nada tem de sobre, e sim sob. Sobnome, ou, nome-inferior. Sua família descende de conde inglês. O nome do conde era Ex. Conde Ex, apelido Condex. Mas o Ex não tem nada a ver com nome. Ex veio do pai do conde. O pai do conde se casou com uma golpista ordinária que fez o pai do conde mudar o nome dos descendentes. Coisa de egoísta com pensamento econômico. O pai do conde era rico. O pai do conde era barão, visconde ou outra coisa qualquer; você não sabe.

Você não sabe sobre títulos de nobreza, mas o pai do conde era superior ao conde, isso sim você sabe. Sabe também que a golpista era muito boa. Boa de corpo, boa de lábia e boa de ganância. Queria tudo pra si. Então fez o pai do conde ir ao cartório pra alterar o nome dos descendentes, dizendo que eles, os descendentes, não eram seus. Dele, do pai do conde. Ou seja, eram todos ex-descendentes, ou descendentes-ex. Assim ganharam o sobnome, nome-inferior, de Ex. Na verdade o Ex é sufixo. Sufixo é aquela coisinha que vem no final das palavras.

Depois da vadia do pai do conde, todos ficaram sendo descendentes sufixos. Antropologia: o homem é ser animal, moral e social; e o Ex em nada trouxe de moral para os descendentes. Na verdade, o Ex atormenta os Ex. Conde Ex era o pai da sua avó, Vovó Sex. Nome real: Larryna James. O caso dela é simples. Quando o moço do cartório alterou o nome, duplicou o S do James unindo ao Ex da vadia, ficando Larryna James-Sex. Pelas fotos, percebe-se, que em décadas passadas, a Vovó possa ter usado o sobnome para se dar bem no meio masculino.

Imagina a mulher quente, formosa, cheirosa e bonita com nome de Sex, ou Larryna Sex. Ainda: Dona Sex. Também: Senhora Sex. Outro: Senhorita Sex. Pensando assim, por correspondência, poderia se ter as variações: James Sex. Ou Fulana Sex, Cicrana Sexão, Beltrana Sexuda. Coisas do tipo funcionam quando se é bela e jovem. "Se dar bem" não é algo do bem em dizer sobre a avó. Avó que se dá, não é agradável pra pensar. Mães e avós nunca deram. Fato. *Viemos da cegonha.* Existem cegonhas, voando em bando, que carregam apenas Nós, e é desse bando que todos Nós aparecemos.

Não temos mães sexualmente ativas. Mas as cegonhas são porcas, não Porcas da fase de embriaguez, mas porcas de sujeira, higiene. Elas pisam no lago sujo. No lago sujo pegam caracóis. Os caracóis chegam junto com as cegonhas que visitam as mães de Nós. As mães recebem as cegonhas e, claro, os caracóis. Esses caracóis trazem parasitas que vão causar o estufamento da barriga das mães. Então, na verdade, a mãe de Nós não engravida, ela pega xistose que dura nove meses. E nós nascemos no imperativo do verbo parar. Sim, parar. Porque as mães parem. Então, elas parem Nós.

Agora pare com xistose, cegonhas e gestação, e veja outro caso interessante. Esse é sobre seu tio-avô irmão da Vovó Sex, o pior da família em nome. Pior até do que Vovó Sex. Mas o melhor em *money*. Nome e *money*. Uma palavra parece anagrama da outra, fale rapidamente ambas e perceba. Todavia, o que persegue seu tio-avô não é anagrama, e sim cacofonia. Cacofonia é aquela coisa que ocorre quando o final de uma palavra se liga com o início de outra, originando som desagradável. Famoso emendar uma na outra. Pra frente veremos outro exemplo bem gostoso de cacofonia.

Seu tio-avô é o mais rico e ridículo da família, e usou o ridículo do nome, aliado à falta de sorte por ser o caçula do pai do conde, para ser o maior sortudo de todos. *Hã?* Calma lá. O nome dele era Dom Lat O Caçula. Isso, (O Caçula fazia parte.) Preste atenção nisto: depois da entrada da vadia na família e do ganho do sufixo Ex, Dom Lat passou a ser chamado de Dom Latex Caçula. Mas não terminou por aí. Dom Latex foi incisivo em dizer ao Condex, seu pai, que queria o título nobre de Conde.

Assim, o pai do Caçula permitiu ao filho caçula ser chamado de Conde. Então ficou, por fim: Conde Dom Latex Caçula. Não era bem o nome de Conde que Latex queria. Ele queria o título de Conde, mais as regalias que um Conde tem, lógico. Mas, como vadia de rua é boa no que faz, foi fácil convencer o velho pai do Condex a fazer o que foi feito: deixar os descendentes sem dinheiro e com ambas as mãos enfiadas na traseira. Ora, Latex Caçula passou a ser chamado de Conde Dom. E pra piorar: o velho fala muito rápido.

Seu tio-avô chamado Latex Caçula, irmão da Vovó Sex, fala muito rápido. Assim, quando lhe perguntavam o nome, respondia ligeiro: "Con'dom. Con'dom. Con'dom". Foi aí que a coisa pegou. Existe relação cacofônica entre Conde Dom e Con'dom. Só falar ligeiro as palavras. Foi por essa que você passou a ter um tio-avô que se chama, por cacofonia aliada à fala rápida, Condom Latex. *Condom* é camisinha em inglês. Seu tio-avô irmão da Vovó Sex, chama-se, literalmente e linguisticamente: Camisinha Latex. Látex é o material borrachudo, natural ou sintético, que puxa e estica. Usado pra fazer luvas, tubos e, claro: camisinha.

4

Família bacana

Olha o resumo que legal. Vovó Sex tem um irmão que se chama, semanticamente, Borracha-pra-fazer-camisinha. Látex. Esse é seu tio-avô, o mais rico e legal da família. Sabe como ficou rico? O safado abriu fábrica de camisinha. "Camisinha do Condom Latex". Parece redundância falar Condom e Camisinha. Seria tipo falar carro em inglês e carro em português tudo junto, ou algo parecido com: Car Carro. Contudo deu certo, muito certo. Condom Latex ficou rico. A camisinha dele, Condom Látex, virou mania no meio eretivo e transatório. Seu tio-avô fatura milhões por ano vendendo o nome estampado numa embalagem de preservativo.

Meio eretivo é nome correto pra grupo transador. A origem é de ereção enrijecida com aperitivo. Você sabe disso por conhecer o Leo, que tem palavras interessantes chamadas Neologismos do Leo. Tem até dicionário de palavras leusitanas. Leusitana é a língua lusitana falada no mundo do Leo. Então, "Condom Látex, a camisinha que segura vosso pênis!" é o slogan. A diferença entre seu tio-avô e a camisinha, é que no preservativo o Látex vem com acento; no nome Condom Latex, não. Mas você e a Vovó Sex só chamam o Caçula de Camisinha. Por isso você fala com seu tio-avô:

Sua bênção, Camisinha. E seu tio-avô responde: "Deus te abençoe, Larry". É estranho ver uma camisinha te dando bênção. Ainda mais estranho é ouvir sua vó de noventa anos ligando pro irmão caçula pra pedir encomenda de camisinha. Ela fala assim: "Camisinha, beleza? Segurando muito membro por aí?", Vovó Sex é cheia de piadinhas, "Muito bem. Preciso me proteger. Mande-me um pacote com cem, *king size*". Isso é sua avó falando ao telefone com o irmão mais novo. (Triste.) Detalhe, ela liga pra ele de qualquer local. Pode ser fila de banco lotado, a vovó pega o celular e disca.

Ainda bem que você não mora mais com ela, assim não precisa ouvir tais coisas. Sua vó não transa. Avós não dão. Xistose! *King size?* Bem, o importante é saber que Condom Latex lhe envia pacotes de camisinhas também. Você sempre tem seu tio-avô em casa. A Condom Látex é a melhor. Tem momentos em que você pensa e se pergunta o porquê de não ter a mesma sorte no nome quanto teve o Latex. Claro, Lurex é melhor do que Latex. Fato. Sobre isso, porém, você pensa pouco, pois recebe um pacote de cem preservativos mensais que ajudam muito.

Você não usa tudo, evidente. Ninguém consegue usar cem por mês. A pele não suporta tanto látex. Por isso distribui parte da sobra pros amigos e vende o resto na Boate Delas. Na Boate Delas todos usam a Condom Látex. Você sempre transa com camisinha. Segurança em primeiro lugar, óbvio. Sempre tem um Caçula por perto, pronto pra segurar vosso pênis. (Que slogan agressivo.) Sua família realmente é bacana. Agora voltando ao assunto da sua avó. História: o tempo passa. Hoje, o Sex, pra ela, é desnecessário. Mas ela ainda transa, e gosta muito. E claro, ainda se chama Sex.

E você se chamava Larry James Lu. Com o sufixo Ex da vadia, virou Larry James Luex. Luex soa estranho, então alguém teve a ideia de acrescentar o R, ficando Lurex. Você faz terapia. Você é doente mental. Sofre de ESCS. Caso psicótico grave muito complicado. O grau-mor de *Auto Suggestione Penetratio*. Do latim, Autossugestão em Penetração. Depois de inúmeras sessões, o psiquiatra recomendou que frequentasse igrejas em busca de espiritualidade. Você foi. Na primeira casa em que entrou, sua espiritualidade cresceu, ficou rígida, pulsante. Você deu glória a Deus e voltou pra república correndo; ereto, alegre e contente. Orgulhoso.

Foi na Minha Igreja. Lugar grande, cheio de telões e cadeiras com almofadas. Foi lá que conheceu Sasha Grei. Ela te fez crescer em fé à primeira vista. *Clarinha. Boca carnuda. Olhos negros. Cabelo liso, preto, longo.* Ela canta no grupo que canta. O grupo que canta canta na igreja. Parece estúpido, porém não é. Você que não entendeu o andamento das coisas. Chegava tarde pra pular a parte do louvor. Louvor é quando o grupo que canta canta.

No louvor, a Sasha sobe ao palco e faz o que o grupo que canta deve fazer: cantar. E cantar demora.

Depois ela desce e se senta bem ao fundo, perto da janela grande. A janela com o vidro quebrado. Foi no vidro quebrado que você a conheceu. Calada e cheirosa. Você nunca ia mexer com ela, lógico, estava na igreja pra tratar a doença, não pra procurar mulher. ESCS estava te consumindo. Precisava se curar. OK. Sinceridade? Você nunca mexeria com ela porque você não mexe com mulheres desconhecidas. Você tem vergonha. São elas que mexem com você. Por isso Sasha te confidenciou, dias depois, que você a fulminou com os olhos. Sinceridade? O que ela quis dizer foi simplesmente:

"Larry, você me devorou com os olhos. Sua boca espumou ao olhar pro zíper estufado da minha calça". Zíper estufado da calça pode ser jeito agradável de dizer capô de fusca ou pata de camelo, uma vez que Sasha não usava jeans, e sim calça de ginástica. Não há nada mais salivante do que olhar pro zíper estufado duma mulher que usa calça apertada de ginástica sem zíper. *Hã?* Sua vó Sex fala que o melhor tempero é a fome. Leo replica que tempero é o volume entre as pernas duma mulher. Ele ensina: "Larry, tempero é o volume feminino".

Leo gosta de cozinhar, por isso entende de temperos. Fome ou volume entre pernas femininas, não importa, tempero é com ele. Tem livrinhos de receitas. É fã do Oliver, aquele *chef* famoso. Assiste a todos os programas de culinária e anota receitas. Na Nossa República ele é cabeça de cozinha. Cabeça vem de *chef* que vem do francês. *Chef* deriva de *caput*, que é cabeça em latim. Então podemos afirmar: Leo cozinha com a cabeça. Pra preparar mulher ou alimento, sempre cozinha com a cabeça. E cozinha bem, pois é cabeçudo. É o *chef* mais chefudo e cabeçudo de todos.

5

Zíper estufado

A coisa mais salivante que a natureza criou. E foi justamente na pata de camelo da Sasha que você pensou ter curado sua Ereção Só Com Safadas. Boca espumou. Mão coçou. Sangue desceu do corpo direto pro corpo cavernoso. Esses foram os indícios claros de seu interesse pela religiosa virgem. (Sasha Grei é nome de atriz pornô? Quase. Pesquise.) Raciocine, você. Vamos a júri. Direito Penal. Confira os autos: *Sasha tem 21 anos*. Logo, temos uma novata; portanto, não é crime. Você pensou juridicamente, contando nos dedos: *21 anos? Posso conversar sem medo. Mexer, olhar, até encostar. Não dá cadeia.*

Sasha se aproximou e te recebeu com um abraço apertado: "Oi, você não para de olhar pra mim. Tudo bem, irmão?". Você respondeu, cheirando o cabelo dela: *Ei, paz de Cristo.* (Vovó é católica, te ensinou algumas coisas.) Sem querer, sua resposta foi divertida. Sasha riu, explicou que ali não se oferece a paz de Cristo. Mas o primeiro contato foi feito. Caiu no culto é peixe com vinho. Química. Biologia. Feromônio. Reprodução. Dez minutos, você pega o telefone dela. Foi pra agenda: "Menina da igreja". Lá tem "Menina da Padaria". "Ninfeta da Academia". "Coroa do Pastel". "Moça do Açougue".

Moça do Açougue? Deleta logo, você parou de comer carne morta. É bom começar a usar o nome real das pessoas na agenda. Sasha sussurra no final do culto: "Me chama no *Whats*, tá, Larry James?", e te dá um beijo no canto da boca. *Lábios molhadinhos.* Ciência mais tecnologia criou o telefone; WhatsApp mais internet disseminou o sexo. Você responde no ato: *Chamo sim, Sashinha.* A melhor coisa pro cara tipo você é aplicativo de bate-papo.

WhatsApp mudou a vida de muitos pega-nada. *Paz de Cristo*. Glória a Deus nas alturas e WhatsApp no celular. Assim você conheceu Sasha.

Isso dias atrás, quando ainda sabia a senha do *Wi-Fi* do vizinho. Porque WhatsApp sem internet é voltar na época de namorar na praça e pegar na mão sem beijar. É um passo atrás na evolução do sexo entre solteiros. Mas por sorte sua e da Sasha, depois do culto, você teria ainda alguns dias de internet boa e gratuita. Assim você passou noites no bate-papo com ela, encaminhando vídeos e fotinhas. Até aí tudo bem. Uma gracinha, mas: *A merda do vizinho alterou a senha!*, você reclama, gritando. "Putz, Larry, se ferrou, hein?", Leo responde, berrando. *Não, é?* "É!".

"Gente, falem baixo", e o Freddie continua censurando em voz baixa. Agora começa a narrativa: você vai ao psiquiatra tratar de psicopatia. Problema mental, doença da cabeça. Nas duas cabeças, vertebrada e invertebrada; com e sem osso, respectivamente. Você sabe desses termos porque já pegou professora de biologia. Você vai ao psiquiatra. Você ouve o prognóstico. Você descobre o nome da doença que tem sem saber que tinha. Você pega a receita do médico. A receita é bem simples. Duas etapas. Uma: nada de filme pornô. Outra: buscar espiritualidade. Você sofre de ESCS. Você quer se tratar, buscar a cura.

Então você para com filme pornô e vai comprar espiritualidade. Aí descobre que espiritualidade não se vende. Sua avó é religiosa. Ela foi coroinha. Coroinha Sex, uma das melhores. *Das* melhores coroinhas, não a que *dá* melhor. Cegonhas! As avós tiveram xistose ao engravidar. Avós nunca deram. Sua avó o orienta a ir ao culto das sextas-feiras na Minha Igreja, pois é o templo mais perto da Nossa República. "Dá pra ir a pé", ela disse. Relevante isso, já que uma das coisas mais obscuras que existem é encontrar vaga pra estacionar próximo aos templos religiosos em dia de evento.

Todo mundo vai de carro, vó? "Vai". Evento é o nome resumido pra Culto ou Missa ou Reunião ou Relatório Espiritual ou Juventude Santa ou Diagnóstico da Fé ou Encontro de Casais em Cristo ou Amai-vos uns aos Outros no Quarto do Fundo ou etc. É tudo a mesma coisa, porém chamam por nomes diversos. *Bom, não importa.* "Bem, na verdade importa, tanto que dá briga". No entanto, o importante é saber de sua ida ao evento mais próximo. Era sexta-feira. Lá conheceu Sasha Grei. A garota linda que senta perto da janela quebrada, onde é fresco e venta bastante.

"Sento aqui, Larry, porque sou muito quente. Gosto de sentir o ar gelado que sobe pelas pernas, entende?", ela explicou o motivo de se sentar perto da janela quebrada. *Golaço!* O pecado lançado. Nem monge eunuco resistiria às palavras de Sasha. Se Adão perdeu o Paraíso por causa de maçã, imagina se fosse agora. Depois dessa você correu pra casa da Vovó. Estava ultracontente, radiante. *Sarei! Sarei! Sarei!*, você chegou gritando, foi direto pro banheiro e começou o trabalho de mão, ou serviço de dedo manualmente gratuito, ou também chamado punhetinha. Durante a masturbação lembrou-se de algo falado no culto:

"Masturbar é pecado. Onanismo. Aquele que derramar a semente é pecador". Alguém ensinou isso lá. Puta sacanagem do inferno. Por sorte você deu de ombros. *Estou é cumprindo orientações médicas*, pensou e continuou o serviço de mão. Serviço de mão vem do inglês estrangeiro, a língua do lado de lá, nas ilhas britânicas; ou do lado de cá, em cima da gente, na América do Norte. Significa *handjob*. Poderia ser trabalho de mão. Talvez trabalho manual, da derivação de trabalho braçal. Não importa. Em suma, o que não se ensina nos eventos religiosos é a bondade espiritual do trabalho manual.

Não ensinam mesmo. Estimular o órgão até o ponto do orgasmo, com fins ejaculatórios, nunca poderia ser pecado. Você não é praticante do serviço de mão, Leo é o grande mestre. Você sabe das coisas pelo fato de ser descendente de inglês vadio; tem o sangue do conde com a vadia boa. Assim entende de *jobs*. Tem *blowjob* também, famosíssimo serviço de sopro. *Blow* é soprar. Parecido com soprar velinhas fazendo bico. Você é formado em Letras, estudou Língua Inglesa e Portuguesa, por isso leciona Literatura. Suas alunas são lindas. Grande problema, você olha pra elas, mas não as vê.

6

Paradoxo atual

É olhar uma jovem e não vê-la. Uma jovem linda é perigosa. Se bem que a média das alunas é dezenove anos. Você leciona pra turma de repetentes, isso é bom e ruim. Bom porque a média é acima de dezoito anos, não dá cadeia; ruim porque a média é acima de dezoito. Viu? Isso é um paradoxo. Você sabe que não vai rolar nada mesmo. Jovens, hoje em dia, querem é funkeiro de boné aba reta, não professor mais velho. Você tem 33 anos; suas alunas, dezenove, a média. O que deveria ser uma maravilha fica ruim. Solução? *Handjob*.

Você queria dar aula na faculdade, lá tem alunas liberadas legalmente pra transar. Sexo lícito, juridicamente, chamado sexo à luz da justiça no quarto sem luz. Mas você não pode se mudar por causa da Ritinha. Ela não quer; mesmo se quisesse, vocês não iriam, você tem ESCS. Caso grave. Categoria quatro na escala mental doentia. Graduação tipo terremoto. Seu médico mostrou o gráfico nas últimas páginas dum livro grosso de Medicina Esquizofrênica; esses gráficos que ninguém usa, tão no livro apenas pra encher, colorir e completar volume. Nos gráficos, eixo cartesiano, tem cruzamentos das curvas com pontos de conflito.

"Aqui, aqui e aqui", o médico explica o gráfico, "você está nesta região do gráfico. Se pensarmos em termos exatos e inferirmos sob a área da curva, usando o cálculo integral, percebe-se que o problema pode ser escalonado, e atribuído, ao gênero Autossugestão regado à Compulsão Ardente Parcimoniosa", tudo isso é o doutor desembuchando, "Senhor Larry Taradex, doravante chamaremos sua doença de Taradice. Notamos conteúdos abrangentes do CICS,

Círculo Inconsciente Coletivo Social; formado por pessoas interagindo umas com as outras, tanto no tato quanto na visão. Veja: pode-se tocar uma mulher ou apenas vê-la. O efeito do CICS é invariável".

Que merda é essa, seu otário esnobe? Médico da porra! Cangaceiro! Tá falando o quê aí? Seu exibicionista, sua vontade era gritar isso, pois o médico falava e babava, mas nada apresentava. Mas claro que não gritou. Na verdade você perguntou com voz de garotinho mimado: *Dotô, essa tal de CICS é grave?* Aí o médico respondeu: "Gravíssimo, seu Taradex. Categoria Quatro. Olhe o gráfico, o pior da categoria". Gráficos. Matemática. Cálculo Integral. Mente. Corpo. Doente. Psiquiatria. Você é doente. *Porra!,* você pensa, gritando na cabeça vertebrada. Você é doido, pode fazer de tudo na mente, inclusive gritar em silêncio.

Você é bem doido, categoria quatro. Tudo que você quer é ereção normal, saudável, e só consegue com atrevidas bem safadas. Trabalho vadial ou manual, não tem outra, ereção só assim. Larry James Lurex. Professor de Literatura. Seu período de estudo literário predileto é o Modernismo; o pior, o Clássico. Todavia, você tem que preparar conteúdo pra aula, pois amanhã tem Classicismo. O Clássico é rígido, rigoroso, cheio de regras. Melhor é estilo solto, sem estética. Porém, perceba que o *Solteiro* é cheio de formas, escrito na mundialmente desconhecida Base 10. Tipo na matemática: 10^0, 10^1, 10^2. (Acabei de inventar.)

Respectivamente 1, 10, 100. Matemática: é um capítulo com dez parágrafos. Cada parágrafo com cem elementos. Para elementos, leia-se palavra e outras coisas mais, exemplo sinais gráficos. Isso já foi falado? *É. Já foi.* Então você descobriu a doença. CICS, ESCS, Compulsão Ardente. "Pode-se tocar uma mulher ou apenas vê-la". *Tato e visão.* Ver uma mulher. Você mora no Rio de Janeiro. Piorou. *Tô fodido.* Aqui, segundo a segundo, aparece mulher bonita. Aí você volta pra casa a fim de preparar aula e nada de ereção. Na sua cabeça superior, chamada crânio, o pensamento na doença Autossugestiva em Penetração persiste.

Na cabeça inferior, chamada só de cabecinha, nem ereção persiste. Ela, só a cabecinha, tá encolhida, igual lesma na concha. Certa vez você quase se curou, quando comentava sobre a doença com a amiga professora de

História. Quente, legal, bonita, trinta anos. Casada. (Importante saber que o casamento é de fachada. Ela e o marido são infelizes.) Você comentou que estava com ESCS, que não podia ver nem tocar ninguém. Estavam na cantina da escola. Você reproduziu os gráficos da doença num guardanapo. Usou a calculadora científica do iPhone pra *calcular* a área do gráfico que você *acabara* de desenhar.

    Por milagre, e erro de digitação, a resposta deu 4. *Aí, Mari, viu? Te falei. Categoria quatro*, você mostrou a tela do celular e o guardanapo rabiscado. Lembrando: você é professor de Literatura, não entende de números. *Tenho ESCS. Caso gravíssimo da Autossugestão. Sempre dá quatro.* "De quatro?", Mari levantou-se num pulo, "gosto muito, Lu", sorriu pra você. Ela é atrevida, apressada e generosa. (Ela não tem sexo em casa.) Você trabalha com a professora de História quente que gosta de você. Com ela não é só a cabecinha. É cabeça, nuca, pescoço. Química atrelada à Biologia, casal em cópula.

    Com ela de quatro, sua categoria quatro cai pra zero. Ereção espontânea, imediata. É sexta-feira. Você está prestes a deixar a escola. Já se passou um mês do conhecimento da doença. Caso gravíssimo. ESCS. *Hoje é dia de Minha Igreja.* Pra melhorar, faz calor. Melhorar ainda mais: a previsão pra noite é mais calor. *Isso é ótimo.* Raciocínio lógico simples. Veja: Sasha senta próxima à janela quebrada porque ela, Sasha, é quente. A janela quebrada permite ao ar soprar pelas pernas dela, da Sasha. Sexta passada estava quente, o que a fez ir com shortinho. Hoje estará mais quente ainda.

    Finalizando: Sasha vai de saia fina de seda, daquelas que se prendem entre as nádegas, revelando ambas as faces gluteanas. Em cada passo as bandas tremem. Bunda tremendo. Glúteos ao vento. Nádegas em movimento. Uma a cima, outra abaixo. A de baixo sobe. A de cima desce. Entre elas, a fatia do tecido se esfrega. Sobe e desce. Não devemos olhar, porém impossível deixar de olhar. Parte de trás da mulher é imã; homem é metal. *Filet mignon.* Tempero. Tocar de baixo pra cima. A cabeça pulsa e se enche de sangue, fica agressiva, vermelha de raiva, louca pra pênisentrar.

7

Traseira feminina

Aquela região abaixo da polpa da nádega, analisando (alisando) pelo toque exato da ação de alisar. Se a mulher fosse eixo cartesiano, a cintura sendo o eixo X e uma das pernas o Y, teríamos o ponto [0,0] na porção externa da cintura; direita ou esquerda. Depende do referencial. Assim, tudo inferior à polpa seria região abaixo do eixo X, projeção pelo Y negativo. Coisa de Geometria ou Matemática; você não sabe ao certo de qual das duas é a competência. Porém sabe que, alisando, a parte de baixo da traseira, que desce pra coxa, é suave, macia e quente.

Sem levar pra grosseria, pois Literatura é arte. Fina ou grossa, ainda sim, arte. Relevando, sempre, partes que nos tocam agressivamente. Sendo, em todo caso, desvio psíquico. Você é doente mental. Sofre de problemas de tato e visão. Ver ou tocar. Até se mudar do Rio, pra se esquecer das cariocas, você pensou. Pensando assim, percebe-se o grau da psicopatia. Finalizando a ideia: minissaia de seda é a segunda melhor coisa que inventaram, depois do zíper estufado. Por fim, concluindo com raciocínio lógico, sem usar cálculo integral. Se hoje tá quente, pense, logo se verá: Sasha irá de saia fina.

"Larry!", a professora amiga te sacode, "vai ficar aí parado, viajando na maionese, sonhando e olhando o relógio, ou vai me pegar? Dou aula daqui a vinte minutos. Tem momentos em que você é muito estranho, sabia?". Quente essa professora. Trabalha com você. Leciona História. Sua melhor colega de escola. Único defeito: casada. Daqui a vinte minutos dará aula, e durante os vinte minutos dará pra você. *É pouco*. Mas vinte minutos de sexo a dois quase sempre é melhor que masturbação a um. Você confere a hora pela última vez. Está apreensivo. Pensando na Sasha e na Minha Igreja.

Passou os dias pensando na doença e ficou deprimido. Melancolia que dá quando se descobre ter doença grave, quase incurável. Você ficou amuado e caladinho. Aí mais uma semana se passou e hoje é sexta. Chega sexta e você pensa na Sasha. Pensa numa vida tranquila. Filhos correndo num campo florido e amarelo. Você com chapéu de palha, camisa quadriculada e suspensórios, balde de tinta branca no antebraço, retocando a tinta na cerca baixa. Seu filho correndo. Sasha varrendo a varanda da casa, no fim da estradinha. *Casa de madeira. Casa de pau.* Você pensa na professora: *Pau e casa.*

Pensa na Sasha: *Casa e madeira.* Você pensa na professora. A casinha, de pau ou madeira, é aquela que se olha no exame oftalmológico. Médicos usam a casinha e o campo florido. "Larry, doido. Vai me usar ou não? Tenho pressa", a professora insiste. Você esquece o consultório oftalmológico. Você olha pro seu zíper e constata: *Tá estufado. Glória a Deus!* Ereção Só Com Safadas. Casa de pau. *Casa do pau.* Calça jeans é a casa do pau. Você é professor de Literatura, 33 anos. As pessoas gostam de você. Você tem uma cadelinha morcego. A cadela-morcego chama Ritinha 5.

Você sofre de ESCS, caso raro de Psicopatia Sexual Involuntária Masculina, PSIM. Nada de latim ou grego, ESCS vem do português brasileiro. Se bem que português veio do latim. Você é professor de Literatura, ensina essas coisas. Origem das línguas. Por isso sabe dessas línguas. A professora quente tem uma língua que você nunca sentiu igual. *Parece veludo... Peitos redondos, bem macios. Cabelo liso, preto. Franjinha reta, tipo índio. É sorridente. Muito agradável.* Quando ela ri as bochechas sobem e espremem os olhos que ficam pequenininhos. *Gracinha.* Tem até covinhas. Você sofre de ESCS. Ereção Só Com Safadas. Categoria quatro.

De quatro, a professora quer lhe ofertar. Seu zíper estufa. É hora de transar. Casa de pau. A casa caiu. O jeans desceu. Ficou o pau. Vocês correm pra capela no sótão do salão, ao lado da biblioteca. Capela que ninguém usa. Salão que ninguém usa. Ao lado da biblioteca que ninguém usa. Suas alunas são repetentes, nunca usam a biblioteca. Você tem ereção. A professora quente tem tesão. De veludo é a boca dela. Ela se ajoelha no genuflexório.

Ajoelhou tem que rezar. Você se acomoda. Você fecha os olhos e vê a casinha de madeira num campo florido.

Sasha varre a casa e pisca pra você. Você pensa na casa de pau e olha pro seu. Hoje é dia de culto. Toda sexta é. Minha Igreja. Hoje você irá. *Tomara que faça muito calor. Sasha é calorenta*, você pensa. Sasha senta perto da janela quebrada, foi assim que você a conheceu. Assim que passou as sextas. Assim que tenta se tratar. Pois sofre de ESCS. Um dia você não vai mais sair com safadas. Um dia vai precisar ficar ereto com Sasha. Aí as coisas ficarão moles. E você transa com a professora safada. *Gracinha*. Sua melhor amiga.

A cabecinha já entrou, o pescoço pelado e a nuca careca foram no vácuo. Pênisentrando e pênisaindo. Palavras novas. Neologismos leusitanos. Você adora os neologismos do Leo. Você é professor de Literatura. Pobre. Dá aula num colégio Católico. Irmãs. Só mulher estuda lá. Você tem alunas lindas. Turma de repetentes. Média de dezenove anos. Você fala repetente, pois é o termo técnico pra aluna burra. Se chamar as repetentes de burras, os pais processam a escola; se chamar de gatinhas, vai preso. Hoje é sexta. Você sai do confessionário cheio de pecado. O nome da professora safada é Mari Michele.

Você adora a Mari. Transa terminada. Você saiu erguido, confiante. Corpo ereto. Rígido. Pulsante. É hora de colocar em prática a pulsação. Psicologia explica: corpo erguido, mente erguida. Você sofre de ESCS. Ou seja, tem ereção só com safadas. Ou, pode-se resumir: você é brocha com mulher não quente. Mole. (Quem gosta de santa na cama?) Você se lembra do exame oftalmológico. Casa de madeira. Casa de pau. Mole. Você quer se relacionar, ter um lar. Mas primeiro tem de se curar. Vovó Sex fala que você tem trauma por causa do Ex da safada do conde: "Por isso adoeceu".

Safadas comandam

Você sabe, sofre de ESCS. Não consegue digerir qualquer coisa. Tipo fresco, alimentação balanceada. Diferente daquele roqueiro maluco e magrelo que faz sexo com árvores. Ele fica excitado com qualquer coisa; você, com quase nada. Por isso você procurou um médico que lhe indicou Viagra. O azul não funcionou, claro, você sofre de ESCS, não de impotência. Ainda, você tem medo dos efeitos colaterais do remédio. Nem sabe se são verdadeiros. *Mesmo assim tenho medo.* Além de doente, então também é bobo. Foi tomar um remedinho azul e o grau dos óculos aumentou um grau. Observação: você não usa óculos.

Causa e efeito. Um comprimido é igual a um grau; dois comprimidos, igual a mais dois graus. *Muitos graus resultam em óculos.* Alucinação, ato ou efeito de alucinar-se, é sinal de psicopatia. Conclui-se, ora: você também sofre de alucinação. Então procura oftalmologista. A casinha de madeira com campo florido. *Casinha de pau.* Sasha varrendo a varandinha. Crianças correndo pelo campo amarelo em busca de borboletas. Borboletas batem as asas lentamente, abre e fecha, fecha e abre. *Asas parecem lábios.* Algumas têm grandes; outras, pequenos. Grandes, enormes ou pequenos, pouco importa, ainda são lábios. Vão abrindo e fechando. Fauna. Biologia. *Borboletas.*

Mulher é bicho borboleta. Borboletas mulheres demonstram mimetismo, polimorfismo e aposematismo. Termos científicos. Mimetismo é golpe que determinado organismo, mímico, aplica sobre grupo de outros organismos para se "fazer" passar por outros. Famoso passar batido na multidão. Mulher é craque nisso. Mímica, finge ser legal e entra no grupo de amigos, depois revela a face e espanta a roda. Famosa espanta rodinha. De tão chata, os amigos fogem. Polimorfo é aquele que assume várias fases, formas e aparência. Mulher é craque nisso. Polimorfa, cada dia de uma forma. Ora lisa ora peluda. Ora legal ora chata. Ora carente ora enjoada.

E tem as variações bioquímicas e fisiológicas: ora dá, ora dá pra nada. Aposematismo é característica de animais não palatáveis, não comíveis. Venenosos, anunciam logo a recusa em se deixar ser comido através da coloração de alerta. Famosa cor berrante. Tem muitas rãs assim, daquelas da Floresta Amazônica, pequenas e coloridas. Famosa perereca assassina. Mulher é craque nisso. Perereca assassina, mata de vontade e você não digere. Você sabe tudo isso por ouvir as teorias do Leo e ter ficado com uma bióloga. *A bióloga era mímica, no começo muito legal, depois virou bicho.* Você migrou de perereca na hora.

Biologia feminina de lado, voltemos à narrativa. Casinha de pau e campo amarelo. Crianças correndo. Sasha varrendo. Você se excitando. *Borboletas parecem lábios.* O oftalmologista mexe no seu olho. "Calma", ele fala mansinho, "sou eu. Acho que você cochilou na cadeira, senhor James. Sonhou com algo?". Aí você resmunga: *Hã?*, e limpa a baba no canto da boca. Agora é no consultório. Clínica Ocular. O médico tocando seus olhos. *Hã?*, você repete o gemido. O médico ignora e prossegue no exame. "Assim ou assim?", ele indaga enquanto limpa as unhas distraidamente. *Assim*, você responde com bastante tensão. Você odeia consultórios.

O médico vai trocando lentes e mostrando letrinhas na tela alaranjada, lá na frente. Em linha reta, a consulta prossegue. Preste atenção. Ele indaga: "Assim ou assim?". Você responde: *Ou assim*. Ele repete: "Assim ou assim?". Você repete: *Assim ou assim*. "Assim, James?". *Assim*. Agora o médico para, mexe nas gerigonças e mostra mais letrinhas, espana poeira do jaleco e indaga mais: "James Lurex, o que você vê?". Você mia timidamente: *Vejo jornal, desenhos, filme pornô*. "Não, amigo. Ver é diferente de assistir. Perguntei o que você está vendo agora?". Envergonhado, você declara: *Ah, tá. Agora vejo um dedo sujo.*

"Dedo? Desculpe, é meu", ele tira o indicador encardido do seu olho, "e agora, senhor James, o que vê?". *Vejo letrinhas*. Decidido, ele dá de ombros:

"OK, James, James Bond. Terminamos". Você se espanta: *Terminamos?* "Sim, James", o médico declara. Você repete: *Sim, James.* "Olha, não precisa repetir o que falo, certo?". *Não precisa repetir o que falo?* "Ah, que tédio. Bem... Você não tem nada, senhor Larry Durex". *Como assim?* "Assim: você está com a visão boa. Pode tomar os estimulantes penianos, senhor Durex". *Assim não*, você explica, *Durex não, é Lurex*. O outro esnoba, nem olha pra você.

"Tudo bem, Larry T-Rex, terapia é a solução". Aí você deixa o consultório, e lá atrás o médico fica repetindo pausadamente: "James... James Lurex!", e ainda não olha pra você. Mania de médico. Famosa Síndrome de Medusa. (Médicos não olham você nos olhos, senão eles viram pedra.) Bom, aí você procura uma amiga psicóloga, ex-namorada sua. Da época em que você não tinha ESCS. Da época em que você era duro e duro. O outro duro é duro de dinheiro. Hoje você é duro e mole; o duro de dinheiro persiste. Então você sai pra consultar com a ex-namorada psicóloga.

Ela indaga: "Continua na república, Lu?". Lu é seu apelido, contudo, na verdade, é seu nome sem Rex. Evidentemente, Lu é sempre melhor do que Durex ou Taradex, e mil vezes a Tiranossauro Rex. Você está sentado numa poltrona funda, Mônica à frente. Vocês conversam sobre sua vida, mas até agora não conversaram sobre a doença. A ex-namorada psicóloga se chama Mônica Coração-doce. E ela segue no questionário chato, tipo Show do Milhão: "Freddie continua assexuado?", ela adora o Freddie. "Leo continua desempregado?", ela adora o Leo. "Ritinha 5?", aí ela fecha a cara, "e a Ritinha 4? Já morreu?".

Mônica odeia cachorro. Mas tem o coração doce. "Vão continuar dando o nome de Ritinha pros bichos? Essa já é a quinta com nome Rita, não?". Ela odeia cachorro mesmo. Não tem sensibilidade. Foi por isso que você a largou. Seca. Insensível. Seca e insensível, falando-se de corpo e mente. Você, duro; ela, seca. Grande problema. Não combinavam. Física. Fricção, atrito dinâmico. Ótica. Claro escuro, escuro claro. Português. Entra sai, sai entra. Pênisentrando. Neologismo. Seca. Insensível. Sexo a seco é dureza. No seco nada fica molhado e tudo arde. Você terminou, contudo pensou que fez merda em terminar o namoro.

9

Só pensou

Porque mudou de ideia ao flagrar Mônica com uma amiga. A amiga ainda mais linda do que a Mônica. Vocês a conheceram em São Paulo, quando você e Leo foram ajudar um amigo estrangeiro. Mônica foi também. A história do estrangeiro é legal, chama: "Ei, doutor! Cancela meu casamento". (Depois te conto.) No flagra, a amiga segurava um pote de creme genital, sabor mamão. Dedos brilhando, lábios molhados. Mônica estava feliz e sensível. *Mônica e a amiga*. Você pensava que zíper estufado e saia de seda eram coisas lindas de se ver porque nunca tinha flagrado Mônica com a amiga.

Mônica é loira, olhos verdes. Tem no Google também, só pesquisar: *Mônica Sweetheart*. A amiga é morena cor de tronco molhado. Jogue água num tronco e espere escorrer, o brilho resultante é a cor da amiga. Lógica em cadeia: Mônica gosta de você; você gosta da amiga da Mônica; a amiga da Mônica gosta da Mônica e gosta de você. *Perfeito*. Na República tem cama de casal. Leo e Ritinha saíram. Freddie tá na farmácia. Você tá duro e duro sem dinheiro, então leva as duas pra república. Você tá bem duro, duas vezes. Duro ao quadrado. Sem dinheiro, excitado.

Você declara a elas: *Duro!* Mônica gosta de vê-lo duro. A amiga tem creme pra tirar a secura da Mônica. *Sabor mamão*. Juntos, os três, Mônica fica sensível e molhada. *Hora de aproveitar*. Porém, isso você se lembra, pois foi a façanha memorável de sua pacata existência. Não tem nada a ver com a conversa de agora. Foi um ano antes, o encontro com a amiga, quando a Ritinha era a 4; hoje, é 5. Agora você está sentado de frente pra Mônica.

Tenso. Você odeia consultórios. Mônica continua falando sobre coisas que nada tem a ver com a ESCS.

Ela comenta a história de São Paulo, fala do amigo estrangeiro: "Foi muito bacana aquilo". E o tempo passa. Agora ela está seca e séria. Aí você grita implorando: *Mas então, Mônica, chama sua amiga de novo, pelo amor de Deus. Vamos transar!* Grita em pensamento. Porque na verdade você chora: *Mas então, Mônica, resume logo, como saio dessa?* Você está com pressa. Mônica também. Hoje ela vai transar com a amiga, irá gozar e gargalhar. Você fará estudo musical com Jason. Estamos numa terça-feira. Terça é dia de estudo musical. Jason, outro amigo, está na cidade. Terça ele aparece.

Jason é *roadie* da banda No Way. Grupo de heavy metal. Viajam sempre. Segunda e terça tiram folga. Jason dorme na república segunda e terça. Segunda ele e Leo saem pra beber. Terça fica pro estudo musical com você. É dia, mas o estudo é à noite. *Semântica*. Cada terça é dia duma banda. Hoje é dia do Queen. "Ainda fazem o estudo musical?", Mônica pergunta. Você responde *Sim* e replica estar com pressa. Ela secamente declara não poder ajudá-lo. "Larry, como namorada, eu te endurecia; como psicóloga, não consigo". Por fim, te manda procurar um psiquiatra. Você pede indicação.

Mônica te passa o nome dum velho maluco. "Martin. Doutor Martin Hippolyte". Todavia, você deixa o Doutor Martin pro outro dia, pois hoje é dia de estudo musical. Tem de chegar cedo pra comprar vodca e fandangos no Pão de Açúcar. Você liga pro Jason: *Jason?* Mas é outro quem atende. "É o Leo. Jason tá de boca cheia", Leo atende o telefone do Jason. *Boca cheia? Que merda estão fazendo, Leo?* "Que isso, Larry? Tá me estranhando? Deixa de ser palhacinho", Leo fica bravo, mas explica, "Jason tá com a boca cheia de vômito... Bebeu muito. Isso. Tá morto".

"É, vômito. Ele e a Ritinha... Não! Ritinha não tá vomitando. Tá lambendo o vômito". (Olha o Leo fazendo leozisses, a especialidade dele.) *A Ritinha, tadinha, lambendo vômito do Jason.* Você corre pra república preocupado com a Ritinha, não com o amigo bêbado. Foi assim que Vovó descobriu tudo. Você passou na casa dela pra pegar o carro. Você é pobre. Não tem carro. Usa o da Vovó Sex. Uno quatro portas, prata. Vovó vê o cartão do Dr.

Martin na sua mão. Aí a Ritinha se ferra, porque a Vovó te põe no sofá e não para de falar.

Você passa o resto da tarde na casa dela ouvindo. Ela manda o sermão e você replica um *Sei não!* Sermão. *Sei não!* Sermão. *Sei não!* Sermão. E tem provas pra corrigir e aula a preparar. Hoje é terça-feira, dia de estudo musical. Hoje é o Queen. *Eu quero a paz de Cristo*, você reflete. O tempo passa. Você sai da casa da Vovó no uninho prata. A Vovó fala que não entendeu o prognóstico da doença. Você fala que não entendeu o prognóstico da doença. Mas você sabe que a Vovó sabe que você sabe o prognóstico da doença.

Porém, nada falam do prognóstico da doença. É triste pra avó, que aos noventa anos, tem vida sexual ativa, ver o neto com trinta e três, brocha. Ela namora o Primo. Seu Primo pega sua avó. Você fala pegar pra evitar dizer comer. "Seu Primo come sua avó" seria algo triste em assumir. Um pouco de Matemática. Vovó Sex, noventa anos, sexo quatro vezes por semana, de um a dois orgasmos semanais; com ou sem a ajuda do Primo, vale ressaltar. Operações: soma e divisão. Um mais dois, dá média um e meio. Um gozo e meio em sete dias.

Sua avó de noventa anos tem a média de 1,5 gozo por semana. Sexo da Vovó: 1,5 gozo por sete dias. Seu nome é Larry James Lurex, 33 anos. Masturba três vezes por semana. Três orgasmos. Três em sete dias. Masturbação do Larry: três vezes em sete dias. Analisando matematicamente concluímos que: três gozos é maior do que um gozo e meio ($3 > 1,5$). Ou seja, você está na frente de sua vó de noventa anos por, literalmente, uma punheta e meia. *Melhor nem pensar nisso!* Sua avó teve xistose. Avós não dão. Declarar "sua avó goza" é péssimo.

10

Vamos continuar

Você chega à República. Nem passou no supermercado. *Melhor ver o que a Ritinha tem.* Leo te recebe na sala com a tragédia: "Larry, a Ritinha adoeceu". Leo é baixo, peludo e cabeçudo. *Adoeceu como? Quando saí ela tava superbem,* você fica apreensivo com as coisas que o cabeçudo afirma. "Na verdade, ela acabou de adoecer", ele mira o relógio da parede, "tem sete minutos, contados, de enfermidade". Ele é sempre assim. Fala coisas que as pessoas não falariam mesmo sabendo estarem certas, porém não diriam por saber que seria errado em dizer mesmo sendo certo em falar. (Hã?) (Repete!)

Que merda é essa? "Merda não; vômito. Ela bebeu vômito do Jason". *Mas por que a Ritinha adoeceria por beber vômito?* "Não foi por beber vômito, foi por beber álcool no vômito. Jason vomitou logo depois de virar a garrafa de vinho seco. Daquele bem seco". *Nossa cachorra ficou doente com álcool regurgitado?* "Não. Ela ficou doente porque bebeu e ficou bêbada. Tonta, cambaleou e caiu da sacada. E olha que ela tem quatro pernas, diferente de nós. Era pra ela se equilibrar". Você mora numa república. O apartamento é dos pais do Leo, o contrato é no nome dele.

O apartamento dos pais do Leo fica no terceiro andar. Sua cadelinha, bêbada, caiu do terceiro andar e adoeceu. *Ficou doente agora é sinônimo de morreu?,* você retruca. Você não aguenta mais o papo furado. "Não, não. Ela não morreu, Larry. Só caiu na sacada do 205. Caiu bem em cima da síndica". A síndica mora no 205, abaixo do apartamento dos pais do Leo, onde fica Nossa República. A república se chama Nossa República. É nossa! Vocês têm contrato. Quando alguém mudar, não poderá se referir a Nossa mais, e sim: A República de Vocês. Jason morava com vocês.

Hoje o Jason fala A República de Vocês. Jason é *roadie* na banda No Way. Jason é o bêbado cujo álcool regurgitado foi servido à sua cadela. Álcool regurgitado entra no destilado três vezes. Uma vez fora, uma no lado de dentro, uma no lado de fora novamente. Agora, todavia, está do lado de dentro da Ritinha, que caiu no 205. Assim, Ritinha acaba de beber álcool quadristilado. *Enfim. Morreu ou não, Leo? Cadê a Ritinha 5?* "Morreu não, calma, já disse. Saiu ilesa. O problema foi cair em cima da cara da síndica na hora que a cadela fumava".

Leo gosta de empregar a palavra cadela. "Cadela eu me refiro à síndica, que usava aquele produto de abacate no rosto. Isso adoeceu nossa cadela. Cadela, agora, me refiro à Ritinha, claro". Ritinha 5, sua cadela pinscher de três quilos, tem intolerância a abacate. Você tem uma cadelinha de três quilos, mede quinze centímetros, magrela igual ao Chupa-cabra. Ritinha 5, a quinta da dinastia das Ritas. Ritinha bebe vômito alcoólico e fica bêbada. Na tonteira, pula do prédio e cai na cara da síndica que usava creme de abacate no rosto. Sua cadela não pode com abacate. A cadela adoece.

Você conta a história a outras pessoas. Ninguém acredita que uma cadela bêbada adoeceu ao lamber creme de abacate na cara da cadela do andar debaixo. E hoje é terça-feira, noite de ouvir música alta. *A cadela vai encher o saco*. Cadela agora se refere à síndica, claro. Pelo menos não tem multa. Multas só às sextas. *Cadê a Ritinha agora?* "No quarto com o Freddie. Ele tá fazendo massagem mediúnica nas patinhas dela". *Fazendo o quê?* "Ah... Coisas malucas do Freddie. Disse ter um chacra no pé canino pra tratar embriaguez. Mas deixa, vamos pra cozinha. Tô fritando batata".

Nossa República tem fogão. Nosso Fogão fica na Nossa Sala de TV. Fogão pequeno, de acampamento. Leo gosta de cozinhar assistindo à TV. Nossa Cozinha é maior do que Nossa Sala. Nossa Cozinha tem janela ampla. Nossa Sala é pequena, com portinha pra sacada (Ritinha pulou de lá). Na Nossa República tudo leva o Nosso. Porém, é nosso desde que você more aqui. Se mudar, tudo vira De Vocês, e não seu, que significa Nosso.

Importante, pois se é Nosso não é seu." É melhor levar a TV pra cozinha, e fazer da cozinha a cozinha-sala de TV", Freddie censurou.

Freddie foi contra a mudança que vocês fizeram ao levar o fogão pra sala. Vocês fizeram! Você concordou e carregou o gás. Então, vocês relocaram os móveis. Leo e você. Você gosta da comida do Leo. Ele cozinha melhor quando não é censurado. Gosta da comida do Leo. Pensando em nutrição e alimento. Nada pelo lado pornográfico da comida. Freddie entende de coisas relacionadas a estilo. Ele é designer artista ilustrador. Trabalha na farmácia pra comprar remédio a preço de custo. Freddie não é doente, mas um Guru Espiritual o alertou de problemas de saúde na chegada da Terceira Era.

Essa Terceira Era é a Era da Escuridão, quando, por três dias o sol se apagará. Freddie é artista, abstrai essas coisas. Por isso ele trabalha na farmácia. Porque alguém previu que ele ficará doente quando o sol se apagar por três dias. É por isso. Simples pensamento lógico. Trabalhando na farmácia, Freddie fica por dentro das novidades no ramo farmacêutico. O maluco ainda assina o catálogo semanal de medicamentos que sempre vem com amostras de pílulas sabor menta. Freddie mora com você. Freddie é o seu amigo que espera o fim do mundo estocando remédio a preço de custo.

Esse é o Freddie, e ele assume ser normal. Na época, Leo tentou explicar a mudança: "Calma, a cozinha aqui é bem melhor. Aí faremos da cozinha a sala". Freddie refutou: "Tá, se a cozinha será na sala, levaremos a TV de volta pra cozinha antiga, que agora será a sala". Isso gerou um conflito de intelectos em vão, pois o fogão continuou na sala, ao lado da TV. Por isso o Leo está na cozinha-sala agora. E o Freddie chegou comentando alguma coisa de comer só vegetais verdes. Algo do tipo: "Aproveitar a clorofila antes do sol se apagar".

11

Leo cozinhando

Detalhe: Leo usa luvas pra cozinhar. Luvas do Lanterna Verde. Outro detalhe: são as mesmas usadas pra se masturbar. Loucura. Freddie não sabe do segundo uso do objeto. Nem pode saber. Freddie também sofre de psicopatia. Ele tem MCDeETC.etal. Doença moderna, pra mente aberta, abstrativa. Vem do português rústico e bárbaro, falado nas ruas e becos. Significa Maluquice Com Doenças e Etc. e Tal. Só você sabe que a mão do Lanterna Verde acompanha as noites solitárias do Leo. Ritinha nem sonha. (Todos na Nossa República sofrem de problemas mentais. Fato! Deve ser por isso que você é desse jeito.)

E agora vem o Sonho de Transmutação; e o do Leo é ser um Lanterna Verde. Diz ele que queria ser masturbado por mão de energia verde. Por isso queria ser um Lanterna. Algo parecido com *handjob green light*. Ou punheta à luz verde, na tradução livre e rústica. "Pode ser Lanterna Amarela também", ele explica, "o que quero mesmo é masturbação energética. Entende?". O sonho do Leo é ser Lanterna De-Qualquer-Cor pra criar uma mão de energia de-qualquer-cor e se masturbar. Verdade. *Leo sofre de DI*. Doença Indefinida. É indefinida, imprevisível e inconstante. Você tem certeza: *Leo é psicopata*.

Pior é o Freddie, cujo sonho é ser a Madonna e cantar *Like a Virgin* no Réveillon em Copacabana. Sonho é particular de cada um. Sonho de Transmutação é um jogo mental de vocês. Jogo sério, cada pessoa pode escolher quem queria ser. Pode ser até objeto ou animal, indiferente. A regra é se transformar em algo além de você. Existem variações na jogatina quando vocês bebem, aí fica bem mais interessante. (Quando bêbado, dá vontade de ser cada coisa estranha.) Detalhe significante: Leo comprou o par de luvas do Lanterna Verde justamente pensando em fins masturbartórios pra sonhar acordado.

As luvas têm boa textura; macias, aconchegantes. Não que você saiba por se masturbar. Você sabe, pois já as tocou. Você as pegou antes do Leo as colocar em contato com o órgão mijatório, deve-se ressaltar. O par é item de colecionador, comprado em promoção na Lojas Americanas. Efetivamente, Leo não se estimula com elas. Bem que tenta, mas fica no plano das ideias. Na prática, ele para na primeira manobra. Reclama da borracha. Explica ser rígida: "Causa irritações na glande". Um dia ele pediu pra você testar. Ou seja, Leo queria que você se masturbasse com as luvas dele.

Leo pediu pra você descobrir se o problema da irritação glandiana era na glande do Leo ou no material das luvas. Você recusou. Agradeceu e deixou claro: *Prefiro à mão livre, valeu*. Agora você está na cozinha-sala com o Leo e o Freddie. Jason está na sacada tomando ar. Ritinha no quarto, em coma abacólico. Abacate + álcool. Freddie falando em comer vegetais e usar a clorofila. "Larry", Leo pergunta, "se o sol vai se apagar, por que o Freddie se preocupa com clorofila? Sem sol, a clorofila não produz energia". Biologia. Fotossíntese. Leo, curioso, pesquisa essas coisas na internet.

Você é professor de Literatura, não de Biologia, então responde: *Não sei, cara. Talvez no plano das ideias ele seja planta*. E a noite prossegue. Hoje ainda é terça. Dia de estudo musical. O dia no qual a Ritinha bebeu vômito e se intoxicou com creme facial de abacate. Conclusão: com Jason expurgando o estômago pela sacada, não haverá estudo musical do Queen. Terça perdida. "Larry", Leo te chama. *Fala, Leo*, você suspira. "O Freddie é a cara do Freddie, reparou?". Quê? "Freddie Mercury. Nosso Freddie é ele. O bigode, magrinho, olho preto. Tem pulseirinha e usa shortinho branco, idêntico".

Leo é observador e curioso. Repara na fisionomia das pessoas. Nisso o Freddie (Nosso Freddie) ainda está do lado, declarando só comer vegetal cru, porém, de olho na batata frita e de olho nas luvas do Lanterna Verde. "Larry", Leo sussurra quando Freddie sai de perto, "sabia que se eu usar as luvas pra cozinhar, o calor da chama funciona como antiespermicida e limpa a borracha? Conclusão prática: não tem problema me satisfazer e cozinhar com as luvas energéticas". Você resmunga sem interesse: *Entendi, bacana. Só não deixe o Freddie saber disso, por favor. E anda rápido com essa batata.*

Você não pode ficar em casa com três malucos e uma cadela enferma, senão dá vontade de sair pra caçar. Ereção Só Com Safadas. Você toma banho. Troca de roupa. Parou de chover. *A praia tá movimentada.* Da sacada se vê mulheres reunidas, garrafas na areia e coco rolando pelo calçadão. À noite, o Rio é interessante; é iluminado, porém dá sensação de escuro. Árvores imensas, ruas estreitas e construções coladinhas umas às outras lembram o cenário de Tartarugas Ninja. Raciocínio lógico: praia noturna é ambiente propício para conhecer gente diferente. *Vou sair pra brincar*, você sai. Jason corre atrás.

Jason tá gritando de longe: "Larry, espere! Vou também. Quero comer, Homem!". Homem. Jason te chama de Homem. Tradução de *man*. Ele aprendeu a falar *man* com uma banda inglesa. *Man*. Homem. Quando se fica bêbado e corre pelo corredor gritando por alguém, coisas acontecem. Uma: a voz se eleva em muito. Química e Biologia. Álcool e lucidez. Jason grita pelo corredor. E quando se está bêbado, gritando pelo corredor, gesticulando para um homem, e berrando "Quero comer, Homem!", as palavras criam energia própria. Uma fonte sonora criadora de ecos que acordam os habitantes do local afetado, no caso: prédio.

Assim, as letras cruzam paredes e alcançam os vizinhos distantes, que não entendem a parte escrita da frase. A parte escrita é correta gramaticalmente: "Quero comer, Homem!". No papel nota-se a vírgula. Seria assim: *Quero comer* (vírgula) *Homem!* Contudo, quando se grita bêbado pelo corredor, o sinalzinho não é percebido, resultando no sentido falado que gera a interpretação: "Quero comer homem!". A sutileza da vírgula e a entoação na oralidade definem a significância hetero da fala escrita. Vejamos, agora, como a frase é ouvida quando falada. (Cena rebobinada.) Jason, bêbado, corre e grita pelo corredor: "Larry, espere! Quero comer homem!".

12

Comer homem

"Quero comer homem!", isso é o que os vizinhos entendem. "Ah, eu sabia", uma senhora fofoqueira comenta pela fresta da porta, "é o professor de Literatura do 304. Ele quer um homem". *Porra, Jason. Para de gritar, cara. Tá me envergonhando, Homem!*, você grita de volta pra pedir, gritando, que ele cesse os gritos. Você também o chama de Homem. É piadinha interna, quando falas e códigos usados entre amigos tem significado apenas para os amigos. Dialeto próprio. Coisa saudável. Todos deviam criar dialetos, assim pode se manter diálogos em locais públicos sem as pessoas entenderem que se fala delas.

"OK, *brother*", Jason se alegra, "vou resolver isso. Preste atenção". Ele estufa o peito e grita pela última vez: "Larry, quero comer vírgula homem!". Jason é *roadie* de uma banda de metal. *Roadie*, popularmente chamado de estradinha, é o cara que leva a bagagem, ajuda a carregar os instrumentos, a passar o som; puxa e estica fios, compra cerveja gelada e tal. Jason morava na Nossa República, dividia o quarto com Freddie. Jason agora fala A República de Vocês, e agora ele desce pra praia com você. A terça terminou. Agora já é quarta. E vocês dois saem pra comer.

Comer comida, não homem. A batata do Leo foi insuficiente. Faltam três dias pra ver a Sasha. Até hoje você não a convidou pra sair. Só ficou mandando *emotions*, vídeo de animalzinho e montagem idiota com imagens de famosos no WhatsApp. *Whats* é puteirinho *touchscreen*. Pessoas, hoje, vão ao banheiro sozinhas, com o celular na mão; antes, iam em duplas, com a mão no órgão da outra parte. Tem momentos em que é melhor trocar o *touch* no *screen*, por *touch* no sexo de outrem. "Passamos mais tempo tocando na tela do que mexendo nos órgãos sexuais alheios", Leo reclama.

Agora Leo finaliza: "No *Whats* o cara mexe com a mulher e tal, porém, nada de convidá-la pra sair". É, você concorda e se entristece. (Avancemos nas horas.) Ainda é quarta-feira. Você voltou pra Nossa República, bebeu leite e dormiu. Ritinha ainda está de cama. Jason ainda está de ressaca, passou a noite no Nosso Sofá-cama, ao lado da sua cama. A Ritinha entrou pra casinha dela e não saiu mais. Você acha que ela sente o cheiro do Jason e foge de medo. A casinha dela fica ao lado do Nosso Sofá-cama, que fica ao lado da sua cama.

Freddie acordou cedo pra ir à aula de Ioga Astral; modalidade nova de ioga, voltada ao plano astral e metafísico. A pessoa bebe um chá colorido, inala a fumaça da queima de alguma coisa parecida com esterco, deita num colchonete inclinado 45° e dorme. Fica a manhã toda. Desperta à tardinha, na maior fome, e ataca a mesa da dona do restaurante. A dona é o mestre da atividade. Guru-mestre-cozinheira é o título de nobreza que ela ostenta na farda colorida de guru astral. Ela dá chá, faz fumaça e empresta colchonetes, tudo no quintal do restaurante, num taludo gramado.

Freddie te explicou, um dia, a necessidade de ficar 45° com a cabeça pra baixo: "Tem que ser assim pra gente deitar de tronco pra baixo. De outra forma, não funciona. Desse jeito a gente dorme mais rápido. O sangue vai pro crânio, sabe?". Aí você rebateu: *Ou fica chapado mais rápido, né? A mulher tá te entupindo de droga, deixando você dormir a tarde toda pra acordar morto de fome e comer no restaurante dela, Freddie. Isso é golpe. A comida lá é caríssima, 132 reais o quilo. Vocês estão enriquecendo a velha sebosa com a larica do chá.*

Você falou isso pra tentar alertar o Freddie. Mas ele é doente. Sofre de MCDeETC.etal, e, segundo a velha guru, os três dias de escuridão se aproximam. (Você também é doente, não pode falar nada com o Freddie.) "Sim, senhor Piradex, a escuridão é chegada", agora é a velha falando, "você deve aderir ao nosso culto. Temos colchonetes sobrando". Ela sempre tenta converter você. Nunca desiste. Vocês se esbarram na praia. Ela mora perto da Nossa República. E hoje é quarta. Tem festa na casa da sobrinha dela. Freddie convidou todos. Leo se alegrou: "Festa grátis? Essa vai ser bacana".

Leo lesado, Jason ressacado, Freddie *zen*, você depressivo. Pra piorar, eis que surge mais um: o Buneco. Esse sofre da doença mais estranha. Mas nada tirou a alegria do Leo: "Bacana, Freddie. Vamos pra festa na casa da velha cozinheira". Freddie logo censurou: "Leo, não se dirija a ela assim, por favor". "Que isso, Freddie? Que censura é essa?". Aí o Jason gritou da cozinha, segurando o interfone: "Gente! Tem Bunequêra na jogada!". Bunequêra é o Tom, chamado de Buneco. Ele está na portaria, chamando pelo interfone. *Virou merda*, você comenta. "Massa", Leo assentiu, correu até a sacada e gritou:

"Seu Buneco, pode subir, tem festa na velha cozinheira!". *É, virou merda mesmo*, você pensou. Aí o Seu Buneco chega. (Agora é quarta à noite.) Tá quente. Mormaço. Vocês vão a pé até o prédio da sobrinha da velha. Edifício Gontijo. Ipanema. Sétimo andar. Curiosidade: Leo já participou de confusão nesse edifício. Foi caso de invasão de apartamento. Leo projetou um andaime pra dois sujeitos invadirem o apartamento de alguém e procurar fotos privadas. Não fotos de privadas; mas foto nua, pelada. Mulher pelada, a moradora. Leo projetou o andaime pra invadir o apê dela. Coisa surreal. Leo é psicopata.

Leo usou de engenharia pra procurar *selfie* de peitinhos. Carolina Siamês é o nome da moça. Loira, malhada, olhos claros, cheia de sardas (lembra gata siamesa, dessas de madame rica). "E vê se não vá caçar confusão de novo hein, Leo?", Freddie alertou. Caminharam. Chegaram. Edifício Gontijo. Antigo. Semiluxo. Na verdade muito antigo e precário. Mas os moradores gostam do adjetivo semiluxo. Tem uma caçamba na frente. A caçamba repleta de entulhos e sacos de estopa de oficina mecânica, aquelas pra limpar graxa. "Larga isso, Leo", Jason xinga. O Leo já tava fuçando na caçamba, igual criança, puxando as estopas.

13

Pra quê?

Ninguém sabe, Leo faz coisas estranhas. Deixaram as estopas e entraram. O porteiro sabia que viriam, contudo fez cara feia. Porteiros parecem ser chatos com vocês. *Mas tem um legal, ele é do prédio da Nossa República, daqui a pouco aparece.* Chegaram ao elevador. De sanfona também, grade dourada, muita graxa e teia de aranha nos cantos. Subiram. Chegaram. Som alto pelo corredor. "Vixi, hoje tem multa pra alguém!", Leo gritou. Seu Buneco sorriu. Leo e Seu Buneco se dão muito bem. Freddie assumiu a liderança, hoje ele é o líder, é ele o amigo da sobrinha da velha bruxa.

Freddie tocou a campainha. Um indiano gordinho atendeu. Cabelo de lado, muito gel. Camisa do Flamengo. E o indiano já chegou resmungando: "Olá, vós, Frederico. Por que tu trouxestes por ti mais homens? Por trás de ti?". (Conversa esquisita.) Leo, atrevido, respondeu: "Indiano, beleza, meu amigo? Tem fandangos aí?", se adiantou, passou à frente do Freddie e entrou. Leo conhece a arquitetura do edifício. Ele projetou o andaime do caso das fotos, decorou a arquitetura do prédio, tipo *Missão Impossível*. O Indiano rosnou: "Cabeçudo, tu. Tens sim. Estais na cozinha. A frente de ti", o estrangeiro sempre fala meio estranho.

Esse Indiano mistura pronomes numa fala híbrida de gaúcho com carioca. *Pior, tem o sotaque impossível de transcrever.* Enfim, vocês entram. Vocês trouxeram bebida. Festa na casa de desconhecida precisa de bebida pra desconhecida. *Vodca e suco megaconcentrado.* Deixaram na mesa da sala. Cenário típico de festa em apartamento semiluxuoso: mesa entulhada de suco, vinho, cerveja, copos descartáveis, cigarros sem filtro, chips com maionese. *E agora tem a vodca e o suco megaconcentrado.* De brinde tem o Indiano flamenguista com sotaque engraçado. As partes boas: uma tailandesa linda que não entende o português e uma morena tatuada, vestindo short minúsculo.

Ainda: uma baiana preguiçosa deitada no sofá. A baiana com batom vermelho, mal passado, parecendo o Coringa versão Jack Nicholson. *Esse Coringa é o do filme do Batman de 1989.* Por fim, tem a dona da casa, uma coroa. Corpo sarado e cara enrugada. "Essa é a sobrinha da Pixinga", Freddie apresentou a loira sarada de cara enrugada. Pixinga é o nome da velha cozinheira, a guru do Ioga Astral. *Pixinga parece nome de pinga.* "Tá explicado. A velha Pixinga é tia duma bruxa, hein?", Leo sussurra pra você. Você concorda com ele, a sobrinha realmente parece bruxa. *Uma Pixinguete.*

Assim, Bruxa fica sendo o nome da moça. *Pelo menos entre Nossa Roda.* Nossa Roda é o nome que vocês dão ao grupo quando saem pra beber juntos. E vocês começam a fazer o que se faz em festas que foram feitas pra beber: começam a beber. Tempo passa. Álcool entra. E o Tom, Seu Buneco, Bunequêra, tem doença grave. Ele tem o corpo quente. Corpo Quente é o nome da doença. Um caso registrado no mundo. Somente um. Esse caso é o do Seu Buneco. *Seu Buneco é amigo Nosso.* Nosso porque é amigo de todos da Nossa República.

Buneco sofre de doença rara, único paciente no mundo. Corpo Quente. A ativação da enfermidade é simples: fumo e álcool. O efeito é literal: corpo quente. É beber e esquentar as entranhas. Ele parece o Seu Boneco da *Escolinha do Professor Raimundo*, por isso se chama Buneco. E Seu Buneco já tá suando. A pele fica pálida, os olhos afundam nas órbitas, os lábios secam. Quando ele bebe fica olhando de um lado a outro, tipo maluco alucinado. "Ei, Leo?", ele chama. Leo responde sem olhar: "Quê?". Leo tá mexendo com a tailandesa, quer beijá-la. O nome dela é Lingi-Lingi.

Buneco prossegue: "Tá muito quente, num tá?". Leo responde sem interesse: "Tá". Leo adora asiáticas. Buneco não desiste, insiste na pergunta. Leo estressa: "Merda, Buneco. Já falei que tá quente. Toma banho então". Aí Leo cai pra cima da Lingi-Lingi (é o único que conversa). Ele fala inglês e tailandês. Leo é poliglota. Aprendeu japonês sozinho só pra assistir

Jiraya e Jaspion no original. Ainda, aprendeu tcheco para ouvir a Silvia Saint gemendo em tcheco. Isso mesmo. Leo aprendeu tcheco para ouvir atriz pornô tcheca gemer em tcheco. *Oh, yeah!* Como se gemidos acompanhassem a fonética do idioma da gemedora.

(Silvia Saint? Só procurar no Google.) Jason se amarrou na Bruxa. Ela usa vestidinho roxo, curto; a calcinha preta com borda roxa aparece quando ela se abaixa com joelhos separados pra catar chips do chão e comer. E tem muito chips pelo piso. *A Bruxa abaixa e sobe.* Enquanto conversa com a Lingi-Lingi, Leo vai semeando chips, por debaixo da mesa. A Bruxa nem percebe e continua a manobra de agachar de perna aberta. Jason achou ótimo, piscou e agradeceu ao Leo. Freddie e o Indiano estão no meio da sala falando de futebol. Detalhe: Freddie não gosta de futebol.

Já o Indiano não gosta de ninguém aqui, muito menos de você. Mas o Freddie é interesseiro, quer saber sobre o Ioga Astral, por isso finge falar de futebol pra forçar a amizade. Foi o Indiano quem apresentou o Ioga Astral à velha Pixinga. Essas coisas que indiano traz ao povo de outro país: unidade cósmica, corpo harmônico, alimentação saudável e tal. E o Indiano aqui – engraçado – é bem gordinho, tá tomando Coca-Cola com Red Bull e falando em hambúrguer do McDonald's. (Hipocrisia!) E você já está beirando a morena de shortinho. Ela tem tatuagens coloridas pela coxa abaixo.

Maravilha, você pensa. Ela sorri e se aproxima dizendo algo bem simples, um monólogo monossilábico. Muito fácil, não há resistência. Se mulheres soubessem como é fácil. Basta chegar nos homens e falar: "Oi". Pronto. O monossílabo diz tudo polissilabicamente. Você se deu bem. Ou, pensando bem, a morena se deu bem, ou vai se dar. Você é o principal da história. Não é todo dia que se pega o protagonista. E você é tu, quem pegar tu está se dando bem. Essa é a razão da história ser sua. Nisso, o Seu Buneco volta a torrar a paciência do Leo.

14

Buneco repete

"Ei, Leo?", ele não desiste mesmo. É persistente. Já o Leo é delinquente: "Diabo, Buneco, o que foi?", Leo é calmo, mas quando o assunto é atrapalhar pra chegar em mulher, fica puto. Pula a fase do Macaco direto pro Leão. É chegar perto e ele avança. Buneco estava parado no corredor, pelado, molhado, pingando: "Não tem toalha aqui, Leo". Ele realmente levou a ideia do outro ao pé da letra e foi tomar banho. Agora Leo se compadeceu: "Poxa. Sério? Sacanagem, hein, amigo? Pô. A Bruxa chama a gente e não deixa toalha no banheiro?". Leo se magoa fácil.

"E agora?", Seu Buneco ainda está no corredor. Pelado, molhado, pingando. Leo arrisca uma solução: "Usa pano de prato e papel toalha. Pega na cozinha. A Bruxa deve ter pelo menos isso". "Boa!", Seu Buneco arregala os olhos e *vai pra galera* atrás dos itens. Leo sempre resolve as coisas. Enquanto isso, no meio da sala, parece que o indiano, agora, realmente se interessou no papo com Freddie. Claro, Freddie declarou com todas as cifras: "Indiano, quero comprar a franquia do Ioga Astral". Freddie quer comprar licença pra ofertar drogas a alguém e colocar esse alguém de cabeça pra baixo.

O Indiano revidou: "Custais caro, senhor Freddie Mercúrio. Tu sabestes, os gurus do Plano Astral devem ser convencidos, sabes? A moeda lá, hoje em dia e em noite, tá muito em cima. Por cima de ti, Freddie Mertiolate". Freddie é uma mistura de hippie com nova era com encarnações passadas encarnado em feiticeira druida com ascendente em Valquíria. Isso foi a Pixinga quem disse. E hoje ele trabalha na farmácia pra comprar remédio a preço de custo e sonha ser a Madonna. Troca vale refeição por Dorflex. Diz que vai precisar quando os músculos faciais travarem de tanta tensão maxilar.

Nossa Roda é assim. Este é o Freddie, comprando franquia de Droga Viajante. Nada de Freddie Mercury, Mercúrio ou Mertiolate, é só Freddie. Esse é o Leo, tentando conhecer a língua da Lingi-Lingi. Conhecer língua a língua. Aquele lá na cozinha é o Buneco, pegando pano de prato e papel toalha. O outro é o Jason, sentado de frente pra Bruxa. Ela se sentou. Chips acabou, não tem mais pra catar. Ela puxou um banco e se acomodou de frente pro Jason. As pernas abertas, mostrando o pacote estufado. Jason tá encurvado pra frente. Parecendo o Corcunda de Notre Dame.

O queixo do Jason está ao nível dos seios da Bruxa. Ela usa decote muito aberto. Nada cavado; sim, aberto. Famoso bico-à-mostra. Então o Jason tá ali sentado. Queixo ao nível do bico à mostra da Bruxa. Se ele, Jason, erguer os olhos 45°, dá de olho na cara enrugada dela. Se ele, ainda Jason, descer os olhos 45°, dá de olho na coisa estufada entre as pernas da moça. Se olhar reto, 0°, dá de olho com os seios da Bruxa. Cima, meio e baixo. Cima é feio, cara enrugada. Então é fácil decidir. Ângulo zero ou descer 45°.

Situação: peito e entre pernas, respectivamente. Bicos à mostra e calcinha estufada. Enquanto isso Jason vai conversando. E conversa muito. Ele nunca sai da fase do Macaco. Fica só falando. Conversa sobre tudo, mas tudo não passa de conversa fiada. Jason é seu amigo. Ele é *roadie* numa banda de metal, No Way. É alto e cabeludo, usa roupa preta de banda. Jason fala muito. Gosta de conversar além da conta. Fala, fala e fala, mas não pega. As mulheres querem, ele é gente boa e bonito, mas usa a língua pra trabalhar os sons na fala. Fala muito bem.

Em vez de usar a língua na fala, devia usá-la ou nos bicos à mostra ou na coisa molhada da Bruxa. E o tempo passou. Nessa hora o pacote já secou. A boca do Jason trincou de tanto falar. E a Bruxa se cansou de esperar. Aquele lá no fundo é você. Você quase não falou nada durante a festa. Na verdade queria conhecer a língua da morena tatuada que vai dar mole pra você agora mesmo. O "Oi" já foi dito. Você está doente. *Problemas de socialização*. Está sem jeito de se apresentar. Mas tá bebendo suco com vodca.

Beber faz emergir o agente social de cada um. Álcool é o maior agente socializador na história da humanidade. "Sem ele, Álcool, a civilização já teria se extinguido", isso quem fala é uma antropóloga que pegava você, "guerras e alianças foram iniciadas ou finalizadas pelo poder do vinho. Dionísio, o deus vinho". *O som tá bom*. Músicas antigas. A morena tá muito boa. Quente e sensual, e o melhor: atrevida. ESCS. Você é pegado pela morena atrevida. Você fica excitado de imediato. Explosão pulsante no membro cavernoso. *A festa tá boa. Só boa mulher*. E Seu Buneco retorna ao banho.

A Festa Noturna rolando na sala e o Seu Buneco rolando no banho. Festa Noturna é ótima maneira de se conjugar verbos da Primeira Conjugação. Verbos com terminação "ar". (Aquela aula chata de Português.) Festa Noturna seria, então, o preâmbulo pra ações do *ar*. É ar que não acaba, poderia se encher um balão gigante só com a terminação "ar" dos encontros noturnos, às escuras. É peg*ar*, beij*ar*, grit*ar*, chap*ar*, danç*ar*, cheg*ar*, brig*ar*, abraç*ar*, esfreg*ar*, acarici*ar*. Pro Seu Buneco poderia ser banh*ar*, esquent*ar*, bagunç*ar*. Também temos verbos da Terceira Conjugação, os terminados em "ir". Exemplos: sorr*ir*, dirig*ir*, reflet*ir*, diger*ir*, divert*ir*.

Pegando o gancho do "ar", Buneco começou, agora, a conjugação intestinal do defec*ar*. "Leo!", ele berrou, do vaso, "o papel molhou!". Leo estava longe, mesmo assim ouviu bem a parte do papel molhou, porém fingiu não ouvir. "Agora se vire, cagão", Leo sussurrou. Lingi-Lingi balbuciou alguma coisa, não entendendo a frase. "Calma", Leo tranquilizou em inglês, "não foi nada. Relaxe. E se por acaso chegar um cheiro estranho de fezes úmidas com aroma de sabonete, segure a respiração, OK?". Agora Lingi-Lingi entendeu e o Leo perdeu mais pontos com ela. Assim, fechando com a Segunda Conjugação: É *ver* pra cr*er*.

15

Festa boa

Voltando pra festa. A Bruxa é feia, mas é boa. A baiana é o Coringa, mas é boa também. A vodca é ruim, mas a ação na mente é boa. *Ficar bêbado numa festa de gente desconhecida num apartamento de semiluxo é bom.* Você é professor de Literatura e doente mental. O Leo é engenheiro mecânico e doente mental. Freddie é doente. Jason é mental. Seu Buneco é doente. A Bruxa é débil. Um e outro aqui, ou é débil ou é mental. E todos são doentes. Você sai pra beber com amigos malucos e encontra gente mais maluca ainda.

A morena tatuada tá pegando você na sacada, lá no guarda-corpo, estrutura metálica de grade enferrujada. Tem jardim vertical. Vocês estão embrenhados entre folhas de samambaia. *A morena beija muito.* Por isso você gosta de atrevidas. *São quentes.* Sabem fazer o serviço de carburação. *Carburação completa.* Bico injetor tá no ponto. A morena esfrega a coisa em você. Seu celular tá no bolso da frente. Você se esqueceu de passá-lo ao bolso de trás. Celular no bolso da frente junto a uma mulher se esfregando não combina. Parte da carne que seria sensibilizada pela carne da fêmea fica bloqueada. *Blindada.*

Celular no bolso da frente e ereção é o mesmo que cinto de castidade. Cueca de ferro, aquelas coisas estranhas vistas em livros de História e tortura. Você sabe disso porque você é professor de Literatura; contudo você não sabe História, pois você sabe Literatura, mas você sabe que conhece professores de História. E já ficou com uma que usava cinto de castidade. Ela dizia que o melhor jeito de viver o passado era passando o passado nela.

Assim andava pra baixo e pra cima com calcinha de bronze. *Bonita*. Parou até de se depilar. Passou laser só na virilha.

"Não depilo mais", ela revelou na época. *Tá*, você respondeu, *pra mim tanto faz, desde que esteja limpa*. Leo discorda: "Mulheres com mania de depilar tudo, liso igual garrafinha, não sabem o valor do pelo". Só pra puxar papo, você pergunta se a morena tatuada depila. Ela: "Depende do dia. Mas estou sempre limpa". Você acaba de amar a morena tatuada. Amor espontâneo. *Amor da noite*. Hoje é quarta. Você foi à festa da sobrinha da Bruxa do Freddie. Apartamento semiluxuoso. Você se engraça com a morena atrevida. *Ela tem tatuagem e é quente*. Você fica pronto, sem desvios psíquicos.

Ereto, porém seu celular bloqueia o contato inicial de calça jeans *versus* short jeans. Atrás da calça você tá em riste. Atrás do short a morena tá em ponto de bala. Entre os dois, o celular atrapalhando. *Empata foda*. Você quer afastar a moça pra tirar o aparelho, mas as folhas da samambaia estão apoiadas na lateral da sua cabeça. Foi difícil afastá-las e liberar um cantinho na grade. Se parar pra tirar o celular, a planta vai reclamar o espaço e cobrir a morena de folhas. *Isso pode quebrar o clima*. E você não quer é quebrar o clima.

Eu quero quebrar o celular que tá me incomodado. Espremendo coisas atrás da cueca. Apertando o pacote. E de repente ele toca. O som da festa tá alto. Você não ouve o toque. Mas está tocando sem parar. Não se ouve o som, mas ele vibra. Você está se esfregando na parceira quente na sacada dum prédio. Oculto no meio de folhas de samambaia gigante parecida aranha tamanho família. E de repente seu celular, no bolso da frente, em contato com a região da moça, começa a vibrar. Seu celular é daqueles que tem muitas funções. *Só falta completar ligações*.

Pra alegria da morena, vibrar é das funções mais potentes do objeto. *Vibra muito*. A mulher sorri, puxa seu cabelo e lhe estapeia: "Assim! Seu safado. Vibra bastante", ela gosta. *Mudança de foco*, o que antes lhe atrapalhava, agora se tornou item vibrante e prazeroso. E continua a chamar. Continua a vibrar. A parceira se esfrega mais. Você a aperta mais. O celular vibrando. *Espero que seja resistente à umidade*, você pensa, *duas regiões se esfregando com calor e umidade pode molhar o aparelho*. Mas isso você nem se importa. Tem garantia. *Aparelho estragado, Larry. A causa foi umidade interna.*

Aparelho estragado?, isso você pensa que seria a fala do pessoal da assistência. Na verdade você não pensa, você escuta a fala mentalmente. O funcionário diagnosticando o serviço. Pra completar, poderia ser isto também: *Lurex, seus circuitos internos estão úmidos. Umidade interna. Aparelho estragado. Circuitos molhados.* "Estou molhada". *Espera aí. Molhada é gênero feminino.* Sim, é mesmo. Então você pensa que o correto seria *molhado*, porque aparelho é masculino. Ninguém fala: *Que aparelho molhada*. Você fala: *Que aparelho molhado*. Aí você pensa novamente na loja de celular e corrige o funcionário mentalmente, dizendo que o correto é: *O aparelho está...*

"Molhada!". Espere aí de novo. Você abre os olhos. Volta ao momento do instante no presente do indicativo. Investiguemos a confusão. Quem fala não é a Voz na sua mente, aquela do pessoal da loja de celulares; quem está falando é voz ativa. *A morena*. Ela é gênero feminino, terminação *a*. É ela quem está falando ativamente com você. Ela repete: "Sim, sou eu, jovem. Estou molhada e falando com você". *Tudo molhado?* Você, aparelho e morena. Aí você fala: *Então o correto é molhados*. Ora, se temos três elementos no contexto, temos o gênero masculino o qual abrange todos...

"Que viagem é essa, Larry? Tá drogado, cara? Ataque epilético? Vamos pra outro lugar agora. Vem!", ela ordena. *Good*, você murmura, *good*. *Good* é palavra inglesa. Você tem mania de ficar falando coisinhas em inglês. Mais piadinhas internas, coisa sua e do Jason. (OK.) Voltemos para o presente da festa: o celular vibrando sem parar. Vocês deixam a grade. Agora é o momento de retirar o aparelho da calça; o aparelho celular, pois o outro você retira mais tarde (se der certo). Então vocês voltam pra festa. O celular ainda chamando. Você olha. É a Sasha. *Nossa, fó-de-u*, você pensa.

16

Vai atender?

Sasha tá ligando. A morena foi pra sala, passou pela roda. A Bruxa parou a morena no meio da sala. Elas caíram na conversa. Assim você ganhou alguns minutinhos. A baiana levantou-se do sofá, até agora ela não fez nada, só deitada. Ela se junta às duas, chegou e abraçou a morena por trás. *O Coringa, versão Tim Burton 1989, abraçando a morena tatuada.* E você com dedo na tela do celular, em cima do ícone: *Atender*. A baiana e a morena ali, à sua frente. A baiana-Coringa com o dedo na tela da outra, em cima do ícone: *Peitinho*.

"Chique", Jason pisca pra você. Ele está atento às ações da baiana pra cima da tatuada. *Baiana. Morena. Sasha ligando.* Você precisa atender ou ignorar. *Atender ou Peitinho?*, você olha pra baiana. Ela tá apertando o biquinho da outra e sussurrando. *Atender ou Peitinho?* Grande dilema. Freddie tá assinando papéis com o indiano; vai pagar pra poder abrir um culto, tomar chá e dormir. *Freddie vai pagar pra isto? Tomar chá e dormir?* Aí você olha pro lado: *Que merda o Leo tá fazendo ali?* Leo estava tirando fotos dos dedos da Lingi-Lingi enquanto esbraveja algo com alguém no corredor.

Você não atende a Sasha e não liga de volta. Você deixa a parceira tatuada com a Bruxa e a baiana e vai até o Leo. *Amizade em primeiro lugar.* Prioridades. (Mas pensando muito na morena e na pegada da baiana.) *Leo tá tirando fotos da Lingi-Lingi e olhando pro corredor?* Manda beijinhos pra Lingi-Lingi e manda palavrões pro corredor. O celular do Leo é antigo, Nokia 1100 "O Indestrutível". Ele não gosta dos aparelhos novos, prefere os clássicos. Pudera, o 1100 tem teclado de silicone e lanterninha de luz branca. *Tem o Snake II, o famoso jogo da cobrinha.*

Detalhe sobre tirar fotos: Nokia 1100 não tira foto, por isso o Leo anda com máquina fotográfica. Essa sim é modelo novo. Canon EOS 60D, coisa de profissional. Ele se diverte muito com fotografias. Anda pra baixo e pra cima com a bolsinha da Canon no ombro. Usa pouco, mas sempre leva a máquina. Diz nunca saber quando precisará registrar algo importante: "Ou até conseguir um furo de reportagem". Faz cursos de fotografia, porém nunca aprende nada. *As fotos são péssimas*. Deve ser por isso que está tirando muitas fotos da tailandesa. Você chega indagando: *Que porra é essa, Leo?*

"Né porra não, Larry", ele sorri, "é água com dejetos. O animal do Buneco foi tomar banho e não tem toalha. E depois cagou. Aí saiu molhado e pingando. Molhando o corredor todo. Pingando". *Molhada e pingando?*, você olha pra morena. Ela pisca pra você e abana, de leve, o meio das pernas. Você gosta é de atrevidas! *Não acredito nisso*, você esbraveja com o Leo, *vocês chegam numa casa desconhecida, não conhecem ninguém, e usam o banheiro assim? Tomam banho na casa duma Bruxa desconhecida?*, você ficou bravo mesmo. (Bruxa virou substantivo próprio. O nome da mulher ninguém sabe.)

A dona da festa, oficialmente, agora é Bruxa. *E será pra sempre*. A baiana é batizada de Coringa 1989. *Substantivos próprios*. Você chega à casa da Bruxa. Gente estranha e desconhecida. Conhece o Indiano, a Morena e o Coringa. O nosso amigo Buneco sofre de Corpo Quente. Ele bebe e fuma. Ele bebe e fuma e sofre de Corpo Quente. Assim, depois de beber e fumar, o corpo fica quente, ora, sintoma da doença Corpo Quente. As entranhas pegam fogo. O Leo, com as ideias boas, orienta o Seu Buneco a tomar banho pra refrescar as tripas. *Sensato*, você assume.

A festa inteira. Uns bebendo, outros conversando, outro no amasso com a Morena; e ele, Seu Buneco, no banheiro fazendo, literalmente, merda. Espirrando água, molhando papel higiênico, molhando revistas que ficam na cestinha ao lado do vaso. Seu Buneco grita: "Larry, não tem toalha! Larry, não tem pano de prato! Larry, tá quente, não está? Larry?". *Porra, Buneco, para! Já entendi!*, você não sofre de Corpo Quente, mas no momento tem o corpo quente. Você olha pro Seu Buneco. Ele tá quente e molhado. Nada diferente de você, que tá molhado e quente. A Morena ainda se abanando e sensualizando.

O Coringa parece quente também, o batom tá derretendo. E ele, o Coringa, continua passando a mão na Morena. Ele, Coringa, Baiana. O nome dela é com *a*, mas o apelido é masculino. Então ela vira ele. *Merda, tá todo mundo quente e molhado?*, você resmunga. Você pede ao Leo pra resolver logo. Pede pra dar um jeito de enxugar o chão e secar o banheiro. *As revistas também, viu? Daqui a pouco a urina desce solta.* (Festa e bebida: povo urinando de hora em hora.) No apartamento tem dois banheiros. O mais perto é onde o Buneco está destruindo.

O segundo banheiro fica na área de serviço. Daqueles pequenos, com baldes, vassouras e secador de roupa à frente. Tem de passar se esfregando nas coisas. *Esfregando nas coisas?*, você olha pra Morena, *esfregar coisas.* Cabelo curtinho, tipo joãozinho. Shortinho jeans mostrando a polpa inicial das nádegas. *Eixo X, Y.* Ela tá quente, pingando. Você olha pra ela, tudo para. Surrealismo. O som para. (Esta parte é bem abstrativa.) A Morena se eleva num plano surreal. Braços erguidos, paralelos ao chão. Pernas abertas ao alinhamento dos ombros. *Mulher Vitruviana.* Você vê o Homem Vitruviano de da Vinci à sua frente.

Espera aí, eu tô vendo é uma Mulher Vitruviana. Então a Morena sai de cena e aparece outra morena, uma japinha bailarina, muito simpática. Coxas grossas. Katrina Pato. Um furação de mulher, literalmente. Muitas pessoas no livro possuem nome estranho, mas são apenas nomes. As pessoas sim são estranhas. Então a Katrina aparece no círculo, girando feito furação. Nua. Alegre. O corpo pingando. Você fica olhando aquilo. Surreal. Ela de braços abertos e pernas abertas, igual o desenho de Leonardo da Vinci. A proporção do corpo, matematicamente, perfeita. O modelo ideal calculado segundo o Ideal Clássico do Masturbador – ICM.

Arquivo Punheta

Você imagina o que os gênios antigos teriam criado se vissem as mulheres atuais. Se já na época, com aquele tanto de roupa, sem tomar banho, sem depilar axilas, virilhas e quintal; eles, os gênios, tinham as musas inspiradoras e criavam coisas formidáveis. Com as musas de hoje, então, teriam dominado a galáxia. Leo: "Se da Vinci tivesse visto as coxas da Katrina, teria construído o traje do Homem de Ferro e colonizado Vênus". Hoje tem creme, banho, massagem, carboxiterapia, higienização íntima e clínica de estética. Hoje os gênios sofreriam de Corpo Quente. Ideal Clássico do Masturbador: mulheres. A inspiração-mor.

Mulher é arte, Leo. Você sabe disso porque é professor de Literatura. Leo: "A melhor coisa pra inspirar o artista é um shortinho curto então". *Coxa da Katrina.* A Mulher Vitruviana ainda está ali, flutuando acima de tudo, e você parado, olhando. *Preciso voltar à realidade.* Você sabe. Pode continuar a imaginação depois, já coletou informações suficientes pra semanas de sexo individual. A Morena tatuada com o shortinho molhado desfiado volta ao círculo pra entrar na sua mente por dias. Katrina já faz parte do seu Arquivo Fixo. Você tem com o que se masturbar mensalmente. Arquivo Punheta cheio, lotado.

Hora de retornar à Mulher Vitruviana, ao chão e voltar pra realidade. "Larry? Tá ouvindo? Para de viajar, cara! Todo mundo tá te vendo!", Leo grita no seu ouvido. Você estava parado, mastigando a Morena com os olhos. A mão no bolso da frente. Com a mão no bolso da frente da calça, você alcança a porção externa do membro, 1/3 de membro na mão; pra pegar o

2/3 restante, deve usar a outra em conjunto. Uma no bolso, outra pelo zíper. *Mas aqui não dá*, você pensa. E apertando 1/3 de membro, você explica que precisa fazer uma ligação:

Preciso fazer uma ligação. Leo responde: "Vá ligar da rua porque o sinal aqui tá morto, claro. Aproveite e traga um saco daquelas estopas pro Seu Buneco se limpar". *Boa ideia*, você acha plausível a ideia. Leo é doente e inteligente. Tem doutorado e centenas de certificados de cursos aleatórios. Largou tudo porque é o Leo. Doutor Leo Ponto. Esse é o nome completo (Doutor não faz parte). Leo é doente; você sempre concorda com as ideias dele. Então você pede ao Buneco pra se esconder no banheiro, pois vai lá embaixo telefonar e voltará com estopas secas e limpas.

"Beleza, Larry, traz uma sequinha, obrigado", Seu Buneco agradece e vira pro Leo perguntando: "Tá quente não está, Leo Ponto?". Leo responde de mau humor: "Tá sim. Muito. E não me chame pelo nome completo, Buneco. Não gosto, você sabe". Nisso você já saiu. A imagem da Morena flutuando retorna à mente. *Mulher Vitruviana*. ICM. Você usa um controle invisível, tipo cabine de comando de guindaste cheia de botões e alavancas, e manobra a mulher flutuante. Esse controle fica na sua mente. Você deseja e a mulher mexe. Tipo cavaleiro Jedi. *Gira. Sobe. Desce*. Você a vira, deixa-a de costas.

Você tá parado no elevador, segurando 1/3 do membro e idealizando as tatuagens duma morena levitando na sua frente. Ela tá em lenta rotação, parecendo produto na vitrine. *Modelo Vitruviano*. Arquivo Punheta, a maravilha de todos os homens. De repente ela começa a vibrar e de súbito, as coxas da Katrina se materializam na tela. *Bailarina, japonesinha*. Você sorri: *Ainda bem que posso imaginar as coisas*. Arquivo Punheta. Você sofre de psicopatia social e tem uma região no cérebro chamada Arquivo Punheta. Você tem HD externo dentro do crânio; tem HD externo interno. Você tem Photoshop interno no HD externo.

Você pode brincar com qualquer coisa dentro do seu HD externo interno. Tem até mouse sem fio e *playlist* que fica tocando sem parar na função *repeat*. Ou seja, tem músicas de graça que tocam na sua cabeça enquanto você idealiza gratuitamente coisas com as coisas das pessoas alheias. Isso tudo simplesmente porque você é doente. E você não está bêbado. Leo explica: "Larry, pra imaginar a Mulher Vitruviana girando na cara do macho não precisa de álcool. É fato, sabe? Um homem sedento registra a bunda de quase todas as mulheres que encontra na rua. Até mulher faz isso".

Leo prossegue: "Basta andar pelas ruas e deixar a imaginação crescer. Principalmente no Rio de Janeiro. Vai crescer e ficar reta, dura e erguida. Feito isso, basta recriar o modelo na mente e brincar. Isso é chamado de Arquivo Punheta, que tem duração de dias. Se não masturbá-lo, ele autoapaga. Se você é solteiro, ou solteira, a situação é favorável criativamente, pois pode levar a inspiração pra casa, sabe? E nem precisa de antivírus. Arquivo Punheta é o item mais valioso pra pessoa sozinha, compreende?". Você sai do elevador. *Morena arquivada.* Seu arquivo está sempre cheio; contudo, sempre cabe mais.

Dizem que quando alguém fala de alguém, a pessoa de quem se fala sente as orelhas arderem. Isso é dito popular. "Larry", Leo um dia questionou, "será que as mulheres sentem o mesmo quando um homem se excita pensando nelas? Nesse caso o que arderia? A parte do corpo que o homem está beijando, mordendo ou acariciando mentalmente, ou a lateral do abdômen?". *Nunca refleti sobre isso, Leo... Mas, por que arderia a lateral do abdômen?* "Simples raciocínio lógico com Geografia e Topografia. Veja bem: quando alguém fala de alguém, a orelha do alguém falado arde." *Falando bem ou mal?*

"Quando falam mal, claro. Falar bem de alguém não dá em nada não. Enfim, isso nos remete a outro dito: falem bem ou falem mal, mas falem. Coisas ensinadas pelas ruas". *Tá, mas e daí?* "Então, se você falar de um amigo, a orelha dele vai arder e ficar vermelha. Observação: orelhas ficam – geograficamente – na lateral do crânio. Numa linha imaginária acima da boca, ou lábios. Tipo passando pelo nariz. Fácil localizar. Agora peguemos uma mulher. Visualizemos os lábios dela; os de baixo. Eles ficam na entrecoxas, nos remetendo a adentrar ao assunto, aprofundar na coisa". *Que viagem, Leo...*

18

Leo explicando

"Atenção na Geometria. Se, e somente se, mantivermos a proporção da distância da linha imaginária da boca e outra das orelhas, teremos um espaço delimitado no corpo por duas linhas. Chamemos de Ponto X, a constante na equação. Pegue o Ponto X e desça até os lábios da entrecoxas da mesma mulher. A linha inferior cruzando o meio dos lábios; a superior tangenciando o umbigo. Se os lábios da entrecoxa fossem boca, chamada de grande boca, o umbigo seria a base do nariz, portanto: narinas. Assim, as orelhas ficariam, proporcionalmente, na lateral do abdômen, na curvinha que faz a cinturinha".

Hã? "Calma. Tá quase. Concluindo, pelo raciocínio geométrico: mulheres possuem duas bocas. Uma na horizontal; outra na vertical. Ainda, possuem duas constantes. Ponto X e Ponto G. O mais próximo da realidade, pois, seria elas arderem na cinturinha quando um homem se excita pensando nelas". *Então... tudo se explica pela geometria, né?*, você não sabe o que falar. "Finalizando: aquela dorzinha na lateral da barriga, que pensamos serem fezes em Movimento Curvilíneo Intestinal, na verdade é alguém tendo pensamentos masturbartórios com a pessoa". (OK.) Então você vai pra rua. Localiza a caçamba com as estopas. Pega um saco bem grande.

Aí a Sasha liga de novo. Celular tocando: "Trim!". Você atende. Ela vai logo dizendo: "Larry? Que dificuldade pra falar com você, credo". Sasha, a religiosa virgem. Linda. *Gracinha*. Você fecha os olhos e a joga no Plano Surreal. Tira a Morena atrevida e coloca a Sasha recatada. *Mulher Vitruviana*. Gira a Sasha. Calcula o Ponto X e Ponto G dela. Brinca com as bocas. Dá beijinho vertical, beijinho horizontal. Mas algo dá errado. *Nada molha, nada fica quente.* Você gosta é de atrevidas. As certinhas demais não entram no Arquivo. Você tenta recriar um modelo de Sasha pervertida e...

"Larry? Tá me ouvindo?", ela corta seu pensamento. Você abre os olhos, volta ao momento: *Hã? Oi, Sasha.* Você é doente. Sofre de Ereção Só Com Safadas. Você pede pelo amor de Deus pra Sasha entrar no Modelo Vitruviano. *Tudo seria melhor, uma vida espirituosa, iluminada.* Sasha não se enquadra. Existe um *Firewall* Mental que bloqueia santinhas de entrarem no Arquivo Punheta. "Larry? Taí?", Sasha insiste. *Ah? Oi, Sasha.* (Foco! Foco! Mantenha o foco!) Esqueça a Morena molhada. Esqueça a Katrina. Converse com a Sasha. Você fala que está numa reunião chata da escola: *Estou numa reunião chata da escola.*

Agora fala que chegará tarde, amanhã tem atividade cedo na escola; então você acordará cedo, não dá pra ficar conversando: *Vou chegar tarde. Acordo cedo. Não posso ficar conversando.* "Que pena", Sasha murmura, "amanhã não trabalho. Meus pais viajaram. Estou sozinha em casa". A Morena volta pra sua mente, você ainda a gira no Modelo Vitruviano. Sasha continua falando: "Aí pensei em te convidar". E na sua mente: *Tatuagens, shortinho, Morena sensual.* Aqui fora, Sasha prossegue: "Pra vir aqui pra casa". Na mente: *Coxas! Katrina! Lábios.* (Foco! Foco! Mantenha o foco!) Sasha: "Sabe? Tem uma coisa que quero lhe dar".

Ainda a Sasha: "Bem, na verdade quero que você tire algo de mim, Larry". (Foco! Foco! Mantenha o foco!) Você é professor de Literatura. Gosta de arte. Gosta de Leonardo da Vinci. A Morena tá na sua mente. *Modelo Vitruviano.* Parte do seu membro, 1/3 dele, tá na mão. *Sasha não para de falar, parece que ela tem celular de conta, os créditos não acabam.* "Pensei bem e acho que é com você que quero. Uma coisa que quero lhe dar". Seu período literário predileto é o Modernismo. Você odeia o Clássico. Cheio de formas e coisinhas. *Literatura é sentimento.*

Você pensa no sentimento na sua mão: *1/3 de membro duro.* Sentimento cada um tem o seu. Aí o celular começa a vibrar e a piscar: Chamando! Chamando! Chamando! *Que isso?* (É chamada em espera.) Alguém ligando pra você. Chamando! Chamando! Chamando! Você explica: *Sasha, tem alguém me ligando aqui. Número desconhecido. Pode ser da escola, preciso atender. Daqui a três minutinhos te ligo de volta, OK?* Sasha compreende: "Claro, Larry, deve ser importante. Espero você retornar". Chamando! Chamando! Chamando! Número desconhecido. Você atende. "Caralho, Larry! Cadê você? O Buneco tá derretendo no chuveiro. Suba logo, senão ele morre aqui".

Era o Leo ligando do telefone da Bruxa. Casa desconhecida e ele usa o telefone pra mandar você subir e levar o saco de estopa pra limpar o Buneco que tá tomando banho na casa da Bruxa desconhecida. E você segurando o saco de estopas entre as pernas e 1/3 do membro que já murchou. *Tô subindo*, você responde e corre pra dentro. Sasha Grei. 21 anos. Virgem. Liga pra falar que está sozinha e tem algo pra lhe dar. Virgem. Sasha quer lhe dar algo. Oferenda a lhe ofertar. Você abraça o saco de estopa e volta pro prédio.

Desfecho: deixa Sasha esperando e volta correndo pra festa. Você se lembra da cena do *Batman* do Tim Burton, quando o Coringa tira o revólver comprido do bolso. Você pensa no seu membro que tá ficando comprido de novo e vai querer tirá-lo do bolso igual ao Coringa. Você gosta de cinema. Você gosta muito do Batman. A Mulher-Gato versão Michelle Pfeiffer está no seu Arquivo Punheta. *Cinema é arte*. No seu mundo você é o Super--Homem. Gisele Bündchen é a Super-Girl. *Gisele Bündchen também é a Lois Lane*. Então a Gisele pega você, claro, você é o Clark Kent.

Sonho de Transmutação. A Katrina Pato é simplesmente a Katrina – ela é boa demais pra ser transmutada em algo. *Deixa a Katrina ser a Katrina!* Leo seria um Lanterna Verde e o Freddie, a Madonna. A Ritinha seria o Krypto, o Supercão; o cão do Super-Homem. O Super-Homem pegaria a Lois, voaria e faria sexo voando (tem que ser muito maldito pra fazer sexo voando). A Lois te amaria e vocês seriam felizes na casinha de madeira com campo florido. Ritinha Krypto seria imortal, portanto a Dinastia das Ritas pararia na Ritinha 5. O mundo não conheceria a Ritinha 6.

19

Na festa

Seu Buneco pega o saco da sua mão: "Oh, Larry, valeu, amigo. Sem você eu ficaria sujo a noite toda. Hum... Ei, olha. Será que estas estopas soltam aqueles cabelinhos? Será que vai grudar na minha bunda e...". *Buneco, não quero saber dos detalhes da sua higiene, OK?* Buneco fez muita bagunça na casa da Bruxa. Molhou tudo. Ele tá pelado, correndo pelo hall com as estopas soltando cabelinho pelo chão. O saco do Seu Buneco, o outro saco, tá pendurado perna abaixo, sacolejando e espirrando água pelas paredes. *Espirrando. Molhado,* você olha pra Morena. O Coringa tá beirando ainda.

O Indiano tá pegando a tailandesa. Freddie tá conversando com o Jason no sofá. A Bruxa tá escornada no canto. O Leo tá no telefone da Bruxa. *O Indiano pegando a tailandesa?,* você estranha. Nisso, a baiana, O Coringa, vai começar a pegar a Morena agora. *E Jason continua olhando pra calcinha da Bruxa, mas não faz nada.* Agora Freddie tá somando algo nos dedos. O som desligado. O som dos beijos do Indiano e da tailandesa eleva-se no ambiente. Você vai até o Leo e indaga: *Que paradeza é essa, Leo? Acabou tudo?* Leo desliga o telefone e responde:

"Acabou. O porteiro ligou pra encher o saco. A Bruxa vai ganhar multa. Sabia que aqui é proibido som alto, gritos, latidos e miados? E proibido brigas após às 22 horas. Ele ligou pra lembrar". *Tá, mas e essa do Indiano te dar bolada? Ele tá pegando a Lingi-Lingi.* Leo esnobou: "Eu vi. Não quis a Língua-Língua. Ela faz depilação a laser, por isso deixei o Indiano atuar". *Você recusou a tailandesa linda por que ela faz depilação a laser?* "Sim. E agora o safado tá testando a suavidade epidérmica dela". *E tá gostando muito, porque ele tá bem feliz.*

"Vamos embora? Já tirei foto do dedão dela. Vai pro Projeto Frank". Leo tem um projeto. *Projeto Frank*. "Na verdade é um experimento". Ele tira fotos de partes do corpo das mulheres pra fazer colagem e criar a mulher perfeita: "O Ideal Clássico do Masturbador Moderno, ICMM". *Lingi-Lingi contribuiu com o dedão direito?* "Só o direito", Leo explicou a escolha do dedão direito da Lingi-Lingi pro Projeto, "o esquerdo tem grave desvio, é torto. O direito é retinho". Nesse momento, de repente, a Bruxa despertou assustada. Levantou do chão num pulo, arreganhando as pernas e mostrando as coisas íntimas internas.

"Chique!", Jason acompanhando tudo. Então a Bruxa levantou e correu pro banheiro. "Pela pressa, quer liberar sólidos". *Merda*, você sussurra pro Leo. Leo retrucou na hora: "Merda não, Larry, é bosta mesmo. Ela quer fazer o número 2". E a Bruxa correu pro banheiro. *O banheiro do Seu Buneco?* Agora o banheiro já é dele. Foi batizado de Banheiro Dele. Podemos falar que o banheiro é Dele. A Bruxa chega, chuta a porta e: "O que você fez no meu banheiro, seu corno cagão?", grita igual maluca. *Fó-deu-u*, você murmura abatido. E foi assim que a festa terminou de verdade.

Existe derivação na lenda sobre Estágios da Embriaguez. O Macaco, O Leão e O Porco. A derivação é explicada pela Biologia Feminina. São animais usados para qualificar o grau de bebedice das fêmeas alcoólicas. No primeiro estágio, a mulher alcoolizada entra na fase da Monga, A Macaca. Passam por transformação gestual, corporal e oracional. Oracional vem do ato de orar no meio social. Mas orar da ação de proferir gírias e palavrões. Assim, ela, a mulher, desce do salto. Aquela musiquinha batida e sem teor intelectual? Deixe tocar! Requebre até o chão. No batidão tudo passa batido. Pessoas se revelam.

Já dizia o sábio mudo: "Pessoas não mudam, se revelam". E a vidente cega que a tudo via, já apontava de longe: "Olha lá! Lá vai a Monga!". Depois da Monga vem a She-Ra, a Princesa do Poder. Na fase She-Ra, a mulher fica corajosa e violenta, volta pro salto e não desce mais. E foi no salto da Bruxa que Seu Buneco foi pro chão, quebrado e machucado. A Bruxa faz aula de boxe tailandês com Lingi-Lingi. Então foi fácil moer o Seu Buneco. Ele requebrou até o chão. Pareceu partida de Mortal Kombat, sangue espirrando pra todo lado.

Avançando alguns minutos na história. (Avança e Pula.) "Foi engraçado, hein?", Buneco fala e tira sangue dos lábios rachados. "Chique", Jason responde. Seu Buneco vai limpando o sangue com estopa. (Agora vocês estão voltando pra Nossa República.) A Bruxa ficou furiosa quando viu a bagunça do Seu Buneco. Partiu pra cima do rapaz e o encheu de pancada. Pegar um homem desprevenido, sentado no boxe, com os olhos fechados, recebendo água na cara, fica fácil chegar chutando o cabra. A Bruxa usava salto agulha, aí dá pra imaginar o estrago. E o Seu Buneco tá usando shortinho jeans no momento.

Buneco tá roxo, inchado, descalço, sem camisa. Vocês estão voltando da festa. Seu amigo espancado usa o shortinho da Morena, que minutos antes você tinha bem encostada a 2/3 do membro. São mais de meia-noite. A Bruxa ficou furiosa e espancou o Buneco lá no banheiro. Leo ligou pro porteiro na hora, já foi logo revelando: "Porteiro, a Bruxa tá brigando e gritando. Pelo regulamento é proibido brigar e gritar depois das 22. Tenho o regulamento em mãos. E digo pra usarem outras fontes nos avisos. A fonte Arial, com corpo do texto 14 já tá fora de uso, OK?".

Leo segurava o aviso que achou pregado no elevador (em todos os corredores tinha). Tá escrito: "LEI DO SILÊNCIO: de acordo com o regulamento interno e base no Código Civil, artigo n.º 1.336, Lei Federal n.º 3.688, é proibido barulho dentro dos apartamentos após às 22 horas. OBSERVAÇÃO: Como barulho ressalta-se: música em volume alto; gritos em geral; gemidos sensuais e brigas. Em relação aos ANIMAIS: não podem latir ou miar ou piar de forma anormal a ponto de incomodar a qualquer hora do dia ou noite. Sujeito a multa!". "Estranho esses avisos, né, Larry? Será que acham no Google?".

20

Mais multa

"Conheço o regulamento, senhor Leo, eu digitei", o porteiro tinha respondido pelo telefone. Deixou a portaria e chegou pra apartar a briga. Deu a multa pra Bruxa. Achou o shortinho caído no corredor. Pegou e cheirou, depois o jogou pro Buneco, espancado no boxe. Era o short da Morena, que naquele momento estava sem short em algum canto escuro com a Baiana. A Morena sem short com a Baiana no canto escuro, enquanto a Bruxa terminava o espancamento do Buneco. Você não pensa em mais nada. Só se lembra da Morena quente sem short no canto escuro com a Baiana.

Você salva as informações no Arquivo Punheta, tem conteúdo pra quase um mês de masturbação. Pode ir pra ilha deserta idealizar a Morena quente tatuada sem short com a Baiana e passar um mês de gozo unilateral. Você é doente mental. Débil e mental. Sofre de ESCS. Categoria quatro na Esquizofrenia Sexual. Faz coisas estranhas no plano das ideias. Perto da Nossa República tem casa de shows, fica ao lado da farmácia onde o Freddie trabalha. Jason fala: "Chique", ele gosta de falar chique quando tá de ressaca; ele não pegou a Bruxa. Jason sugere: "Galera, vamos passar na boate?".

Nem morto, tenho que trabalhar amanhã, você responde pro Jason. "Eu não, tenho que trabalhar no Projeto Frank", Leo responde pro Jason. "Também não, estou usando shortinho de mulher. Tô parecendo traveco espancado", Seu Buneco responde, alisa o jeans e cospe sangue. "Eu não tenho dinheiro. Comprei a franquia do Ioga Astral", Freddie responde. Leo finaliza o embate: "Então vamos pra Nossa República. Faltam 132 passos", Leo é daqueles que decidem as coisas. "Faltam 132 passos pra chegar, com precisão de dois dedões". Leo contou quantos passos tem da porta do prédio da Nossa República até a porta da boate.

Seu amigo doente, que tira fotos de mulheres pra montar a Mulher Frankenstein, contou os passos, usando um pé 43, até a boate próxima. Boate de *strip*. Prostitutas, freiras sedentas, mulheres casadas, noivas em fuga e derivados de ambos os sexos. Derivados de areia também. Muito derivado de areia, o famoso silicone; também classificado de cristal de quartzo. Boca, peito, bunda. Leo ensinou: "Hein, Larry? E você achando que silicone era derivado de petróleo, né? Mas vem da areia. Por isso tem mais siliconadas nos litorais. Praia é areia. Então as mulheres são contagiadas pela areia-silicone, sabe? Tipo ameba siliconada".

Boate Delas é o nome da boate perto da Nossa República. A Boate não é nossa, é só Delas, das safadas. Vocês continuam em direção à Nossa República. Caminham 132 passos número 43. Chegaram. Nossa República. Seu Buneco ainda tá sangrando, o salto agulha da Bruxa abriu-lhe a boca. A fase da She-Ra realmente é sangrenta. A estopa tá acabando, toda vermelha; mais suja que estopa em oficina. "Leo?", Freddie chama. "Sim, Freddie?" Freddie é incisivo: "Seu Buneco vai dormir com você. Se sujar ou molhar a república, vocês se verão comigo". Freddie é daqueles que colocam ordem nas coisas.

"Chique", Jason comenta. Ele gosta de falar "chique". Vocês sobem. Entram. Nossa República. Comem pizza requentada. Bebem Fanta Uva. Escovam os dentes. Vestem o pijama. Entram no Facebook pelo celular e dormem. "Simples. Por que mulher demora pra se deitar?", Leo comenta com Jason. Leo não usa o celular pra Facebook, ele tem um Nokia 1100. Leo é estranho, usa celular só pra conversar. Dormem. Famoso sono dos justos. Mas aí chega a hora de despertar, abandonar os braços de Morfeu. Você acorda gritando: *Puta merda!*, lembrou-se que não retornou a ligação pra Sasha. Disse que ligaria em três minutinhos.

"É só usar minutos jupterianos", Leo conforta você, "o tempo lá é diferente do nosso, Larry. Você pode alegar que...". *Merda, Leo! Calado*, você o interrompe. Mas reflete: *Minutos jupterianos?* Você ficou de retornar pra religiosa virgem que queria lhe dar algo. Você está tomando café com o Leo e se queixando sobre a ligação pra Sasha. Freddie já saiu, foi pro ioga. Jason saiu também, hoje tem show da banda. Você não comenta com o Leo sobre o algo que Sasha queria lhe dar. Seu Buneco também já foi. Na verdade, o Seu Buneco não dormiu na Nossa República.

Leo explicou a saída furtiva do Buneco: "Ele entrou, bebeu Fanta e saiu. Estava com o corpo tão quente que foi seminu, se refrescar no mar. Saiu de shortinho, todo machucado. Alertei sobre a água salgada arder nos cortes. Mas ele nem me ouviu". Você termina o café e vai pra escola. Hoje é quinta. Dia de Educação Física. Alunas usam roupa colada. Pata de camelo. (Foco! Foco! Mantenha o foco!) Quinta-feira. Melhor dia pra dar aulas. Alunas com roupas de ginástica. Média de dezenove anos. Alunas burras. *Repetentes*. Mas nem todas são bonitas. *Burras todas são*. Feias algumas são.

Foi assim que você conheceu a Ellen Maravilha e não ligou pra Sasha. *Minutos jupterianos*. *Vai ter que ser isso mesmo*, você decide usar a ideia do Leo. Você sempre usa as ideias do Leo. *Ele é bom, doutor*. Doutor Leo Ponto. A orgânica do nome é simples. A mãe é de poucas palavras, daquelas que economizam a gramática. Quando o menino nasceu, o pai indagou: "Mulher, qual o nome pro menino?". A mãe logo respondeu: "Marido, o nome é Leo". O marido replicou: "Leo o quê?". Ela: "Só Leo". Ele: "Só isso?". Ela: "Leo e Ponto-Final". Ele: "Tudo bem".

O pai, pragmático, assim fez. Registrou o menino: "Leo e Ponto-Final". Nome lindo de se ler, ouvir e escrever. Leo não gosta. Tanto que quando as pessoas perguntam-lhe o nome, sempre fica um ponto de interrogação pairando; nem é Final, é interrogação mesmo. Quando quer, Leo economiza na gramática feito a mãe. Os pais moram num *trailer* velho. São nômades sociais. Ficam num lugar até enjoar das pessoas, depois vão embora encher o saco de outros. O pai é aposentado do Banco do Brasil; a mãe, médica aposentada. Ela pegava no trato urinário e sistema reprodutor dos homens. *Era urologista*.

21

Momento poético

Agora é quinta-feira. *Perdi o dia*, você lamenta. Não viu alunas com roupa de ginástica. Na verdade, nem entrou na escola. No portão a diretora o barrou, já descarregando: "Professor Larry James Lurex, o senhor está dispensado hoje. Tem intimação pra comparecer ao Fórum", e lhe entregou um envelope. Isso foi de manhã. Bem cedo. Você pegou um táxi e foi ao Fórum. Você perdeu a ginástica; mas conheceu a Ellen, a loira que passava pelo corredor. *E ela passa novamente.* Momento poético. Você é professor de Literatura, tem que ter poesia também. Então lá vai: jeans azul-claro, cós alto...

Cinto fino, preto brilhante. Camisa azul-clara, botões grosseiros, estilo masculino; porém, minuciosamente, feito linha no buraco de agulha, encaixa-se ao tronco da mulher. *Excessiva elegância.* Altiva tal rainha, a loira despeja olhar azul sobre o azul da camisa, sobre o azul do jeans, sobre o preto do cinto, sobre o brilho na fivela. Azul ao nível do firmamento azul doce e límpido. *Manhã de outono.* Vento nas copas, folhas a flutuar. O sacolejar simétrico. Porte elevado. A copa a se movimentar. *A loira a caminhar.* A loira anda sob nuvens, sob copas; porém, elevada é acima de ambas: sobre. *Lirismo.*

Ou, nós – machos – a elevamos para o sobre, onde seu olhar rivaliza com o espelhamento azul do branco solar. A mescla singela entre firmamento azul e horizonte distante. O horizonte, risco negro – horizontal – a separar duas porções: ar e terra. Lá, onde se perde a vista. *Lá, onde se enterra vontades.* E o cinto no corpo da loira, risco negro – horizontal – a separar duas porções: tronco e membros inferiores. Ali, aonde se quer ir perder a vista. *Ali aonde se encerra as vontades*. Parte de cima, parte de baixo. Ambas, em conjunto, vira bela dama. *Arquivo Punheta*.

A mulher se vira. Gira sobre os calcanhares. Tornado sem física – apenas química – a girar sem ventar; mas a todos sacudir. Mais e mais vontades se elevam. *Tal poeira ao vento*. Atrai o olhar dos homens feito imã a ferro. Nenhum diz nada. *Mas pensam*. Pode-se dizer num adjetivo: "Es-ton-te-an-te". Ou pode-se dizer o objetivo: "É se-xo em men-te". *E lá vem ela no-va-men-te*. O tênis branco relincha no piso encerado. Cada passo ecoa pelo átrio do Fórum: "Olhem para mim! Olhem para mim! Olhem para mim!", os passos proclamam, gritam aos homens. Atrai atenção. *Sovinas*. Ditadores. *Abusivos*.

Cruéis: "Olhem para mim! Olhem para mim! Olhem para mim!", os passos ordenam. *Frios*. Insensíveis. *Manipuladores*. Exigem. Homens são obedientes. *Olham*. O andar da loira é delicado como rosas; as intenções, perigosas feito espinhos. Os olhos, flocos de neve: sabe-se que estão ali, a cair, a gelar; mas não se atreve a tocar. O frio queima. Pinça, entra, penetra. E a loira não olha. Só de lado, apenas, deixa seu gelo quente sobre os homens. O frio exposto. *Quente deposto*. Persistem: "Continuem olhando! Continuem olhando! Continuem olhando!", os ecos perdem energia. Os passos se distanciam. Perdem-se como ondas na praia.

Até o último ruído ser ouvido, mas não dos passos. O tênis não mais ordena. Não mais declama. Silenciado foi pelas protagonistas. As protagonistas, objetos do adjetivo: *Nádegas*. Ambas são jogadas: "Par ímpar. Par ímpar. Par ímpar". *Nádegas ao ar*. Dinâmica da bunda. Traduzem para língua materna, mundo intangível, o que a língua paterna, mundo tangível, almeja: "Ambas as nádegas dela", da loira que passa. Todavia, as duas – Nádegas – proclamam em alto e angustiante silêncio: "Ei, vocês, ouçam. Nunca me terão! Nunca me terão! Nunca me terão!". A loira passa. *Cacofonia*. Agora aquele exemplo gostoso de cacofonia será exposto.

Cacofonia. Sons desagradáveis formados pela combinação do final duma palavra com o início da seguinte, causando efeito auditivo desagradável. A loira passando, e as nádegas dela, da loira, falando, causam efeito cacofônico irrelevante aos ouvidos; contudo, relevante à mente dos homens: "Nunca meterão! Nunca meterão! Nunca meterão!". A loira linda, imensas nádegas, imã aos olhos, já vai logo destilando: "Ei, vocês, pessoas mortais, nunca meterão". *Nunca me terão*. "Nunca meterão". *Nunca me terão*. Isso é cacofonia. A loira passa. A porta se fecha. Os homens voltam para seus processos. A lembrança silenciosa grita pelo ar: "Nunca meterão! Nunca me terão!".

"Pois é, né?", alguém cochicha. *Desse jeito*, você replica. Então alguém aparece e chama da porta: "Senhor Larry James Lurex? Por favor. Acompanhe-me". Você se levanta e entra na sala da justiça. Ah! Poesia. Doce e salgada poesia. Suave e áspera poesia. Iluminada feito o breu, musical feito o vácuo. Ah! Poesia. Se tudo digo, nada falo. Falo não é verbo, não é primeira pessoa do presente do indicativo do verbo falar. *Falo é anatomia masculina: pênis*. Ah! Poesia, se tu me desse aquilo, aí sim, eu falo. Fim. (Acabou o momento poético.) Volta pra história: estava lá você, esperando.

Você esperando no corredor de espera, sentado. Por todo lado tem advogado engravatado. *Parecem pinguins mudos, agrupados num iceberg à deriva*. Tem um advogado maiorzinho, você o batiza de Pinguim Rei. O Rei estufa o peito sempre que a loira passa. *Coisa de macho alfa*. Natureza. Seleção Natural: estufar o peito pra pegar mulher. *Nunca vi homem peitudo com mulher*, você raciocina. Você não gosta de Fórum. Na verdade não gosta de nada, só gosta da Nossa República. Lá tem filme e videogame, aqui tem pinguins e papelada. *Muito papel*. Você imagina o tanto de ácaros pelo ar. *Dá alergia*.

Você se coça: *Alergia a ácaro*. Voz: *Tem muita menina bonita andando por aqui*. Você olha cautelosamente, tem medo de dar processo. Voz: *Elas, com certeza, te darão um processo*. Leo ensina: "Existe mulher avarenta, não dá nada. Outras, as gananciosas, tiram tudo do macho. Outras são gulosas, comem o macho". Você tá com fome. *Quero comer*. Precisa comer alguém. Não comer alguém tipo canibalismo. Mais coisas leunianas: "Alguém vem de algo + além. Comer algo além. Isso é aglutinação, Larry. Junção de duas ou mais palavras para se formar outra. E que rima com alimentação". Você entra na sala.

22

Na sala

A juíza te pergunta: "Senhor Lurex, conhece ela?", indicando a garota do outro lado da mesa. *Sim!*, você responde. A juíza prossegue: "De onde a conhece?". Você: *Da escola!* Juíza: "O que ela faz na escola, senhor Lurex?". *Estuda!*, você responde o óbvio. Isso é compreensível. Você tem amigo advogado que sempre fala para falar o menos possível quando for falar com alguma autoridade. "Quando for interrogado, Larry, use monossílabos expressivos, entende? Sim! e Não! e pronto! Com ponto de exclamação. Tudo exclamativo. Se não der, use frase bem curta, que tire o mínimo de som da boca. Entendeu?". *Sim!*

Cabra. Doutor Cabra é o nome do advogado. *Amigo da Nossa República.* Certa vez vocês foram a São Paulo a fim de se encontrarem com outro amigo, Bluais. Bluais teve sérios problemas conjugais e usou os conhecimentos do Doutor Cabra pra pedir cancelamento legal do casamento. É aquela história que a Mônica estava junta. Chama *Ei, doutor! Cancela meu casamento*. Você e o Leo, claro, foram pra São Paulo ajudar o coitado do Bluais. História interessante. Bluais é inglês, tem os olhos azuis. Por isso o chamam de *Blue Eyes*, que no falar falado na hora de dizer vira Bluais.

Bluais foi seu cunhado quando você namorou a Isabelinda Montanha. *Isabelinda,* você murmura. Pode nem se lembrar que o corpo fica quente igual Corpo Quente. Tudo começou por culpa dela. Ela parece àquelas modelos anjos da Victoria's Secret. *Só jogar no Google.* É importante contar a história do Bluais. E será contada. Mas depois. Pois agora você está no Fórum. *Numa sala.* Você dum lado da mesa; juíza no centro, e uma menina longe.

"Ei! Senhor", a juíza está censurando você, "se cooperar no andamento do caso, sairemos contentes pros nossos afazeres, compreendeu? Então pare de murmurar e preste atenção".

Nessa hora você se esquece do Cabra, deixa os monossílabos expressivos de lado e explica: *Juíza, a menina estuda na escola, minha aluna. Repetente. Sempre dá em cima de mim*, dá uma pausa e respira, *só feias fazem isso, infelizmente.* Mas isso das feias você não declara, só pensa. Você nunca se envolveu com alunas. *Triste verdade.* A aluna que deu em cima de você permanece calada. Parece se divertir. Aqueles adolescentes psicopatas que fazem coisas erradas e dão risada pra câmera. Você explica que confiscou o celular dela durante a prova, pois ainda é proibido fazer prova com celular.

Você: *Ela escreveu coisas na prova que poderíamos supor serem cantadas.* A juíza: "Dê um exemplo!". Você obedeceu: *Teu pênis entrando-me, far-me-ei pedaços de júbilo e gozo-lar-ei, Lulu.* Você argumenta não saber se o uso dos pronomes está correto, pois você é professor de Literatura, não de Português. Contudo, a mensagem é clara: *Senhora juíza, essa menina quer transar comigo.* Você explica que logo após a prova devolveu o celular. E no mesmo dia, à tarde, fotos "sensuais" da queixosa estavam no Facebook e WhatsApp. A aluna chorou. Os pais fizeram B.O. A menina depôs. Culpou você pela exposição íntima:

"Foi o professor de Literatura. Lurex Taradex. Ele é taradão. Nóis chama ele de MC Taradex. Tem batidão que nóis canta. Batidão do Taradex. Ele roubou minhas fotu, pôiz no *Face*, tirou xerókis e mandou pro grupinho da escola de putaria no *Zap-zap*", isso foi ela depondo há três semanas. Agora você está cara a cara com a menina. *Que por sinal tem a cara bem feia.* Você se entristece com o fato: *Por que só as feias pedem pro nosso membro entrar-lhes? As bonitas nunca fazem nada do tipo.* Piorando: ela é da geração do "nóis vai, nóis vem".

A juíza reflete, analisando você e a menina. Você é você. Se for bonito será bonito. Se for feio será feio. Mas você é legal. Tem mulheres que ainda preferem homens legais. *Jesus conserva!* A juíza lembra-se do "nóis vai, nóis vem". Você fala sem interesse: *A meninada de hoje tá perdida, né? Educação despenca mais que pau velho.* A juíza bate o martelo: "Caso arquivado, senhor

Lurex, lamento o incômodo. Os pais serão orientados a emitir uma carta de retratação em nome do senhor. A garota pegará pena de serviços voluntários e pagamento de cesta básica aos desabrigados. Dispensados!".

A justiça é cega, mas enxerga a feiura. Só feias fazem isso; bonitas não dão em cima nem dão embaixo. A juíza se levanta. *Mantenha o foco!* A juíza é mais velha. *Coroa.* Traços marcantes. *O foco, Larry!* A juíza se levanta. Ela é mais velha. *Ela é boazuda.* Mesmo na roupa de juíza você consegue idealizar o corpo nu da juíza. *Boa.* Boa juíza. Você não é juiz, mas faz bom juízo do corpo dela. Sua mente grita na sua cabeça: *Você acaba de ser absolvido em caso de assédio sexual e fica babando na bunda da juíza boa?*

"Posso ajudá-lo, senhor James?", a juíza o interroga, olhando bem nos seus olhos. *Olhar severo.* Você adora mulher assim. Cara de violenta. "Tá babando por quê?". É... nada não. Boa tarde. Muito boa. A senhora tem boa bun...""Quê?", ela se espanta. Agora você vai preso. Ataque à autoridade. Você se enrola nas palavras: Bun... bunda não. Bunho, ali na parede. Bun de bunho, você aponta um vaso no canto. "Bunho? Que isso?". É planta ciperácea semelhante à junça. "Quê?". Ah, esqueça!, você desespera. Pro seu bem a juíza alivia: "Não sei o que é bunho, senhor James. James Lurex".

Ela vai até o vaso e comenta: "Nada sei de plantas", e declara desinteressada, "mas a minha é rosa". Roça os dedos pelas pétalas da rosa no vaso. Vaso bonito, cuidado. *A juíza é bem boa, cuida bem das coisas.* A rosa está úmida, saudável, vermelhinha. Você: *A senhora tem a planta rosinha?* "Como assim? Está se sentindo bem, James?". *Como? Sim, como.* "Do que está falando, James? Como o quê? Verbo ou advérbio?". Sua mente grita sobre os perigos da ambiguidade com uma juíza boa. Voz: *Cuidado com a ambiguidade.* Você limpa a testa e sai: *Passar bem, juíza.*

23

A loira

Você sai da sala. Quase se dá mal com a juíza. Você não entende de botânica, mas já pegou uma bióloga que tinha exemplares de plantas no quarto. O quarto era fresco e úmido, a parede ficava molhada. Você gostava da bióloga, contudo ela só quis usá-lo. *Famosa dá e vaza*. Deu o que tinha que dar e te largou. Agora você está largando o processo de assédio e vazando da sala da justiça. Foi aí que conheceu Ellen, a loira que passa. Ela, coincidência estranha, é a cara da Mulher-Maravilha; claro, o corpo também. (Isso pensando numa Maravilha loira.)

Ellen é a nova paixão do presente. Apenas do presente, pois paixão dos pretéritos e futuros é a Isabelinda. Detalhe: Ellen não é a juíza. Ellen é a loira que passa. A dos olhos azuis, da cintura fina e bunda larga; do momento poético. *Cacofonia*. Nunca meterão! Quando saiu da sala da juíza, você esbarrou na loira no corredor. Com o choque, ela deixou as coisas caírem. Coisas que ela levava nas mãos: pastas e livros. Processos voaram pelo ar, e um livro rolou até seu pé. Você pegou. (Pegou o livro, mas queria pegar a loira.) Você: *Adélia Prado?*

"Sim. Minha preferida. Adoro a poesia dela", ela pega o livro de volta. Você pensa: *Uma maravilha que lê Adélia Prado? Nunca meterão! Eu quero muito!* "Ei, tá tudo bem, moço? Bateu a cabeça no choque?", ela se preocupou com seu estado. Você a está arquivando no Modelo Vitruviano. Ela está pelada e você a girando num eixo infinito de luz. O tempo para, você flutua num céu mágico, colorido. Psicodélico. Cogumelos e bolinhos de chocolate despencam pelo cenário. Sátiros e gnomos apontam para um buraco no chão. Você pula. Cai e morre. *Fim*. "Moço? Que isso? É ataque epilético?".

Oi? Hã? Não, tudo bem. É estresse, sabe?... Sou professor de Literatura, já escrevi sobre Adélia. Você não sabe se socializar, é doente mental; contudo, se o assunto é Literatura, até tenta. Então sai pra tomar café com ela. A loira advogada que trabalha no Fórum. Bunduda. Olhos azuis. Nunca me terão. *Cacofonia.* Ela te convida para assistir ao show dela. É dançarina nas horas vagas. *Pole dance.* Ela dança para melhorar o sexo. "Eu era tímida, depois da dança perdi os toques relacionados ao sexo". *Ai, que gracinha, Ellen,* você se faz de bobo pra se enturmar com ela.

Ellen prossegue: "Agora sou liberal. Faço porque gosto, e gosto que façam quando gosto. Sou dessas. Estou louca atrás de amizade colorida, sabe? Preciso treinar posições". Você sofre de ESCS e ama a Ellen. (Ainda é quinta.) Amanhã é sexta, dia de Nossa Igreja. Ainda não ligou pra Sasha. *Minutos jupterianos. Vou usá-los.* Você sai do buraco apontado pelos gnomos; agora sobrevoa um campo de tulipas na Holanda. Tem de todas as cores. Repleto de flores cheirosas. Tem moinhos de vento e água. Tudo molhado lá embaixo. Sua mente sussurra no seu ouvido: *É rosa e cheirosa.* Você é doente.

No outro dia à tarde você volta ao Fórum só para ver a Ellen. Sasha te quer. Sasha é donzela pra casar. Você tem 33 anos, casará com 36; tem três para aproveitar. Estamos na sexta. Precisa ligar pra Sasha. As aulas de hoje foram intensas, você se desdobrou pra fechar o conteúdo de hoje e de ontem. Ontem foi quinta, não deu aula porque foi ao Fórum prestar depoimento à boa juíza. Arquivo Punheta. A aluna feia que forjou o assédio foi suspensa. Tudo resolvido. O assédio foi ótimo, ora, assim conheceu a Super-Loira Mega-Quadril dançarina de pole dance.

"Agora sou liberal. Faço porque gosto, e gosto que façam quando gosto. Sou dessas", as palavras martelam sua mente. Você nem pegou o telefone dela. Pediu para te adicionar no Facebook: *Então tá, Ellen, preciso ir. Depois me ache no Facebook. Larry James Lurex,* você gaguejou isso. Ficou com vergonha de chegar nela. Pudera, a Super-Loira só disse que está à procura de amizade colorida pra assisti-la dançando e, quem sabe, transar loucamente. *Nada de mais.* Isso não quer dizer que ela poderia escolher você como cobaia carnal. Sua mente xinga: *Isso Larry Lurex, se faz de bobo, é melhor!*

Mais xingos: *Isso Larry, se faz de bobo que é melhor!* Você responde a sua mente: *Aaaah! Mente, me deixe em paz. Vozes, por favor, me deixem em paz.* Arquivo Punheta. Com a Ellen você tem conteúdo para, no mínimo, três vidas de imaginação. Surrealismo. Viagem mental. (É necessário abrir a mente e viajar legal.) Você está num voo especial de Moscou para Roma. Saiu de Moscou e está voando pra Roma. É final de Campeonato Mundial de Vôlei Feminino. Você é você, se for mulher é mulher, se for homem é homem; se você tá lendo, você é você.

Você sai de Moscou num voo especial para Roma. É final de campeonato. Time russo e italiano estão no avião. Time feminino. (Se você for mulher, basta trocar pra times masculinos.) O voo é especial porque é da delegação russa e italiana, seleções que disputarão a final em Roma. Você está no voo porque a companhia aérea fez merda com sua reserva. Você ficou nervoso. Para evitar confusão, te colocaram no voo especial. Recebeu crachá falso para fingir ser da delegação italiana de vôlei. No crachá diz que você é Massagista Italiano. Você pede pra trocá-lo pra Massagista Russo. *Troca?*

Pessoa imaginária qualquer: "Quer trocar o crachá pra Massagista Russo?". *Sim.* Mas a companhia aérea alerta que assim você seria descoberto facilmente. Lógico, você é você. A média para ser russo é loiro, olhos claros, pele clara. "Você, pelas estatísticas e gráfico populacional – e incidência solar no território brasileiro –, seria de características próximas a italiano". Por isso você pega o crachá italiano. *Vôlei feminino, o melhor esporte do mundo. Tem shortinho curto e pernas compridas*, você não entende nada de vôlei. Leo: "Larry, uma partida de vôlei faz qualquer homossexual virar bi. Isso pra ambos os gêneros, sacou?".

24

Massagista italiano

Então essa fica sendo sua função no time. Você inspeciona o Arquivo Punheta, lá tem mulher pra povoar todos os assentos de todos os voos do mundo. Assim você sai de Moscou num avião cheio de mulheres do arquivo misturadas com jogadoras. Você começa a povoar a aeronave, tipo Deus dando vida às coisas. Sua mente ordena. Você aponta. E a mulher surge do pó. Você imagina e acontece: *Sentada a meu lado está a super Ellen; atrás, a Morena tatuada. Ali no canto tem a Lingi-Lingi; lá na frente, a juíza. Aquela na janela é a menina da padaria.*

A imaginação é fértil: *Tem Katrina. Tem Carolina. Tem namorada do cara chato da esquina. Tem a dona da loja da esquina.* Você vai contando nos dedos: *Aquela é a mãe da filha. Essa, a filha da mãe gostosa. Gostosura vem no DNA. A outra é neta da vó velha. No colo, sentadinha, tem a ninfeta da academia.* A ninfeta da academia, a queridinha Jessinha: artefato lindo de se admirar. Ninfa miudinha. Parece Barbie em tamanho ampliado e mulher em tamanho reduzido. (Foco!) Sua mente alerta: *Estão brigando com você. Alguém te xingando. O piloto. É o piloto te censurando.*

O piloto tá berrando: "Taradex! Pare de encher o voo com essas pessoas, estamos na lotação máxima. Faltam as jogadoras russas ainda. Se povoar o avião assim, sem cobrar passagem, vamos cair. Guarde esse arquivo só pra você". *Tá bom, foi mal,* você se envergonha. O piloto perdeu o controle (isso é perigoso, cuidado). Análise combinatória. Você pode fazer tudo com o Arquivo. Pode transar em qualquer lugar. Pode ser massagista de jogadoras de vôlei. Pode ser ator pornô e transar com tchecas. (E ainda é sexta.) Você não ligou pra Sasha, ela não entrou no avião; nem o Leo.

Agora a realidade: você está deitado, olhando para o teto do quarto do Leo. Lá, no teto, é onde ele prega as fotos das mulheres. Projeto Frank. No teto do quarto do Leo tem círculo riscado com carvão. Dentro do círculo, circunscrito, uma mulher. *Mulher Vitruviana*. Feita de retalhos de fotos. Leo tira fotos das partes das mulheres, imprime em formato A4 e cola no teto. As coxas da Katrina estão lá. O dedão da Lingi-Lingi também – foi a última peça da Mulher Frankenstein da semana. "Vê, Larry? Ainda falta muito pra mulher ficar pronta. Vai demorar muito, né?".

Depois de pronta, Leo fala que vai fazer modelo 3D e imprimir tipo boneca. "Frankenstein inflável". Leo sabe fazer esses modelos 3D e imprimir porque ele é engenheiro mecânico. Entende tudo de coisas de engenharia. Ele explica: "A construção da mulher, Larry, é projeto engenhoso, calculado. Deus é o maior geômetra do universo, pois cria muitas mulheres. Mulheres têm retas, curvas, círculos, orifícios e volumes. É Geometria sólida. Estudo de área, volume e superfície". *Entendi, Leo, legal.* E você tá dormindo na cama do Leo porque a Ritinha vomitou na sua. Ela ainda está passando mal por causa do abacate.

Leo é baixo e cabeçudo, usa cama grande, *king size*. Cabem vocês dois. Por isso você dormiu aqui. E agora é hora de levantar. Hora de parar com a Viagem Mental, hora de sair do voo. Você tem aula. (Hoje é sexta.) Tem evento na igreja. *Tem Sasha*. E você vai voltar ao Fórum. Você vai levantar daqui a pouco. Antes vai voltar ao voo especial. Deixar a realidade e ir pro surreal. Agora as italianas entram. As russas também. *Meu Deus, cadê a paz de Cristo?* (Foco!) O processador está esquentando. Arquivo Punheta começa a fritar. Você é você.

E você está num voo com o time feminino de vôlei russo e italiano. Você é massagista. As meninas reclamam de dores nas coxas e nádegas. Você é massagista. A Jessinha continua com você, sentada no seu colo. Ninfa, a menina mais gracinha da academia; daquelas que quando fazem alongamento, o cara lá no canto, fazendo flexão, para de respirar e cai de boca. *No chão, infelizmente*. E você não quer acordar nunca. *Acordar pra quê?* Mas acorda. Arruma as coisas e vai pra escola. (O tempo passa.) Chega à escola. Agora está conversando com a professora safada no auditório:

"E a namoradinha da igreja, Lu?". *É apenas amiga, Mari.* "Amiga? Sei, viu? Bobo". Mari Michele, professora de História. Colega de trabalho. Vocês estão no auditório da escola. Hoje tem apresentação de dança dos alunos. Você adora apresentação de dança dos alunos. Sempre dá mulher que não tá dando. Mães vêm sozinhas, pais não gostam desse tipo de evento. Dá tias e irmãs mais velhas também. Tudo ali, atrás de você. Você não pode olhar porque tem vergonha de olhar pra trás. Muita gente olhando. Você nem tá bêbado. Você está sentado ao lado da Mari. Ela sabe sobre Sasha.

Ela sabe do Arquivo Punheta. Mari sabe de tudo sobre você. Claro, você sabe de tudo dela. *Conhecimento recíproco.* Ela sabe qual parte mais te sensibiliza. Qual cantinho você mais gosta que te toquem pra se excitar. Vocês são bons amigos. "E eu gosto de você, Lu", ela te belisca. *Hoje tem evento na Nossa Igreja. Vou convidá-la pra sair*, você anuncia. Mari emenda logo no ato: "Own! Gracinha, gente. Larry tá namorando! Tá namorando!", batendo palminhas. Você odeia quando batem palminhas zoando da sua cara. Você sofre de ESCS e vai sair com uma virgem boazinha hoje à noite.

Seu corpo está ao lado da Mari. Sua mente sobrevoando as estepes russas enquanto você massageia a coxa duma jogadora de vôlei dentro dum avião da delegação russa e italiana de vôlei feminino. Mari, materializada do seu lado, parece falar algo com você. Parece falar, pois abre e fecha a boca. Movimenta os lábios. A língua vai e vem. Ela gesticula, acompanhando as expressões; indícios pelos quais alguém profere palavras. Palavras em sequência viram orações que englobam períodos. Com sentido e entoação temos a comunicação interpessoal chamada de: "Tô falando com você, Larry!", Mari te sacode e pergunta, "Hein? Entendeu?".

25

Falando comigo?

"Ah, Larry. Onde você tá com a cabecinha?", Mari dá tapinha na sua testa. *Cabecinha?*, você está massageando as coxas duma atleta profissional. Sua cabecinha agora está apontando pelo bolso da calça. Bolso frontal furado. Só a ponta. "Credo, Larry. Que indecoroso. Esconda isso, olha o monte de mãe solteira aqui. Se virem, você terá problemas", Mari aponta a coisa que despontou do seu bolso. "Você é muito doente". *Nem sempre fui assim, tá? Antes eu era normal. Quando namorava a Isabelinda*, você tenta se justificar. "Olha, cansei dessas apresentações e seu bolso furado me deu tesão. Vamos transar, Lu?".

(Mari te convida pra transar.) Você sempre fala que se ela estivesse solteira se casaria com ela. "Hein? Sim ou não?". *Pode ser...* "Pode ser? Isso é resposta que se dá numa hora dessas?". Enfim, vocês deixam o salão e vão pro quartinho escondido. Aquele lá em cima, ao lado da biblioteca inutilizada. Lá tem genuflexório. É hora de ajoelhar pra rezar. Você gosta muito da Mari. *Gosto mesmo*. Se ela quisesse, você se casaria com ela. Inteligente, gosta de transar e gosta de você. Tem mulher que gosta de ser comida; outras, de trepar. As melhores são as trepadoras.

Mari é trepadora. A melhor. Igual planta que sobe pelo muro, trepa em qualquer lugar. Vocês já chegam se esfregando. "Larry, se eu me separar você fica comigo?", ela indaga. (Será que ela leu seu pensamento?) Estão no fim da transada. Mari é demais. *A melhor*. Manobra o membro com maestria. É daquelas que transam sorrindo. *Coisa linda de se ver*. Já foi casada antes de ser casada agora. No primeiro casamento, o ex a traiu e a expulsou de casa.

O safado ficou com a amante. Mari ficou arrasada, foi por isso que começou a se relacionar com você.

E como você estava com a Isabelinda (*Arrependimento!*), Mari acabou conhecendo outra pessoa (*Arrependimento!*): o marido atual. Mas ela deixou explícito que tinha um amigo eunuco com quem saía muito. O amigo eunuco é você. Mari se casou novamente com consentimento do atual marido em permitir que ela dormisse com o amigo assexuado. "É aquela coisinha… Ele gosta de jogar videogame e é eunuco. Não precisa ficar preocupado", ela aliviou a barra. O marido não viu risco em deixar a mulher beijar, viajar, visitar, passear e tantas outras ações com os verbos da Primeira Conjugação ao lado do amigo eunuco.

Aula chata: verbos da Primeira Conjugação possuem vogal temática "a", que vira "ar". Exemplos: d*ar*, peg*ar*, mam*ar*, esfreg*ar*, acaricia*r*. O marido, ignorante na gramática, logo respondeu: "Coisinha? Tá. Mas não quero vê-lo mexendo no meu armamento pesado no salão de troféu de caça, tá?". Assim você mantém a relação com a Mari. Você se pergunta: *O que é ser chamado de amigo eunuco pra ficar ao lado da Mari?* Você se responde: *Não é nada!* Mari é daquelas que tem o gingado. A mão é tão macia que, se você fechar os olhos, não sabe se ela pega ou beija.

Mão de veludo, boca de veludo. Ela tem o gingado. Catedrática no assunto. Especialização em felação com massagem nas coxas. O marido é ricaço. Hobby: caçar veados. *Claro que fico com você, Mari*, você responde à pergunta do casamento, mas se esquece do marido ricaço com armamento pesado e da sala de troféu de caça. "Que bom, Lu", ela te abraça. *Mas, por quê? Tá pensando em se separar?*, você ainda não se lembrou do armamento pesado. "Ah… Você sabe que eu gosto é de você. Meu casamento é pura fachada". E você gosta dela. *Eu também gosto de você.*

Mas sobre seus sentimentos, você nada revela. É seu segredo maior. (Transa terminada.) Despedem-se. (Pulo no tempo.) Você sai da escola. Passa no Fórum pra ver a Ellen. E aí volta pra Nossa República. Você tá indo. Pronto. Chegou à República. Veste pijama. Já tomou leite com Toddy. Comeu pão de sal com manteiga. Agora tá na sacada admirando as cariocas lá na avenida. E hoje tem evento na Nossa Igreja. *Nossa, não liguei pra Sasha.*

Minutos jupterianos. Será que funcionam mesmo?, você dá de ombros e pega o binóculo. Concentra-se nas cariocas. Nesse horário tem gente demais na avenida.

"Larry!", Leo gritou da cozinha-sala-cozinha, "preste atenção no cotovelo delas. Cotovelo! Esse é o segredo!". Leo é cheio de teorias aleatórias. Ele chama de AA, Arquivo Aleatório. *Por quê?* "Porque o cotovelo tem a mesma origem embrionária da pele vaginal". *Quê?*, você não sabe se fica bobo por está babando nas mulheres correndo lá embaixo ou por ouvir o Leo berrando. "Origem embrionária! Desenvolvimento celular! O mesmo código genético que gera o número de série pra produção da pele do cotovelo, gera o serial pra produção da epiderme vaginal! Cotovelo seco, vagina seca! É Darwinismo, meu chapa! Progressão genética sexual!".

Não sei se é verdade, você comenta. Leo prossegue: "Dá pra ver a vagina da dona inspecionando o cotovelo dela". Leo. O maior doente de todos. E você está na sacada da Nossa República usando o binóculo para dar zoom no cotovelo das meninas malhando lá na praia. Inspecionando o cotovelo delas. *Interessante isso.* O Arquivo Aleatório do Leo é a coisa mais absurda que existe. Porém, feito música ruim que fica na cabeça, as teorias dele ficam. Arquivo Aleatório. Você pensa na Mari: *O cotovelo dela é macio igual algodão.* Você pensa na pele da Mari: *Pele de rosa.*

Você conclui: *Algodão. Pele de rosa. Leo tem razão.* (A história avança.) Está na hora do evento na Nossa Igreja. Você chega cedo. *Talvez amenize a tensão se eu chegar cedo pra Sasha me ver enquanto canta no louvor*, isso você pensa ser o melhor a fazer. Desta forma chega cedo. E Sasha já está lá em cima cantando no louvor. Ela olha para você e manda tchauzinho. Sem perceber você dá zoom no cotovelo dela. *As teorias do Leo ficam na cabeça.* Cena: Sasha abanando o bracinho e sorrindo; você se concentrando no cotovelo sacolejando ao ar. *Quero paz!*

26

Origem embrionária

Cotovelo no vaivém, vem e vai; sai e entra, entra e sai. (Foco! Aqui não.) Você está na Igreja. Nossa Igreja. Louvor gospel. Arquivo punheta. (Agora não!) *Ó!, Jesus, me salva*. O louvor vai prolongar. Então você volta ao voo com as russas e italianas. Só tem você de hetero no avião. O piloto é gay. O cozinheiro é gay. O médico é gay. O fisioterapeuta é eunuco. O resto é mulher. Algumas são gays; outras, hetero; e outras, bi. De repente o avião sofre forte turbulência. Algo sobrenatural. Força desconhecida parte a aeronave em dois. Caem numa ilha. *Lost*.

Lost é seriado de TV norte-americano. (Google!) Surrealismo. Você está numa praia deserta. *Lost*. Mar azul, areia branca. Mata verde, floresta virgem. Você é o único homem no meio das italianas virgens. O grupo se dividiu. As russas caíram do outo lado da ilha. Seu grupo ficou com o médico e o cozinheiro. As russas ficaram com o piloto e o fisioterapeuta. Você vê os destroços do avião afundando no mar. Uma italiana bem linda chora. *Mas todas são lindas*, você se lembra. *Verdade*. "Vôlei e mulher tem a mesma origem embrionária", Leo ensina. Ele entende de origem de embrião.

"Larry, se o mundo fosse um reino, a rainha seria jogadora de vôlei". A italiana linda, a chorona, pede a você que nade até os destroços: "Homem Larry, nade e salve o que puder". Vocês acabaram de cair de avião na ilha deserta. "É urgente. O sol vai se pôr". Então você nada até os destroços. (Pause!) Tudo para. Você entra num plano mágico paralelo dentro do plano paralelo do seu sonho, igual ao filme *A Origem*. Você está num corredor infinito com prateleiras infinitas de ambos os lados. Pode pegar qualquer coisa. Basta pensar que a coisa surge magicamente.

No plano mágico o tempo não é tempo e nada é tudo. Você pode pegar três coisas e voltar à ilha. Qualquer coisa. Então faz três escolhas muito bem pensadas. Você escolhe uma caixa de fósforos infinitos. *Fósforos que nunca acabam, nunca se molham, nunca se quebram.* Você acaba de trazer fogo infinito pra ilha. Você escolhe kit de facas *Ginsu*. *Daquelas que cortam qualquer coisa e nunca perdem corte.* Você acaba de trazer facas infinitas pra ilha. E escolhe pote de creme depilatório infinito, cheiro de baunilha e gosto de chocolate. *Creme sem efeitos colaterais ou irritações pra pele.*

Você entra na sala mágica e escolhe três itens. As três primeiras coisas que você pensa. Podia escolher qualquer objeto mágico e voltar à ilha. Você fez escolhas muito bem pensadas: *Faca, fósforo, depilação*. Assim pode passar a eternidade na ilha deserta com bando de mulheres. *Faca pra cortar coisinhas. Fogo pra fazer comidinha. E creme pra depilar as coisinhas das mulheres pra hora da comidinha.* (Play!) Você deixa o corredor infinito e volta nadando com os itens. Cena acelerada: de volta à ilha. Você é o Tarzan das italianas. Trouxe três coisas indispensáveis numa emergência dessas. Você vira rei.

Mas a ilha fica pra depois, o louvor gospel terminou. A viagem acabou. Você volta à Nossa Igreja. Limpa a baba. Sasha chega e o cumprimenta: "Oi". Preste atenção: Oi com um 'i' não é bom. *Sasha tá brava.* Você tenta amenizar revidando um: *Oiii*. Veja: Oi com três 'is' é superior ao Oi com um. Sasha ataca: "Você sumiu, Lurex". Direta, usando o sobrenome. Sim. Ela te odeia. *Pois é, Sasha, tive problemas com os minutos jupterianos. Três minutinhos terrenos são dias em Júpiter,* isso você pensa, claro. E isto responde: *Problemas na escola, Sasha. Fiquei recluso judicialmente, sabe?*

"Que isso, Lu? Problema com a justiça?", ela ficou curiosa. (Foco! Continue.) *Quarta à noite, quando o número desconhecido me ligou, lembra? Era a diretora. Tive que ir pra escola. Fiquei de resguarda, preso numa sala, até a juíza decretar minha inocência,* você começa a mentir igual ao Leo. Convivência é algo surpreendente. Você é tão gente boa e agora mente pra virgem no banco da Nossa Igreja. Você mente, mas conta a história da aluna feia. Não fala sobre a bunda da juíza. Nem sobre a Ellen. Também, claro, não fala sobre a faca, o fósforo e a depilação.

"Nossa, meu bem, parece tão horrível. Que menina cruel", Sasha te abraça, "tadinho de você". Você responde ao abraço, leva a mão ao braço dela. Vai alisando até chegar ao... *Cotovelo*. Você confere: *Que cotovelo macio*. Você sofre de doença mental. Está no banco da igreja alisando o cotovelo da Sasha e vislumbrando a entrecoxa dela. "Ai, Lu, quando passa o dedo me dá cosquinha. Dedo no cotovelo dá arrepios". Ereção. *Sasha? Vamos lá pra casa hoje? Tem filme, pipoca e fandangos*. "Cotovelo e vagina tem a mesma origem embrionária. Átomo do cotovelo poderia ser átomo vaginal da mesma mulher".

Tudo isso é coisa do Leo doido. Doutorado em Teoria Explicatória e Conhecimentos Inúteis. Doutor Leo Ponto-Final. (Ele tem HD interno com memória infinita de Arquivo Aleatório.) Depois do culto você leva Sasha pra república. Sexta à noite é dia de hibernar. Todos em casa. Leo, Freddie e Ritinha. Leo tem coleção de DVDs. Vocês estão assistindo ao *Senhor dos Anéis* versão estendida. Bebendo vodca. Comendo fandangos. Sasha está estirada no sofá; a versão dela está estendida. Você faz cara feia pro Leo parar de olhar pra região estendida da Sasha. "Ou ela é inocente ou faz de propósito, Larry".

Sasha tá deitadinha. Pernas juntas e esticadas. A miniblusa subiu e o pacote ficou à mostra. *Volume saliente*. E você ainda se lembrando do cotovelo dela. (Hoje é sexta.) Cada noite de sexta é sessão de Cinema em Casa. Vocês gostam de assistir aos filmes, criticar e xingar os atores ruins. Depois comentar e fazer resenha. O sinal de internet voltou – Leo roubou a senha nova do vizinho. Seu iPhone começou a travar, está atualizando um monte de aplicativos que ficou parado nesse tempo sem internet. Mesmo assim você conversa com a Ellen no WhatsApp. Conversam e trocam fotos.

27

Trocando fotos

Você nem se pergunta quem poderia ter tirado as fotos da Ellen Maravilha enquanto ela dançava. Você não quer saber disso, pode se enciumar; quando você quer é transar. *Sasha tinha algo pra me dar, mas não voltamos ao assunto.* Agora você está no WhatsApp vendo fotos da dançarina quadrilzuda, também chamada de Panderuda. Leo: "Panderuda vem de pandeiro, instrumento musical de percussão. É largo e tem a superfície esticada. Pode se falar em pele esticada numa armação. Panderuda, bunda larga e esticada". Agora Leo fala pra Sasha: "Sasha, vou tirar foto dos seus grandes lábios, OK?". Sasha: "À vontade".

Que isso?, você larga o celular na hora e entra na conversa. (Hora de interagir com pessoas reais e deixar o virtual.) Leo tem cara de menino inocente, desses que põe fogo em lote e finge de bobo. Ele retruca desinteressado: "Isso o quê?". *Isso o quê?*, você se irrita, *você quer tirar foto da Sasha pra entrar no experimento Frank? Eu ouvi grandes lábios.* Mas é a dona dos lábios quem responde: "Ai, Larry, grosso, volta pro celular, vai!", ela fecha a cara e continua, "pode tirar sim, Leo. Quer que eu os abra ou prefere fechados? Pode falar".

Que isso, Sasha? Tá doida?, você desconcerta. "Que isso o quê, Larry? Você que tá doido. E por que tá gritando? Leo quer tirar foto da minha boca. Qual o problema?". Leo emenda: "É, Larry. Boca tem lábios". *Ah, bom.* Seu amigo é tão doente que você pensa ser bobagem tudo que ele fala. Você pensa ter amigo doente, pois você é o maior perturbado. *Boca. Lábios. Cotovelo*, você olha Sasha esticada no sofá. *Volume entre as pernas dela.* Ela está usando calça jeans com elastômero, bem colada. Você não para de olhar. Mulheres devem tomar cuidado nos detalhes cotidianos.

Tem coisas que deviam ser monitoradas. Uma é calça feminina superjusta, delineando curvas e mostrando volumes. Isso é crime lesa membro. O membro sofre, a cabecinha é agredida. *Tentação*. Muita abstração. Leo e Sasha iniciam o ensaio fotográfico. Leo: "Isso, Sashinha. Agora abra bem. Ah! Bem aberto". Sasha: "Quer assim?". "Isso. Agora feche. Deixe a musculatura retornar ao repouso. Fibra por fibra. O canal é muscular. Ele abre e fecha, relaxa e contrai", Leo prossegue com a sessão de cliques das poses da Sasha. Você pensa mil coisas. *Ponto X. Ponto G. Arquivo Punheta. Sasha é bem fotogênica*, você admite.

O diálogo prossegue retilíneo. Sasha: "Assim?", ela passa os dedos úmidos pelos lábios. Leo: "É. Agora a língua. Molhe bem. Passe devagar. Sentindo as saliências do contorno. Sentindo o limite da carne. Como se fossem cristas que saem dum lugar bem quentinho", Leo parece adorar essas coisas. "Assim?". "Isso, Sashinha. Agora abra os lábios. Continue com a língua. A língua sempre roçando". "Assim?". "Isso. Agora engula, ou se quiser pode cuspir. Volte com a língua. Feche os lábios. Abra os lábios. Estique os lábios. Brinque com eles. Dobre. Faça S com eles. No meio do S roce com a língua".

"Assim?". "Isso. *Puta merda! Parem logo os dois!*, você se descabela, *Leo, já tirou muitas fotos. Pelo amor de Cristo*. "Credo, Larry. Mal-humorado, hein? Nossa senhora", Sasha fecha a cara e se levanta, sorri pro Leo e pede: "Me manda as fotos pelo WhatsApp?". *Ó, Pai, tenha piedade de mim*. Leo concorda: "Claro, Sashinha. Passa seu número e...". *Não!* Você intervém a tempo: *Passar seu número pra ele? Leo nem tem WhatsApp, Sasha!* "Ei, Larry", agora é o Freddie quem fala, "a multa acabou de chegar". Freddie entrou na cena enquanto o porteiro acabava de deixar a porta de entrada.

Você arregala os olhos: *Multa? Como? Hoje nem teve som alto*. Freddie explica: "Teve não, mas você estava gritando igual a menino pequeno agora mesmo". Vocês moram numa república mal-falada. Porteiros ficam atentos a qualquer perturbação da ordem para entrar com as multas. Toda sexta-feira chega notificação embasada legalmente. E nesta semana a Ritinha nem latiu, a coitadinha ficou de cama, tomando sopa de ração de ossinhos e bebendo leite de soja desnatado. *O jeito é arquivar a multa na caixinha de multas.* Multa arquivada na caixa de sapato entulhada de papel. *Tudo multa.* (O tempo voa, passa da meia-noite.)

Freddie tá indo à praia, disse ter trabalho lá. *Que trabalho é esse à meia-noite na praia?* Ele revelou: "Ioga Astral Noturno. Vai bombar, pode anotar. Vou poder comprar todos os remédios do mundo", isso ele explicou antes de descer. Ioga Astral Noturno. Comprada a franquia do Indiano, Freddie tirou licença médica na farmácia. Alegou ter contraído doença rara: "Alergia Contagiosa Epidérmica. Transmitida por esporos diurnos e noturnos que atacam, preferencialmente, pessoas com alta taxa de imunização. Ou, para exemplificar, pessoas viciadas em remédio. Especificamente: pessoas que frequentam ou trabalham em farmácias". *Desculpa boa, hein, Freddie? Quem teve a ideia?*

"Leo, é claro". Leo instruiu bem: "Fale isso pro seu chefe, Freddie. Alergia Contagiosa Epidérmica. Você verá, é dispensa garantida pela junta médica". *Foi tudo ideia do Leo.* Arquivo Aleatório. Leo explicou tudo bem direitinho: "E diga que se você trabalhar com a doença no estado esporrático, contaminará os fregueses da farmácia. Isso levará à batalha insalubre judicial contra o gerente. Pelos danos da doença aliado à situação de contágio, cada queixoso pedirá no mínimo cem mil reais em indenização. Calcule. O que é melhor? Você de folga uma semana, ou pagar milhões em indenizações por causa do estado esporrático?".

Freddie prestou bem atenção. Mas teve dúvida: "Esporrático?". Então o Leo explicou com calma: "Isso. É o termo correto de dizer. Neologismo, sabe? Palavras novas. Deriva de passar + por + aí, que vira porraí. Nada mais é do que passar porra". Neologismo é assunto da língua. Resumindo, criação de palavra ou expressão com sentido diferente da palavra ou expressão já em uso. Pode ser por necessidade social da comunicação ou simplesmente por loucura do falante; no caso do Leo. Fato. Existem processos para se criar palavras, coisa da gramática. Sufixação, prefixação, aglutinação, justaposição, verbalização. (Mas disso você não entende.)

28

Alergia esporrática

Assim Freddie tirou licença e começou o culto. (Realmente o chefe não quis pagar milhões em indenizações.) O esporrático funcionou, atestando a eficácia das ideias leunianas. Freddie iniciou nova linha de meditação: "Ioga Transcendental Cósmico. Funciona de dia e de noite. Duas etapas. Uma: Ioga Astral Matutino, IAM. Outra: Ioga Astral Noturno, IAN. A pronúncia é a mesma, tanto M quanto N". E agora Freddie está na praia, de cabeça pra baixo tomando chá. Leo ficou assistindo aos extras do DVD estendido do *Senhor dos Anéis*. Você e a Sasha ficaram na cozinha tomando vodca. Sasha bebeu e ficou soltinha.

Você tá bêbado, ficou molinho. Sasha, soltinha, começa: "Lembra que te liguei, Lu? Queria lhe ofertar algo". *Ofertar?*, sua mente conversa com você, *Sasha ficou tempo demais com vocês. Pegou as manias estranhas. Ninguém fala que quer ofertar-lhe o corpo.* Ela continua esclarecendo: "Isso mesmo. Quero lhe ofertar meu...". Nessa hora, você, num pulo, tampa a boca dela: *Não! Pare, Sasha! Aqui não! O Leo tem super-audição. Venha. Vamos pro quarto!* Só que você diz isso tudo aos berros. Falando bem alto. O que mostra que Leo não tem super-audição. A explicação é simples: você é que só fala gritando.

"Tá", ela murmura. Vocês vão pro quarto. Você desfere o mata-leão e já começam a se beijar. Você vira a Sasha de lado, ela gosta e sorri. Você se ajoelha e começa a lamber o: "Cotovelo, Larry? Coisa estranha". *Hã? Ah. Desculpe*, você sobe e volta a beijá-la na boca. As coisas estão caminhando. No bate e volta, o tempo passa. O sangue concentra. *Algo para lhe ofertar*, você se lembra dela falando. Sasha, lindinha. Gente boa. Virgem. Quer lhe ofertar algo. Quer lhe dar. Dar-te. Dar-lhe. Agora não dá pra voltar atrás. E você desce de novo pro cotovelo.

Você tá na Sua Cama, deitado com a Sasha. Sasha tá de calcinha e sutiã. *O cotovelo dela é macio. Parece seda.* Algo para lhe ofertar? Você suspira: *Certo, Sashinha, espere que vou buscar meu tio-avô.* Sasha estranha e replica: "Buscar quem?". Você revida: *O Látex.* Sasha: "Látex?". Você: *Condom.* Sasha: "Condom?". Você se estressa: *Condom Látex, Sasha!* Ela: "Que isso, Larry? Não estou entendendo nada". Você: *Ah, merda. Camisinha, Sasha! Sexo seguro. Sexo limpo. Comer. Encapar o membro,* você perde a paciência. Mas espere aí, é claro que isso você pensa, na verdade você responde calmamente, e ainda sorrindo:

Ô, Sashinha, bonitinha, vou buscar CD com músicas românticas, tá?, e sai do quarto antes de iniciarem outro interrogatório acerca de Látex, tio-avô, Condom. Você vai pra sala-cozinha. Procura a caixa de camisinha do seu tio-avô. Vocês a guardam atrás da estante da TV. *Cadê, Leo?*, você não encontra a caixa da Condom Látex. Leo explica: "Acabou". Você apela: *Acabou como se ninguém transou aqui em casa?* "Fizemos balões", Leo responde na maior calma. *Quê?* "Larry, fizemos balões na praia com as camisinhas. Semana passada na lua cheia. Foi lindo". *Espera! Fizemos balões, Leo?*, você tá ficando com muita raiva.

"Eu e Jason. Mas que cara é essa, Larry? Seu tio-avô manda cem preservativos todo mês pra cá. Todo mês sobram 98. Tô cansado de sair vendendo na Boate Delas. Agora vou fazer balões com todas. É legal. Você devia ir à próxima lua cheia". Na Nossa República tem estoque mensal de cem camisinhas. O Caçula, irmão da Vovó Sex, manda um pacote para vocês todo dia primeiro. Seus amigos usaram as camisinhas e fizeram balão de ar na praia na noite de lua cheia. Você está com uma virgem no quarto esperando você, e a república está sem proteção.

Uma virgem te esperando depois de beber e ficar soltinha; e seu amigo fala que fez 98 balões com as camisinhas da Nossa República. *Você fez 98 balões com as camisinhas do meu tio-avô?* Leo responde, ainda calmo: "Não, eu fiz 70 balões com as camisinhas que seu tio-avô nos deu, e o Jason fez 28". *Leo, você usou minhas camisinhas e fez balonismo ofertado à lua cheia na praia?*, você está nervoso. "Não, Larry, eu fiz balonismo pra lua cheia na praia com nossas camisinhas. Na Nossa República tudo é nosso, e não seu. Lembra?". Você concorda: *Lembro sim.*

"Então estou certo, entende?", Leo conclui. Você sabe que não adianta discutir com ele. Você pensa em 98 balões de camisinhas subindo pelo ar na praia em noite de lua cheia. *O luar refletido na areia, as ondas espumando.* E você acha bem legal. *Ei, Leo?* "Que foi?". *Na próxima vez me chama. Quero brincar também.* "Claro, Larry, mês que vem faremos mais. Vai ser legal, podemos pegar as camisinhas *king size* do seu Primo e fazer balões maiores. Podemos usar bonequinhos Playmobil e amarrá-los nos balões. Seria tipo oferenda viva aos deuses. Holocausto de bonequinhos. Podemos usar Barbie também".

Boa! (Leo só tem ideias legais.) Mas aí você se lembra da vó de noventa anos com pacote de camisinha *king size,* cem por mês. Sua avó, de noventa anos, transando com preservativos do irmão Caçula; e você, 33 anos, fazendo oferenda viva pra lua na praia com os preservativos do tio-avô Caçula. Detalhe, seu Primo e sua Avó nunca fizeram balões com as camisinhas que ela recebe, dizem que usam todas. *Xistose! Lembre-se da xistose. Sua vó não dá, nem oferta, nem empresta.* Enfim, você tem uma virgem de calcinha no quarto e está sem camisinha em casa. *Foda.*

Agora um breve relato sobre o Caçula. Ele mora no mar. Não é o Aquaman (nem peixe). Caçula mora num iate luxuoso. Ele é a cara do dono da Playboy, Hugh Hefner, o milionário sempre abocanhado e acompanhado de belas mulheres. Parece que o Caçula, então, realmente virou conde. *Conde das mulheres.* Passa meses sem vir ao continente. Fica no mar com as moças. Já namorou sete ao mesmo tempo. Realmente se parece com o dono da Playboy. Principalmente em aparência. Usa roupão de veludo e fuma cachimbo. Leo adora visitá-lo. Ainda mais no verão, quando as namoradas fazem *topless.*

29

De volta

"Calma, Larry. Não se desespere", Leo levanta e tira uma camisinha do bolso, "sobrou uma. Na verdade o Jason fez só 27 balões, entende? Esta eu guardei, porque nunca se sabe, né?", ele joga pra você. *Aaaah! Maravilha. Valeu, Leo.* Você cata a camisinha e volta pro quarto. *Oferenda de camisinhas pra lua cheia na praia... Qual deus ou deusa será que recebe esse tipo de oferenda?*, isso você pensa enquanto corre pro quarto. Você não anda sempre com camisinha no bolso. Não anda porque é doente ao quadrado. [Doente^2] Não transa de primeira. Seleciona bem. Tem duas doenças mentais.

Você tem Ereção Só Com Safadas mais Antivírus Visual, AtvV. Matematicamente seria: [ESCS + AtvV = Doente^2]. AtvV é doença boa. Não que exista doença boa, mas AtvV é. *É higiene.* Prazo de incubação pra transar com desconhecidas. Mínimo de trinta dias. Você conhece a pessoa e espera trinta dias pra tentar algo do tipo penetração ou encontro de mucosas. Funcionamento simples. Você ativa o Antivírus Visual e espera o programa realizar o relatório. *Pronto. Só isso. Simples.* Um mês de *scan* buscando riscos. Programa Antivírus Versão Turbo. Se num mês a pessoa apresentar sintoma de porquice, você não transa-la-á.

Se num mês ela se apresentar limpa todos os dias, você transa-la-á. Isso se ela quiser lhe ofertar. *Lógico.* Veja, você nem pega muito nem pouco, mas sempre está transando. Se bem que sempre transando é com mulheres já conhecidas. *Mulheres com Antivírus Residente, AR.* Daquelas que você conhece bem a procedência. Mas mesmo assim, se o Antivírus apresentar relatório de 0% de sujeira, você usa seu tio-avô. *Camisinha sempre! Sexo encapado*. AR é tipo carimbo do INMETRO, certificado de registro, pedigree. A ideia é localizar espécies dispersas com AR atestado. ISO 69, o grau máximo de higienização sexualmente íntima.

Sujeira Baixa ou Porquice de Risco, categorias para se encaixar recém-conhecidas. Por isso você não leva camisinha, não transará de primeira mesmo. "Servicinho de mão no primeiro encontro pode", Leo ensina, "mas pênisentrar só depois do Antivírus Visual. Depois do ISO 69". Você atualiza o Antivírus Visual. Atualiza com a professora de biologia (sim, já ficaram). Ela ensina os melhores movimentos pra se banhar as partes íntimas e mostra vídeos no Google. (Você está quase virando Doente[3].) Leo mais uma vez: "De qualquer forma, Larry, mesmo não atestando durante o ato, famosa penetração, pode-se dizer que o sexo foi executado".

Raciocínio lógico. O rito compreende todas as formas de movimento sexual. Há inúmeros gestos e movimentos além do movimento rítmico, ora acelerado ora constante ora retardado, do vaivém. Exemplo. Qualquer coisa além ou aquém do movimento não penetrativo. Você é professor de Literatura, gosta de ler e escrever. Já dizia o Leo: "Penso, logo escrevo". Sua mente sopra: *Rito significa o conjunto de regras e cerimônias duma religião, não é?* Sim. Rito, pois, é a designação ereta para ato sexual. Observação: rito se liga à religião. *E cerimônias religiosas são regidas pela oralidade.* Oralidade, aqui, leia-se fala. Surrealismo. Falo. Fala.

Fala vem do falar que se liga à língua. Religião rima com felação. *Felação é sexo oral.* Observação: oral se liga à língua; e cerimônias sexuais são regidas pela oralidade. *Oralidade, aqui, leia-se falo.* Falo é anatomia masculina, nome estranho para pênis. Mais estranho do que pedaço de madeira, que nada mais é: pau. Pau é pênis que é falo. *Isso não sou eu falando, hein? Tá no dicionário, só conferir aí e depois me fala.* Prosseguindo. Ato ou relação sexual é a agressão física em que dois animais com reprodução sexuada unem os órgãos sexuais. *Isso a Biologia fala.*

Sua mente ainda fala: *Ato sexual é a união de dois órgãos sexuais.* Na fala dos religiosos: "O que Deus une o homem não separa". Exemplo o sexo entre cães: "Nem água quente separa macho e fêmea depois do coito". *Por isso deve-se esperar a natureza agir e separar os cachorrinhos.* Natureza é ação divina. Portanto: Deus uniu, Deus separou. Ainda, os religiosos falam que sexo deve ser orquestrado para procriação. Contudo, nem sempre tem função reprodutiva. Na fala dos transadores: "O que o homem une a mulher separa". Exemplo quando a mulher fecha as pernas e nada mais entra.

Provaremos, então, por raciocínio dedutivo, que sexo é Cerimônia Religiosa. Silogismo é argumento baseado em três proposições. Uma: premissa maior. Duas: premissa menor. Três: conclusão. Na escola se explora bem o silogismo. Professora fala: "Se A é igual a B, e B é igual a C; logo, A é igual a C". Posto isso, façamos um sexologismo: *Se religião tem rito oral, e sexo tem oral; e se felação é sexo oral; logo, religião rima com felação. Conclui-se, doravante: sexo é religião.* Religião apresenta poderoso efeito psicológico benévolo no indivíduo, chamado de fé. *O ser humano sem fé nada seria.*

Relação sexual apresenta poderoso efeito físico benévolo no indivíduo, chamado de gozo. *O ser humano sem gozo nada seria.* Prega-se a execução de orações diárias para o indivíduo. Assim, usando o famoso "pegar o bonde andando", prega-se a execução de atos sexuais diários. Em muitas sociedades são normais atividades sexuais frequentes. *O que seria da sociedade sem as pessoas?* Logo, a ligação *carnacional* através da emenda dos órgãos sexuais é essencial à continuidade da sobrevivência social. Leo: "Carnacional é a colagem entre carnal e emocional, nada mais é o fruto-mor do gozo. O Nirvana Sexósmico, ou Unidade Cósmica pelo Sexo".

(Entendeu tudo? Leia novamente. Dá gozo em ler.) Fim: está aí, nas estrelas, só ler o cosmo. Por isso quando as pessoas chegam ao orgasmo, falam: "Estou vendo estrelas". *Nada mais é do que Unidade Cósmica?* Leo, todo alegre: "Isso aí, Larry... Bom. Então está provado que Rito Sexual é termo correto para designar ato sexual". (Voltemos ao quarto.) (Pra Sasha.) Você volta correndo com a camisinha. Abre a porta e entra. A vodca ajudou bastante, deixou Sasha soltinha. Você está com o corpo muito quente. A mesma doença do Seu Buneco. "Espere, Larry, espere", Sasha se esquiva de você.

30

Algo errado

Quê? Desistiu, Sasha?, você murmura com a camisinha entre os dentes; mastigando o produto, baba escorrendo. Sasha se mexe envergonhada: "Não é isso. Na verdade não quero agora e... Bem, Lu, você assim, sabe? Me pegou desprevenida. Foi difícil impedir de vir pro quarto, sabe?". Você atalha: *Ué, mas e o lance de você me ofertar algo?* Ela: "Ah, bobo. Queria lhe dizer que tenho um pinscher zero macho. Quero lhe ofertá-lo pra cruzar com a Ritinha e fazer mais Ritinhas. Mas só pode buscá-lo quando meus pais viajarem. Minha mãe não pode ver, aí falo que o danadinho fugiu".

Você pensou que ela estava pensando em doar-lhe o sexo, quando, na verdade, ela queria doar o pinscher macho da mãe; por isso ligou quando ficou sozinha em casa. Pensamento: *Não!* Você esfria na hora. Fica mole. *Não!* Sasha prossegue: "Pra gente *fazer*, você precisa ser batizado na igreja e conhecer meus pais. A igreja é a Minha Igreja". *Não!* ESCS categoria 4 acaba de subir pra 5. (Você ganhou um ponto em doença.) Sasha sente seu desespero e tenta agradar: "Mas... posso fazer algo por você... com a mão", devagarinho ela pega seu membro e: "Mole? É assim mesmo?".

Pensamento: *Sim! Amoleceu tudo*. Ereção Só Com Safadas. Pais, igreja, batismo. É queda na certa. *Tudo caiu. A casa caiu. O pau quebrou*. Broxa. Mais broxa que instrumento de pintor. *Não!* Nem dedilhar dá jeito. Nem tocar piano. Melhor ir pro bar. Ou Piano Bar, assim falou o Engenheiros do Hawaii: "O fogo ilumina muito por muito pouco tempo". Pensamento desesperado: *Minha nossa senhora! Sai dessa, Larry!* Aí você mente uma explicação: *É que não começa assim, Sashinha, sabe? Falta o CD romântico, aguenta aí, vou buscar,* e se esquiva sem jeito. Sai do quarto e corre até o Leo.

Você sai de cueca, mole e murcho. *Leo? Você precisa me ajudar, rapidamente você conta o causo a ele. Entendeu?* Leo esnoba: "Não, Larry, não entendi". Você explica tudo de novo, sussurrando no ouvido dele. *Entendeu?* Leo está irredutível: "Não, Larry, não entendi". Explica tudo de novo: *Entendeu agora?* "Não, Larry, não entendi. Na verdade não quero entender". *Porra, Leo. Para com isso!* Claro que ele entendeu. Ele é inteligente e tem super-audição, ouviu tudo que se passou no quarto, mesmo assistindo ao filme com volume alto. Você gesticula e faz o Nome do Pai clamando por ajuda: *Hein, cara?*

Ele questiona: "Larry James Lurex, a Sasha Grei quer masturbar você manualmente porque ela só pode transar depois que você virar religioso e estudar a Bíblia com os pais dela na Minha Igreja que é a igreja deles e você broxou quando estava na cama com a Sasha de calcinha e sutiã quando ela ia começar a manipular seu membro mole pra você e você quer minha ajuda. Entendi direito?". Leo solta isso tudo mecanicamente, sem vírgulas nem pontos, parecendo o Robocop lendo os direitos dos criminosos pelas ruas. *Leo, é sério. Você precisa me ajudar. Tenho que ficar duro.*

Agora vem um diálogo direto entre Leo e você. Leo: "Viagra?". Você: *Não! Estou evitando, pra não viciar.* "Vodca? Energético?". *Tô bêbado já.* "Drogas?". *Não uso.* "Café forte?". *Não! Mancha os dentes.* "Ovo de codorna?". *Demora pra cozinhar, e tirar a casquinha é um saco, sempre arrebento os ovos ao descascar.* "Amendoim?". *Só torrado! E não temos forno.* "Ovo de pata?". *Só de galinha caipira.* "Leite de égua?". *Só bebo de vaca.* "De caixinha ou saquinho?". *De saquinho.* "Você gosta de leite de saco?". *Para com isso, cara. Pelo amor de Deus. Me ajuda!* "Filme pornô?". *Deletei todos. Orientações médicas.*

Leo não para, é ninja: "Tenho baú de DVDs pornô, tudo original com conteúdo extra mais erros de gravação da Brasileirinhas. Muito gostoso". Ele respira e prossegue: "Estava reparando, os gemidos nacionais são diferentes dos estrangeiros. A entoação do *Aaaah* e *Óooh* varia de continente. O frio contrai as vias aéreas. Os fonemas das meninas de lá soam mais brutais. As nossas gemem mais macio, fluido, compreende? Vamos assistir aos erros de gravação? É interessante ouvir a voz das atrizes nos bastidores. Vemos as coisas por trás. Não pela bunda, mas por trás das câmeras. Vamos de clássico? Rita Cadillac?".

Cara, quem tá errado aqui sou eu, entende? Preciso ficar certo agora. Sem erro de gravação. Então Leo teve uma ideia genial: "Bom, Larry, você sofre de ESCS. Arrume uma safada então. Pronto". *Isso, Leo, ótima ideia,* você, loucamente, concorda com ele. Corre até a caixa-cofrinho na estante e tira cinquenta reais. Leo se espanta: "Ei! Larry, esse é o dinheiro da Ritinha. A economia que fazemos pra ela, esqueceu? A ração aumentou, o Mercado de Ações Caninas teve um *boom* no último trimestre. A cotação da NASDAQ pra rações subiu horrores". *Tá bem, Leo, amanhã reponho. Não tenho tempo.*

Você rouba cinquenta reais da alimentação da Ritinha 5 e entrega ao Leo: *Toma. Corre até a Boate Delas e paga uma mulher pra vir me ajudar a esquentar. Só pra esquentar, ouviu? Mas uma que passe pelo Antivírus.* "Aaaah! Maravilha. Supergood!", Leo se alegra. Ele gosta do mal bem-feito. "Supergood!", repete. O miserável está realmente feliz. Adorou a ideia. "Supergood!". E tem mania de misturar inglês com português pra criar expressões latinamericananorte. *Mas olhe, fale com educação, jeitinho. Tipo que eu tive pesadelo e fui transformado em gay, aí acordei desesperado precisando de mulher pra testar minha macheza, tá?*

"Tá". *Obrigado, amigo, valeu!,* você corre pra cozinha e espera ele voltar com a moça. *Beleza! Leo vai resolver,* você esfrega a mão e segura o membro. No desespero, com as duas mãos, segura o órgão como se fosse apenas 1/3 da coisa. Está encolhidinho. Fenômeno de impenistigação. Pênis retraindo pra cavidade abdominal, formando algo semelhante à vagina com clitóris avantajado. *Filho do céu. Agora não. Cresça e apareça,* você monologa com seu falo. (Falo pau, pênis e membro. É tudo a mesma semântica. O quarteto masculino. Tudo se fala do membro.) *Difícil falar pênis quando se refere ao brinquedo.*

31

Porteiro legal

Leo chegou à portaria: "Grota, meu querido". Tá lá o Porteiro Grota, o porteiro da madrugada. Gente boa. Forte, tatuado, cabelo raspado. Parece gladiador dos filmes de gladiadores. Xande Grota é o nome no crachá dele. Mas vocês só falam Porteiro Grota. "Gente fina". Quando chegam bêbados, Grota vai até o passeio e senta com vocês no meio-fio pra falar bobagem e dar risada. Ele tem arquivo também. Arquivo Devasso. Cheio de casos pornográficos. Leo adora. "Olha aqui, Leo", Grota uniu as mãos, fazendo círculo, tipo anel, com a ponta dos dedos de uma mão unida com os da outra:

"Ó, o negócio é transar frente e verso. O membro é impressora a jato. Jato de tinta. Máquina matricial, daquelas barulhentas. Tem que imprimir frente e verso, sacou?". Porteiro Grota. Ele transa frente e verso, por isso o chamam de Grota. "Anel apertado", ele continua, "faz maravilhas. Te falo de coração. É caso venérico". Leo gosta de bater papo com ele. "Entendi, Grotinha. Mas não sou *Senhor dos Anéis*, hein? Gosto dos livros e dos filmes, mas entrar no anel não me pega. Não sou o Frodo". Uma coisa que Leo não gosta é de brincar de *Senhor dos Anéis*.

(Leo, junto do Grota, só entra na história pra trazer diálogos desnecessários.) Grota prossegue, mesmo de madrugada ele não cansa, lembra a disposição do Leo: "Caso genérico, meu chapa, anel é o Senhor das Grotas. Tem que empurrar no verso. O negócio é porta e janela. Caso *venério*, sacô?". Grota passa muito tempo conversando com o Leo, por isso ele, Grota, é cheio de neologismos. *Venério*, venérico e genérico, você não sabe o que ele quer dizer quando fala essas coisas, mas o Leo sabe e entende tudo. E assim os dois ficam filosofando no Arquivo Devasso e Arquivo Aleatório.

(Um inspira o outro a falar mais asneiras.) "É só imprimir frente e verso, entendeu a configuração, Leozinho?". "Entendi. Frente e verso. Vou explicar pro Larry, talvez resolva o problema da ESCS dele". "Coitado. Doente até hoje? Bom, vou te contar um caso *réal*. Ré com anal. Tenho amigo que é destemido, comedor profissional, Furador de Elite, exterminador de hímen. Ele visita posto de saúde atrás de camisinhas; daquelas que o governo dá de graça pra quem transa sem pagar pela foda extraconjugal". "Sei como, e daí?", Leo dá corda. Os dois juntos é corda quilométrica de papo-besteira. Bobagem infinita.

Grota prossegue: "Então, tive uma ideia. O que acha de dar desconto nas Condom Látex da República de Vocês pra tentar vender pro meu amigo furador? Posso convencê-lo a pagar pelas Condom Látex. Se ele topar, vamos enriquecer. Com o lucro a gente compra milho cozido e cachorro-quente no carrinho da esquina. Tô cansado de comer *miojo* toda madrugada". Leo se alegra: "Poxa, Grotinha, que bacana. Mas só posso daqui a dois meses. Prometi ao Larry fazer balão com as camisinhas na próxima lua cheia". "Hum, entendi. Importante. Oferenda pra lua é importante. Fico no *miojo* até lá então. Espero".

"Beleza. Deixa eu ir. Preciso achar uma vadia, Larry tá de pau caído lá em cima com uma virgem". "Vai lá, boa sorte". Assim é, diálogos sempre produtivos entre os dois; e só se encontram de madrugada. (Se o Grota trabalhasse de dia, Leo teria boa companhia para filosofar.) Certo. Leo vai pra rua com cinquenta reais da Ritinha atrás dum estímulo peniano para você. Ele para na calçada, olha pra lá e pra cá. "Tem gente correndo no calçadão, lá na praia. No Rio sempre tem gente animada, inclusive pra conseguir algo por cinquenta reais que endureça algo caído".

"Leo!", Grota coloca a cabeça pela janelinha da portaria gritando, "vê se descola as luvas do Lanterna pra mim? Quero dar aquela masturbada frenética. Comprei a coleção dos filmes do *Buttman*!". Leo replica, berrando: "Ah, sim! Claro. Empresto a mão direita, pode ser? A esquerda uso antes de dormir". "Pode sim, sou destro!". "Tudo bem então. Sou ambidestro, bato com as duas!", Leo sorri e continua a andar. Leo é inteligente, usa qualquer mão como se fosse a principal. Em testes de QI que dividem o cérebro, Leo tira 50% para cada lado. Usa os dois lados iguais. "Qualquer mão".

Ele masturba com ambas as mãos sem tirar o membro do eixo. "A Carolina que o diga". Leo projetou um andaime para dois sujeitos entrarem no apartamento dela, da Carolina, e copiar fotos do computador. Isso porque o Leo é apaixonado pelo corpo da moça. Podia fazer tanta coisa com o projeto do andaime. *Patentear e vender pra construtoras, por exemplo.* "Mas prefiro usar na missão de ver fotos". *Por que o andaime, Leo?* "Ora, Larry, o jeito prático para se escalar a fachada dum prédio é por andaimes. Produzir uma aranha radioativa que me transformará no Homem-Aranha levará anos".

E você não quer esperar? "Não. Em anos o corpo da Carolina não será mais o mesmo, percebe? Preciso agir agora". Mas depois ele ficou refletindo sobre a aranha: "Aranha radioativa seria legal também. Quem sabe? Depois do Projeto Frank, cultivarei aracnídeos só pra invadir prédios em busca de aventuras, você vai ver. Missão Impossível". Então ele anda 132 passos e chega à Boate Delas. A boate lembra muito a casa noturna do filme *Um Drink no Inferno*. Pesquise no Google. É de 1996, tem o George Clooney e Quentin Tarantino; se passa na fronteira do México com Estados Unidos.

A sinopse é interessante, veja: dois sujeitos querem cruzar a fronteira. Então sequestram a família dum pastor e entram numa boate. Lá, encontram motoqueiros e caminhoneiros. O lugar se parece mistura de cabaré com prostíbulo. Dentro, encontram coisas bem estranhas. Na verdade, a boate é reduto de criaturas das trevas que chupam sangue. Assim, os dois tem que lutar até o amanhecer. Nada diferente da Boate Delas que é reduto de mulheres das trevas que chupam outras coisas e fazem os homens lutarem até o amanhecer sem amolecer. "É dura a batalha, bem dura mesmo", Leo vai pensando no filme.

32

Boate Delas

Leo chega. Avista uma ruiva bonita na entrada. Passa Antivírus Visual de cima a baixo: Leo pensa: "O alvo parece limpo". Leo cumprimenta: "Olá, donzela". A ruiva ajeita o cabelão: "E aí, gatão", apruma o corpo, contrai a barriga. Elas sempre contam as mesmas mentiras. Três. Uma: você é bonito. Duas: seu membro é grande. Três: gozei muito. Leo, de cara, solta: "Mocinha, trinta reais pra endurecer meu amigo broxa. Quer? Só oral". Ela se assusta, leva as mãos à boca, faz cara de espanto diante da grosseria do desconhecido: "Quê? Como é?". Ela parece novata (na verdade é mesmo).

Leo replica indiferente: "35 reais, então?". Nisso ela se impõe, esquecendo o espanto e a grosseria: "45 eu fecho". "45 não. 40!", Leo pechincha e coça a bunda. Ela solta o ar e esquece-se de contrair a barriga, já estava ficando roxa, e concorda: "Fechado. Quarenta pra endireitar seu amigo broxado", ela ajeita a franja. Agora preste atenção: você pediu ao Leo pra arrumar uma mulher pra você. Deu cinquenta reais ao Leo pra arrumar uma mulher pra você. Orientou ao Leo pra falar com jeitinho. Leo volta pra casa com uma ruiva pra você e dez reais de lucro.

Leo: "Me segue então. É ali. 132 passos. Linha reta". "Tá". Andam. Leo indaga: "Você tem camisinha? As nossas viraram balões". Ela se assusta novamente, leva as mãos à boca: "Balões?". Leo esnoba a pergunta e replica: "Tem ou não?". Ela relaxa e responde: "Tenho". "Que bom", ele se alegra. Continuam andando. Leo vai contando os passos em voz alta. Quando dão cem passos a ruiva retorna a conversa: "Balões?", ela é curiosa. Leo espalma a mão pedindo silêncio e continua andando e contando. Conta até 132 e para na porta do prédio. Olha pra mulher: "Sim, balões na praia".

"Balões de camisinha?". "É. Enchemos e soltamos na natureza. Justa causa. Melhor do que soltar a coisa cheia de esperma". Ela compreende: "É, olhando pelo lado sustentável é melhor mesmo. Já namorei um rapaz do *Greenpeace*. Ele reutilizava preservativos e fervia o esperma". (Tudo que o Leo queria: conversa fiada idiota; e a ruiva tá dando trela.) Papo à toa é com ele mesmo. "Ruiva, você é vegetariana?". Ela: "Em parte. Como muita verdura, mas não recuso ovos com linguiça". Leo: "Entendo, mas são ovos do ofício, não?". "É, olhando por trás pode ser". "Deve ser". (Ela é novata, lembre-se.)

"Sabe de uma coisa?", Leo declara, "você é legal, gostei. Até podia ser da Nossa Roda". Ela: "Que bom. Li num livro que o atendimento é a alma do comércio". Ele: "Tenho alguns de autoajuda nos negócios, vou te emprestar". Leo não bebeu hoje, está sóbrio. Chegam. Entram. Passam pelo Grota. Elevador. Grota faz cara de desejo e admira a ruiva entrando. Leo lê o pensamento do Grota e reflete: "Ruiva entrando poderia ser um trocadilho de mau gosto". Ela pergunta pra puxar papo: "Tá rindo de que, Leo?". Ele responde: "Nada demais, esse nosso porteiro é muito cômico, sabe?".

Sobem. Saem do elevador. Porta da Nossa República: "Entraremos pela cozinha, OK? Meu amigo, agora, deve estar escondido atrás da geladeira segurando o pinto". Leo abre a porta lentamente. Os dois entram. A ruiva abafa um gritinho de susto ao ver você escondido atrás da geladeira com a mão no membro. "Viu? Acertei!", Leo declara contente. Você estava escondido atrás da geladeira segurando a coisa mole e conversando com ela, a coisa. "Hã-hã", a ruiva finge virar o rosto e tenta despistar. E você abre a boca para tentar explicar, quando Leo encoraja: "Tá tranquilo, Larry. Relaxa. Já arranjei tudo".

Leo pisca pra mulher: "Já expliquei pra ela, né, ruiva?". Ela consente: "Isso mesmo, Larry Molex, já tá pago e arranjado", e dá um sorriso largo, "você quer ajuda pra enrijecer o menino sonolento". *Quê? Que merda você falou com ela, Leo?* "Ei, Molex, calma. É segredo profissional. Vou endireitar você rápido. E não se preocupe com preservativo, eu trouxe. Não uso pra

109

fazer balão, sabe como?". Você está espremido atrás da geladeira com o pinto mole na mão. A ruiva chega (você já endurece). Ela se ajoelha à sua frente, te pega e coloca a camisinha com habilidade mágica.

Se fosse no Caverna do Dragão, a ruiva seria elfa com magia Esperma: "Encapamento a seco de pênis enrijecido rusticamente em mãos aflitas". *Famoso meia-bomba.* (E começa a felação, cerimônia religiosa do ato oral.) Famoso boquetinho. Ela estava certa, bem rápido te acerta. Você pensa: *Oral com camisinha é péssimo, mas ela é muito boa, sabe fazer.* O cabelão ruivo sacolejando, parecendo vela de barco ao vento. *Lindo de se ver e sentir.* Você encurva pra frente e busca o cotovelo dela. Você toca: *É liso.* Aí você não resiste, tira a camisinha e pede pra continuar sem (não recomendado).

No calor do ato ela dá de ombros e faz oral boca a boca. Pele, cuspe, língua. Você está voando num tapete indiano comprado na Casas Bahia. A moça aproveita tudo, profissional, lustra prato e arrota. Mas o tapete começa a pousar: *Ei, moça, funcionou. Muitíssimo obrigado. Pode ir*, você puxa o menino de lado. Ela ergue as mãos: "Quê? Só isso? Além de broxa é precoce?". Você, sem jeito, responde: *Não, moça. Eu só precisava de ajuda pra pegar no tranco. Agora é descer ladeira abaixo.* Você sai do esconderijo, pede pra ruiva ir embora e corre pro quarto.

Ela enxuga os lábios e sai de cena desapontada (mas retornará em breve). Leo volta pro sofá: "Mais filmes". Você volta pro quarto, erguido em sangue e orgulho. Você mente: *Oi, benzinho, procurei velinhas pra fazer romantismo, não achei.* Sasha estava deitada, ainda de sutiã e calcinha, jogando *Candy Crush*. Joguinho insuportável de doces em que pessoas enviam solicitação pelo Facebook. "Espere aí, Larry. Tenho mais três vidas. Fase difícil", Sasha sussurra, sem tirar os olhos do celular. Você olha pro membro. Duro, molhado, pulsante: *Ah, não! Vem cá!*, afasta o celular e joga a coisa na mão da Sasha.

33

Sasha pega

"Nossa, que fogo é esse?", Sasha aperta, "hã? Que isso, Larry? Ele vem molhado? Parece com...", chega o rosto perto e cheira, "... com cuspe? O pênis vem cuspido?". *Ah! Sasha, cala boca e pega isso logo!*, isso você pensa, não diz. Na verdade, você explica: *Não vem assim não. Passei cuspe porque tava quente, sabe? Você podia passar o seu também, né?* (Pronto.) Falha crítica. Aí sua mente grita envergonhada: *Essa foi a pior fala de todos os tempos de todas as trepadas de todos os casais de toda a história do sexo.* Sasha fecha a cara, se levanta:

"Aaaah, Larry. Olha, queria algo diferente, romântico. Você tá bem estranho. Não quero isso pra mim, sabe? Sei que você entende, não é bobo. Já percebeu quais são meus princípios". *Cinquenta reais*, dinheiro da economia da Ritinha. Sasha veste a roupa. *Cinquenta reais*, você roubou da sua cadelinha pra pagar por boquete de um minuto e morrer de órgão na mão. Sasha sai do quarto e vai lavar as mãos no banheiro. Sasha passa sabão no cuspe da ruiva que ficou na palma da mão da Sasha, e que antes estava espalhado no seu membro. Cuspe muito caro. *Cinquenta reais*.

O cuspe custou cinquenta, mas na verdade saiu por quarenta. O pênis tem área superficial média de 315 cm^2 (Fonte: remix de Arquivo Devasso com Arquivo Aleatório). Uma profissional manipula com categoria. Ela molha todo o membro com eficiência alta. Resultado: 100% da área molhada. 315 cm^2 de cuspe a 40 reais, dá, valor aproximado, 13 centavos por cm^2. Na prática, pra ela lamber a superfície de 1 metro quadrado, 10.000 cm^2, sairia por R$1.300,00. O raciocínio é o mesmo para outras partes corporais. Basta usar as fórmulas e fazer os cálculos. Constante na equação: 1 real tem 100 centavos.

Mil e trezentos reais para lamber uma placa de pele de 1 metro quadrado. Imagine pintor cobrando isso pra pintar uma parede. Um casebre a ser pintado sairia mais caro do que a própria construção. A ruiva não é pintora, mas ganhou quarenta reais pra fazer pintada no seu casebre. O cuspe dela saiu mais caro que tinta de impressora doméstica. E a Sasha lavou o cuspe em três segundos. Ordenando os fatos e dados: um minuto pra você ficar duro; um minuto pra você fazer raiva na Sasha; três segundos pra Sasha lavar as mãos e apagar o cuspe.

Fechando o raciocínio: você perdeu cinquenta reais em dois minutos e três segundos. A ruiva ganhou quarenta reais num minuto. Leo lucrou dez reais num programa. A Ritinha ficou cinquenta reais mais pobre numa noite. E a Sasha vai embora. Você desce atrás. Mole, bêbado e pintado de cuspe. Ela quer ir embora. Você chama um táxi. Você não tem dinheiro. Você pede ao taxista para esperar e corre até a Nossa República. (Ritinha perde mais cinquenta reais.) Você desce e paga o táxi. Sasha vai embora. Aí você percebe a ruiva lá na esquina, a 132 passos: *Tá rindo.*

Você pode ler a mente da ruiva. *Ela tá rindo de mim.* Ela tá rindo de você. Você lê o pensamento dela: *Esse Larry Molex é broxa e precoce mesmo. A foda durou menos de cinco minutos.* Ela continua rindo pra você. Você sendo ridicularizado pela mocinha que ganhou quarenta reais pra te endireitar num minuto. E nesse meio-tempo chega alguém e mexe com você: "Oi, Larry", é o Freddie voltando da praia, sem camisa, descalço e bermuda floral, ele conta: "Chegou mais gente pro IAN. Quer conhecer? Não estou cobrando. É aula experimental. Já estamos em doze pessoas. Vamos?".

Você olha pro Freddie: *Você começou o lance agora e já tem doze discípulos?* "Sim. Inclusive tem uma advogada loira que relatou conhecer você. Muito bonita. Chamo-a de lady Super-Loira, a filha de Zeus. Fiz regressão com ela. Foi filha de Zeus com ascendente em Dionísio e sangue em Vênus. Digamos que é uma deusa voltada à carne. Apelidada de Loira Maravilha". Aí você grita na hora: *Treze!* "Treze o quê, Larry? E não grite", Freddie censura, "que mania você tem de falar berrando. Parece menino mimado". Você ignora a parte do menino mimado e replica: *Treze discípulos. Eu vou.*

"Ótimo. Vai ser bom pra você. Pode ir pra praia. Estamos no Posto 5. Vou subir e pegar mais chá. O IAN vai curar você, irmão", Freddie fala bem calmamente. IAN: Ioga Astral Noturno. *Ellen Maravilha?* Lady Super-Loira, filha de Zeus com ascendência em Dionísio, deus do vinho; e sangue de Vênus, deusa do amor. *Uma deusa da carne?* Mulher-Maravilha. Você lembra-se da cacofonia: *Nunca me terão! Nunca meterão!* A ruiva ainda ri de você. Sasha te odeia. A Ritinha vai te morder, você roubou cem reais dela. Ruiva está gargalhando. Você toca o interfone da Nossa República. Leo atende:

"Olá! Diga a senha e entre, ou diga nada e nada respondo", esse é o código do Leo. *Desce, Leo. Freddie arrumou mulheres pra gente.* "Mulheres pra gente? Ultrabom!", Leo vibra na hora. Nem pergunta, só desce. Ele é companheiro. *Catorze discípulos.* O IAN acaba de recrutar dois discípulos num minuto. Você se lembra dos dois minutos e três segundos. A ruiva ainda lá na esquina. *Por que ela não volta pra boate do Drink no Inferno e me deixa em paz?* Leo fez barulho lá em cima e acordou a Ritinha. Daqui de baixo você ouve a voz dela.

Pinscher acordando de madruga é terrível. A voz fica mais fina e irritante. Um vizinho xinga: "Ô bicho praga!". Outro: "Mata isso!". Ritinha é bonitinha, morceguinho. Se soltá-la nos becos de Gotham City, pensarão ser o Batman-Gnomo. Simpática, tanto é que você já teve quatro delas. Gotham é a cidade do homem-morcego chamado Batman. *Batman é humano, não tem poderes. E é o mais legal de todos. Mas aqui em Copacabana seria difícil ser ele. Os prédios são muito coladinhos, difícil de balançar usando cabos. Homem-Aranha também teria problemas.* "Ei, Larry?", Grota te tira dos devaneios. *Hã?* "Frente e verso".

34

Na praia

Estão lá os doze corpos estendidos na orla, em círculo; fizeram um monte de areia sob as pernas e deitaram com a cabeça pra baixo. No meio, esticado feito tapete mágico do Aladim, uma toalha colorida. *A toalha do Freddie.* De longe vocês pensam no tapete do Aladim. "Ó, Freddie, aquela toalha é minha", Leo reclama, enciumado, "emprestei pra você se limpar quando o papel acabou. Lembra? Tem um elefante brilhante esfregando a lâmpada mágica. É grossa, macia e suave. Você sabe o quanto gosto dela". A toalha é tipo aquelas de barracas indianas coloridas que vendem coisas orientais coloridas.

Freddie replica: "Leo, posses são desnecessárias aqui. O que é seu é nosso. O que é nosso não tem dono". *Freddie está diferente.* Presença fantasmagórica. Comprada a franquia pra fazer ioga astral, ele piorou de vez. Vocês chegam ao local. *Posto 5. Praia de Copacabana.* Freddie sussurra: "Vou pegar o Sopro Divino e misturar o chá. Façam um monte de areia e deitem igual aos outros. Se quiserem, podem cavar na região da cabeça e enterrá-la, simulando um avestruz, a ave mitológica. Isso ajuda na absorção do Sopro Divino". *Sopro divino? Enterrar a cabeça?*, você pergunta, mas ninguém dá atenção.

"Ei, olha aqueles dois ali. Conheço a anatomia deles. É o Jason e o Seu Buneco", Leo aponta pros únicos com a cabeça enterrada, respirando por máscara antirradiação. Parecem dormir tranquilamente, até roncam. Freddie: "Sim, são eles. Os amigos de vocês, que agora passam a ser meus clientes". Você se estressa: *Porra, Freddie! Clientes? Você tá vendendo chá verde pros amigos agora? Pra gente devia ser de graça!* "Larry, não temos chá verde aqui e sim o Sopro Divino. A essência dos deuses. E pare de gritar". *Tá. Vai logo então. Pega esse sopro, hoje não foi uma noite feliz.*

Jason está deitado ao lado dum corpo robusto. *O monte maior é deste corpo robusto ao lado do Jason.* Você pensa corpo porque todos ali estão em transe, viajando na maionese. *É mulher?* Leo: "É. O monte maior é o dela". *Montão.* "Um monte enorme para erguer a bunda enorme. É a Ellen Panceruda". *Não chame ela assim. É grosseiro.* "Ah, tá. Desculpe". *Vou me deitar ao lado dela,* você se alegra e vai. Deita entre ela e Jason. Faz seu monte e joga as pernas pra cima, porém, não afunda a cabeça igual avestruz. *Não tem mais máscara radioativa.*

De repente, Jason emerge lentamente da areia e murmura: "Chi-que", (as vezes ele é meio lerdo). Com a máscara radioativa, a voz parece a do Darth Vader. Você o censura: *Tá acordado, Jason? Deixa o Freddie ver.* "É só não contar". Enquanto você e o Jason desenvolviam o diálogo anterior, Leo deitava do outo lado, entre Jason e Seu Buneco. Leo também não enterra a cabeça. (Pudera, é cabeçudo, precisaria de pá e enxada.) Nisso, Freddie foi até a toalha no centro, que na verdade é o tapete mágico, não do Aladim, mas do Leo, e pegou algo da areia.

O algo da areia é uma garrafa de café e uma sacolinha de supermercado cheia de substâncias censuradas pela sociedade da terceira idade. Freddie prepara o Sopro Divino, sacode a garrafa entoando um mantra estranho: "Óoôhnm!". Que Leo diria ser gemido tcheco misturado com canto gregoriano. Freddie volta até vocês com copo descartável e incita: "Bebam tudo", conversando, sempre murmurando. Vocês bebem e rapidamente estão viajando. A reação é num átimo. "Chique!", esse é o Jason. *Muito massa,* esse é você. "Larry?", esse é o Leo chamando. *Diga,* você responde. "Ó, o negócio é imprimir frente e verso", Leo sorri.

Já sei. O Grota acabou de me falar, valeu, esse é você dando atenção ao Leo. (E o tempo passa.) E o Sopro Divino fica. Estrelas passam sobre vocês. *Contudo, estranho, está nublado. Nada de estrelas. Mas lá estão elas, passando.* Uma passeata de estrelas. Elas passam e rezam algo, parece novena estelar. Ao fim da novena, quando estrelas velhinhas passam erguendo velinhas,

Jason murmura: "Larry, tá viajando?". *Tô*, você responde contando bodes que pulam cerca de arame farpado num campo de concentração nazista. "Tá o quê?", Jason replica. Aí você perde a paciência porque perdeu a contagem dos bodes:

Viajando, porra! Aí o Jason continua, agora sério: "Fala baixo, cara. Freddie vai ficar brabinho assim". Então você volta à contagem. Não começa do zero, pois se lembra do cálculo integral no livro de Medicina Esquizofrênica Sexual e aplica gráficos nas estrelas do céu nublado. Assim, com Astrologia Chapada mais Matemática Esquizofrênica, você retoma o resultado dos bodes pulando a cerca farpada. *Melhor do que começar tudo de novo.* Você está viajando no Sopro Divino. *O efeito é bom.* Algo parecido com Arquivo Punheta versão Fiat Marea 2.0 16 válvulas Turbo. Você está na ilha de *Lost*. Surrealismo. Ilha deserta.

As italianas estão com você; russas, do outro lado da ilha. Vocês tem médico pra cuidar da saúde. Cozinheiro pra cozinhar e fisioterapeuta pra cuidar das lesões. Importante o fisioterapeuta pra quando você cair numa ilha deserta. *Uma hora vai torcer o pé e cair de mão espalmada num tronco com lodo.* Pé e punho torcidos numa ilha deserta será problemático. Numa ilha deserta, depois dum acidente com sobreviventes e poucos itens usáveis, o fisioterapeuta vira um Gandalf com ascendência a Macgyver. Detalhe: o médico não pode ser simplesmente ocidental, nem oriental; ele deve entender muito de raízes e folhas.

Você caiu numa ilha deserta, tem água e planta. Agora é saber combinar e criar remédios. Assim vocês têm médico herbalista que faz de tudo com água e planta. A saúde está em dia: *Tem médico e fisioterapeuta*. O cozinheiro é asiático. Chinês. Na China cozinham qualquer coisa. *Numa ilha deserta o cozinheiro chinês cozinha qualquer coisa e qualquer coisa vira jantar*. E o piloto? Não serve pra nada. Fica vivo para não gerar morte na brincadeira. Resumão: você e as atletas estão na ilha deserta. *Lost*. O chá faz muito efeito em você. Jason está do lado cochichando algo.

35

Viajando bastante

Você é o Batman do *Lost*. Usa cinto de utilidades com faca perpétua, fósforo infinito e creme depilatório infinito. De repente surge algo no céu da ilha, explode e cai. (Pause!) (Avança!) (Avança X2!) (Avança X3!) (Stop! Play!) Continua: você está numa ilha deserta e você está em Copacabana chapado com a cabeça pra baixo. Do seu lado o Jason resmungando; do outro, a Ellen Maravilha com o megaquadril. Você se concentra na praia deserta da ilha de *Lost*, depilando frente e verso as meninas lindas que caíram de avião com você. Nisso, algo mais acaba de cair do céu.

Você faz isso, estar em dois lugares ao mesmo tempo. Você é louco, desafia a Física Clássica. Pode estar em quantos lugares for preciso. *Realidade paralela*. A Física mente quando explica que dois corpos não ocupam o mesmo local no espaço ao mesmo tempo. *Mentira*. Seu corpo ocupa qualquer espaço no tempo e espaço. Seu corpo pode ocupar mais de uma realidade concomitantemente. Você está digerindo algo: *Concomitantemente parece com comida em mente*. Justamente o que você tem em mente: comida em mente. O tempo passou. O que caiu na ilha mágica foi outro avião de atletas. *Mais gente chegando*.

Agora é a Seleção Brasileira de Voleibol Feminino e a Seleção Australiana de Basquete Feminino que caíram. *Mais mulherão chegando pra se juntar ao tanto de mulherão já na ilha*. Nesse ponto a ilha nem é deserta mais. *Tem gente pra todo lado*. Tem até ruas, avenidas, pracinhas e prefeitura. O progresso vem chegando e você sempre chegando nas meninas. Vocês estão numa ilha não mais deserta com coqueiros e bananeiras. Os coqueiros são bastante altos. *Pegar coco é dificílimo.* Vocês precisam de escada para alcançar lá em cima ou precisam de: *Mulherão.* Você precisa viajar mais: *Preciso viajar mais.*

Na ilha não mais deserta tem pé de coco com coco que tem água de coco que o médico receitou pra todos tomarem. Vocês precisam de algo para pegar os cocos lá em cima. Tem duas opções plausíveis. Uma: *Voltar ao corredor infinito e fuçar nas estantes e pegar uma escada infinita que nunca quebra nem enferruja.* Outra: *Idealizar novo acidente com mulheres altas que jogam basquete que podem pegar os cocos lá no alto e depois usar o coco vazio como bola de basquete e arremessar o coco vazio no coco da árvore lá em cima.* (Pense bem, Larry!)

Você pensa e assume: *Eu escolho basquete-coco-ball.* Arremessadoras de coco perpétuas. Arremesso da linha de três. *Pega coco! Faz posição! Arremessa coco! Cesta! Coco cai.* A escada era mais simples, obviamente, contudo, você é doente. *Sou?* Sim. Assim a Seleção Australiana de Basquete caiu na ilha. A Seleção Brasileira de Vôlei caiu também porque você é apaixonado pelas brasileiras. Você não entende nada de esporte. *Mas entendo dos jogos de esporte pro Playstation.* (Foco! Chá! Viagem!) Assim surgem australianas gigantes com folhas tampando seios e vagina arremessando cocos nos cocos das árvores e outras embaixo coletando os cocos que caem.

Você não é o rei da ilha, você é o único hetero da ilha, assim você vira artefato carnágico, carnal + mágico. O rei da ilha é russa. Logo: *O rei é Rainha.* A Rainha fica do lado de lá, na outra banda da ilha. Ela expandiu o reinado pro lado de cá. Vocês vivem em harmonia. As gigantes australianas catam os cocos e trocam com as bananas do lado de lá. *Coco e banana.* Você tem fósforo mágico que nunca apaga, kit de faca que nunca fica cega e creme depilador que nunca acaba. (E você já foi normal.)

"Apenas pernas, axilas e bigode", Leo sempre fala. "E frente e verso", Leo gosta de mulheres com pelo, "cheira melhor, o gosto é melhor. Cheiro e gosto de fêmea". Você apresenta o creme para a Rainha Russa que tinha bigode e pelo na axila. Você passa o creme na Rainha Russa e a deixa lisinha. "Obrigada". Assim você vira o braço direito da Rainha. *Braço é membro.* Você é o membro da Rainha Russa. Seu membro é o único que pode ser usado pelas mulheres na ilha. Os outros membros são para uso homo. Só para lembrar: pênis é membro.

"Porque uma russa é a rainha, Larry?". *Leo, uma Rainha Russa é algo interessante em se pensar. Tipo Rainha Kournikova Leda van Mesihin. Ou Rainha Anna Sergeyevna Kournikova. Ainda: Rainha Piotar Ilitch Tchaikovsky. São nomes superfáceis de decorar e reproduzir em falas cotidianas sem pretensões intelectuais. Entendeu?* "Entendi". *Grafias perfeitas pra nome de rainhas.* "Se bem que o nobre pode se chamar qualquer coisa, pois o nome como será chamado é o título que ostenta. No caso da Rainha Kournikova seria simplesmente: Rainha". Mas sobre títulos de nobreza você não entende. Então sobre isso não pensa mais. Jason pergunta espantado:

"Que isso aí, Larry? Tá de pau duro?". *Tô.* (Claro, você está pensando na Rainha Russa e na tenista Anna Kournikova.) Jason fica abismado: "Velho, você tomou chá ou Viagra?". Você revida: *Tomei nada, Jason. É que estou na ilha deserta transando com uma jogadora brasileira de vôlei, ao lado da Rainha Russa e assistindo à final feminina do Torneio de Roland-Garros.* (Você tem problemas.) Prossegue: *E preciso vender uma cortesia que ganhei pra assistir à final. A Anna me deu uma.* Subconsciente: *Kournikova te deu a cortesia pra final, mas o que você queria ganhar dela é outra cortesia.*

"Chique. Me passa a cortesia. Adoro tênis", Jason bebe o chá, mas não faz efeito nele. Tá de ressaca. Não consegue viajar, não consegue ficar quieto; porém consegue te encher o saco. Então você tentar explicar a ele a psicologia da ilha e do acidente de avião. *Talvez levando ele pra ilha de Lost ele sossegue.* Então você estimula: *Ó, Jason, você está nesse corredor mágico de prateleiras infinitas, imaginou? Pode pegar qualquer coisa das prateleiras. Qualquer objeto! Porém, terá que escolher apenas três e levar pra ilha. As meninas estão lá te esperando. Entendeu? O que você vai pegar?*

36

Três itens

Jason responde: "Muito fácil, homem. Escolho um GPS Google. Bateria de carga infinita. E rádio à prova d'água com antena cósmica". *Quê?*, você se assusta. Jason raciocina: "Preste atenção, meu chapa. Uso a bateria pra recarregar o GPS. Localizo a posição no Google Maps. Uso a bateria pra recarregar o rádio cósmico. Com a posição correta chamo a Marinha. Passo a localização e pronto". *Peraí! Desgraçado*, você se ergue num salto; agora está berrando: *Jason! Você acabou de cair numa ilha deserta com as meninas do vôlei. Você entra no corredor infinito e pega três itens pra sair da ilha?*

"Lógico!", ele berra de volta, "fiz o lógico. Quando você cai numa ilha deserta, a primeira coisa é pensar no resgate". *Jason!*, você grita mais, *você está sozinho com atletas numa ilha deserta e pensa na forma de voltar? Você é doente, cara! Qual seu problema?* "Eu que sou doente, Larry?", Jason refuta. (Os dois são.) Aí Freddie chega impondo ordem: "Ei, vocês estão gritando e atrapalhando o processo. Peço pra se retirarem ou emitirei multa". *Freddie, você colocou xixi no chá do Jason? Acredita que ele tava numa ilha com mulheres e voltou pra casa, dá pra acreditar nisso?*

"Perdão? Qual parte eu perdi?", Freddie não está entendendo nada. Agora Leo entra em cena e participa da conversa: "Puta que pariu, Larry!", ele chega gritando, impondo desordem: "O Jason usou o Corredor Infinito pra voltar pra casa?". Você responde furioso: *Isso mesmo! Acredita, Leo?* Mas Leo não acredita: "Porra, Jason, qual seu problema, cara? Tem desvio mental?". Aí Jason fica curioso e indaga: "Você também caiu na ilha, Leo?". Leo aprova: "Claro. Depois que Larry me ensinou, caio lá todas as noites antes de dormir". Nisso o Jason fica curioso: "Hum... E o que você pega no corredor mágico?".

Leo: "Viagra, maconha e vibrador solar. Com vibrador posso dar prazer pras meninas enquanto descanso". Jason desiste: "Cara, você é mais doente do que o Larry. Só tem maluco aqui". "Só maluco", Freddie suspira, "acho que estamos no lugar certo então". Depois desse reboliço, o IAN foi finalizado. Muita gritaria espantou os fluídos energéticos. Os discípulos despertaram de mau humor, e claro, gritando. Por sorte, Freddie não emitiu multa; reconheceu a falta de criatividade do Jason e apoiou as argumentações do Leo: "É contra a natureza buscar meios de voltar para casa quando se cai numa ilha deserta com mulheres".

Então, terminado o ioga, é hora de voltar para república. Você espera todos se afastarem e cola na Ellen. Chega, cumprimenta e tal. Aí voltam andando em direção à Nossa República. Só os dois. Ela comenta: "Sua turma é muito divertida, Larry. Adorei todos. Mestre Freddie é divino, nossa". Você está voltando para casa com a Ellen. O resto do grupo se dispersou. É madrugada. Faz calor. Ellen está chamando o Freddie de: "Mestre Divino". Você dá de ombros, pois o importante é que ela usa sainha de seda. A bunda treme por trás do vestido. *Cada passo uma tremida.*

Tremida?, você lembra-se de placas tectônicas se chocando, *uma enfiando na outra.* O choque gera onda de energia que vibra os arredores. *O passo é tremor 10 na Escala Richter.* Tremor de magnitude extrema. O vestidinho é a litosfera que vibra. Nós, pobres homens mortais, somos vítimas do terremoto, soterrados nos pensamentos de se enterrar no corpo dela. *Nunca meterão!* Cacofonia. Ellen, a mulher mais linda do presente momento instantâneo. Ela instiga você: "Gosta tanto da minha bunda assim, Larry? Não tirou o olho dela nem por um segundo". *Hã? Nossa, desculpe.* Sua mente fala: *Vacilão, te pegou no pulo.*

Ellen fala: "Continue olhando. Eu gosto. Olhe e deseje". Sua mente: *Poxa, sacanagem. Cacofonia. Nunca me terão!* ESCS. Ellen Maravilha, nova paixão do momento. *Terremoto de mulher.* Abala estrutura. Tem aquela coisa de recalque pras invejosas. A Ellen manda muita gente pro recalque. Afunda até casamento. Sua mente de novo: *Merda a caminho! Sinal de alerta!*

Filme queimando em 132 passos. É a ruiva do boquete gritando e chamando a Ellen: "Divaaa! Divaaa!", ela está gritando lá da porta da Boate Delas, 132 passos de distância. "Divaaa!". Ellen te explica: "Aquela ruiva foi minha companheira de pole dance da noite".

Hã? "Fizemos show juntas hoje. Ali na Boate Delas. Depois saí pra refrescar e conheci o Mestre Freddie. Foi assim que entrei pro IAN, entendeu?". Pensamento: *Mundo pequeno é palhaçada.* Agora você sabe quem tirava as fotos da Ellen e te enviava pelo WhatsApp. Ellen percebeu seu desconforto ao ver a ruiva: "O que foi? Ficou pálido de repente. Algum problema com a moça?". A ruiva chega: "Ei, diva linda, então você conhece o broxinha precoce, né?". Pensamento: *Sacana. Por que ela tá fazendo isso? Ganhou quarenta reais fáceis, devia dar glória a Deus nas alturas. Por que fazer isso?*

"Quem?", Ellen não entendeu o 'broxinha precoce'. *Melhor nem escutar, Ellen, te explico depois.* "Vem, amiga. Deixa que eu te explico", a ruiva ri na sua cara. "Vamos sim. Estou morta. Larry, a gente se fala no WhatsApp, tá?". Você: *Posso pedir um favor, Ellen? Na verdade é pro Leo, sabe? Ele tem um projeto em andamento. Projeto Frank. E... Bom. Ele é bonzinho e quer sua colaboração. Só uma fotinha sua. É por boa cauda. Digo, boa causa. Boa demais. Causa. Pode tirar?* Ellen: "Quer uma foto minha? Claro. Pode tirar". *Então, Ellen... A foto é do verso... pode?*

"Own, meu anjo. Mas é claro, por que ficou vermelho, tolinho?". Ela vira e empina o Monte Everest. Clique. Clique. Clique. Você registra. *Ah, Ellen, só mais uma coisinha. Coisa boba. Frente e verso pode? Você deixa?* "Mas é claro", ela vira e você bate mais uma. Aqui você bate a foto, quando chegar em casa baterá outra coisa. Projeto Frank. A bunda da Ellen estará no teto do Leo amanhã, junto à boca da Sasha. E seu amigo de república estará se masturbando olhando a bunda e boca de duas possíveis mulheres que você poderia pegar ou ser pegado.

37

A Panderuda

O Grota já tá na janelinha da portaria agitando o celular, fazendo sinal pra você mandar as fotos da Ellen pro WhatsApp dele. A ruiva continua rindo. *Por quê?* "Manda pro meu Whats, Larry!", Grota ficou feliz. E foi assim que você conheceu a Super-Loira e caiu no amor. Numa quinta-feira, no Fórum quando foi responder à intimação. Mas no outro dia você pagou – indiretamente – uma prostituta fã da Ellen para endireitar você e ainda ficou com fama de broxa-precoce. Você passou o fim de semana inteiro deprimido. Claro, teve um grande motivo pra isso. Motivo: Sasha te odeia.

Ah! Tem outro motivo: *A ruiva*. (OK.) Segunda-feira. Pulamos o fim de semana. Segunda é dia de visitar academias; isso quando o Leo não sai pra beber com Jason. Visita *in loco*. Jason não veio hoje. Freddie está meditando. Então sobra Leo, você e Ritinha. Sempre que sobram vocês três numa segunda, a segunda opção, visitar academia, se faz primeira. A primeira opção, sair pra beber com Jason, foi descartada. Assim, a segunda opção sobe pra primeira. *Visitar academias*. Você chegou da escola, Leo está assistindo à *Malhação*. A Ritinha entrou pra casinha. Aí Leo traça um plano de percurso.

Plano: "Ir de academia em academia para conhecer o estabelecimento. Por estabelecimento entenda-se: mulheres". *Só isso?* "Simples. Sem contratempos". *Entrar e ver as meninas malhando?* "Larry, peguei no Google as academias mais próximas de nós", Leo te mostra um mapa traçado à caneta azul, com pontos pretos e vermelhos. "Os vermelhos nós já fomos; pretos, não". Você pega o mapa. Parece que já o viu. *Leo, já fizemos esse percurso.* Ele: "Já. Por isso voltaremos. Aí tem as melhores liberadoras de catraca". (Outro termo novo, liberadoras de catraca.) "Nome correto pra menina que libera a entrada na academia", Leo explica.

Explica mais: "Pode até ser homem, aí será liberador. Porém, chamar um cara de libera catraca é chato. Por isso visitaremos apenas academias com liberadoras". *Vamos logo, já estamos no horário de pica.* Horário de pica é o feminino pornô para horário de pico. Só que a hora da pica diz respeito ao êxtase das academias: "Aquela hora que fica cheio de boazudas. Exatamente entre 18h e 19h32min". Esse intervalo é sabido, pois certa vez Leo fez experimento científico com observações diárias durante um mês, e o ápice do encontro de boazudas se deu: "Às segundas-feiras entre 18h e 19h32min".

E hoje é segunda. Você ainda está triste pelo ocorrido na sexta. Recordando: perdeu cem reais da Ritinha, sujou o membro de cuspe, fez raiva na Sasha, virou chacota pra ruiva e se queimou com a Ellen. *Vamos, Leo. Dezoito horas em ponto.* Vocês descem. Leo sai com calça de moletom cinza desbotado, cheia de bolinhas de espuma com poeira; regata bem cavada, mostrando os pelos das costas e do peito, tipo ogro peludo; tênis *All Star* vermelho com cano longo parecendo bota. Ninguém sabe se é tênis, bota ou sapato. Mas você sabe que para malhar, definitivamente não serve.

"O quê? Meu tênis tá com chulé. Só achei esta botinha limpa", ele explica o uso da bota-sapato-tênis. *Tá lindo, Leo,* você retruca sem emoção. Leo parece aquele ator peludo mesclado com outro ator não peludo. Leo seria definido como híbrido do ator peludo com o outro ator. É possível dizer que é anfíbio de dois famosos então. Anfíbio é híbrido, pelo menos a professora de Biologia que te pegou diz. "Tem gente que me chama de João Grilo, Larry. E eu nem sei quem é esse grilo, muito menos o João", Leo comenta sempre que falam da aparência dele.

E você explica: *João Grilo é criação de Ariano Suassuna, expoente da literatura brasileira.* "Viu minha roupinha nova?", Leo beliscou com alegria o moletom, "ganhei do Chicó. Coitado, descobriu o amante da cadela da mulher. Agora as roupas não servem. Vai doar tudo. Peguei o moletom hoje". *E o que tem a ver a cadela com roupa não servir?* "Tudo", Leo ensina, "psicologia lógica. A cadela, esposa dele, saiu com outro homem. Chicó descobriu. Depressão. Engordou. Perdeu as roupas, nem cuecas de algodão com elástico servem. Até ganhou um número de calçado. O pé cresceu ou engordou, ainda não investiguei".

Chicó é o irmão mais novo do Leo. Nome completo é Chicó e Ponto-Final De Novo. O nome é esse porque o pai perguntou à mãe como seria, e ela respondeu, simplesmente: "Chico e ponto-final de novo. Só isso". A tragédia do Chicó é: a mulher tem amante. Chicó descobriu, pôs ponto-final e entrou em depressão. Ganhou peso e perdeu as roupas. Até o pé engordou. *E o Leo está contente porque vai ganhar as roupas do irmão. E ainda vai coletar dados dos pés do Chicó pra fazer experimento e descobrir se o pé cresceu ou engordou na depressão.*

"Você quer alguma roupinha dele? Não vou usar tudo. Vão sobrar as cuecas". *Obrigado, Leo. Mas tenho cueca de sobra. Minha vó me dá um pacote por mês... Ei, que é isso no seu bolso? Já ficou duro?* "Ah. Não é meu pinto. Ele não chega até aqui, olhe, o bolso fica ao lado da coxa. Pelo comprimento do meu órgão e diâmetro da coxa, nem a cabecinha chegaria até aqui e...". *Tudo bem, Leo, já entendi. Não quero dados do seu pinto. Só quero saber o que você tá levando aí no bolso. (Tem momentos que você se estressa.)*

Leo explica: "Isto é o empata-catraca. Verá quando chegarmos à liberadora de catraca". Aí chegam à primeira academia. *Inspire*. Inspire não é verbo, é substantivo próprio, nome da academia. *Nova*. Tudo novo, cheio de mulheres novas. *Segunda é malhação pesada*. "Mulheres que transaram no fim de semana ou beberam, vão à academia malhar pesado. Quem transou quer manter o corpo para transar mais no próximo fim de semana; quem bebeu, vai pra queimar calorias da cerveja". Segunda-feira, entre 18h e 19h32min, o horário de pica. E o Leo tira o empata-catraca do bolso e vai até a recepção da Inspire.

38

Empata entrada

Leo criou dispositivo com imã, pilha, Bombril, fios coloridos, fita isolante e relógio de pulso. *A coisa parece bomba.* "Empata-catraca". Isso ele vai usar pra empatar a catraca na hora de entrar. "Mocinha", ele chega na liberadora da catraca da Inspire. *Loirinha, lindinha, delicinha.* Ela usa aqueles shortinhos que vem coberto por sainha na parte de trás. Poderia chamar de meia-saia, que na verdade serve para tampar a bunda. *Uma graça só de olhar.* Meia até o joelho, tênis roxo com cadarço amarelo florescente. Regata bem cavada nas costas e o cabelo preso num rabo de cavalo. Leo: "Belo rabo".

Belo rabo?, você deixa escapulir ao olhar o verso da menina. Leo: "Rabo nada, é bundinha mesmo". *Bundinha?* "Essas sainhas encolhem as nádegas, parecendo anca empinada de pônei". A menina vira pra você: "Que foi, moço?". Você replica: *Hã?* Ela faz cara de desentendida: "Você tava falando de rabo?". Você rapidamente rodeia: *Não falei nada. Na verdade era pra ser pensamento.* "Tá", ela dá de ombros. Você dá zoom na bundinha, dá zoom na mãozinha, dá zoom no ombrinho, dá zoom no cotovelo. *Cotovelo.* Você reflete: *Ela dá de ombros? Deve dar de quatro também, de frente, de ladinho, de...*

"Larry!", Leo te chama, ele já está na catraca com a mocinha, "que é isso, homem? Tá babando aí, parecendo o Mumm-Ra. Tá tendo vertigens? Tomou seu leite com Toddy?". (Mumm-Ra é a múmia diabólica de vida eterna, inimigo número um dos Thundercats. Só pesquisar imagens no Google pra vê-lo de boca aberta babando.) Aí você deixa o Mumm-Ra de lado e presta atenção nas coisas: *Sim, sim, tô bem sim.* E a mocinha nem presta atenção em vocês dois, só fica descascando o esmalte do polegar. Ela tá do lado de dentro do balcão, segurando o cartão de visitante.

Para entrar, o cartão tem que passar pelo leitor e liberar a catraca. O leitor fica do lado de lá da catraca, afastado do balcão. *Ou alguém instalou a catraca do lado errado ou o leitor fica longe mesmo.* Ora, veja bem: pra mocinha passar o cartão, ela, a mocinha, tem que se esticar toda e ficar na ponta dos pés para alcançar o leitor lá do outro lado. *Trabalhoso.* Então ela fica na ponta dos pezinhos e estica o bracinho. Quando faz isso, coisas notáveis ocorrem. Uma coisa: *A regata se desloca no tronco, revelando mais pedaço das costas.*

Outra coisa: *Ela empina a bundinha, parecendo estar de salto alto arranha-céu.* Certa vez, Leo explicou: "Salto alto arranha-céu são saltos bem altos mesmo". Você perguntou: *Aquele tipo bloco plataforma?* "Não, isso não. É salto mesmo, alto, fininho. Bloco plataforma mais se parece com sapata de fundação; mulheres deviam parar de usá-los e deixá-los só pra construção civil. Concorda?". *É,* você concordou sem interesse. "Meninas, usem salto alto fininho, aí vocês sentirão dor na cintura", Leo se empolgou e ensinou mais: "Não será dor de usar o salto que afeta a coluna. Isso não". *A dor será de Arquivo Punheta?*

"É dor masturbatória localizada, Larry. Alguém vai pensar na mulher de salto fino. Orelha quente e cinturinha quente, lembra?". (Aí agora você espirra e a história volta pra catraca e a menina de bundinha empinada.) Você pisca pro Leo, aprovando o plano. Estão felizes. Agora você entendeu a utilidade de um empata-catraca. Leo aderiu o objeto ao lado da catraca, na parte metálica do lado do leitor. Esta é a função do imã: aderir o empata-catraca no metal da catraca. Com a gerigonça de fios, pilha e relógio, algo gera interferência na leitura do cartão, dando erro. "Erro!". "Erro!". "Erro!".

Assim, a mocinha tem que tentar novamente. *Tenta e tenta.* Passa e passa o cartão. Estica e estica o bracinho, mostrando covinhas nas costas. Mostrando musculinhos com pelos dourados. "O melhor, Larry, é a bundinha sempre empinada". *Muito bom, Leo. Devíamos patentear o dispositivo.* "Já fiz isso", ele pisca pra você. E a mocinha empina mais o quadril. Leo criou o dispositivo pra interferir na leitura das catracas e patenteou o dispositivo de

Empata-catraca. Vocês estão na entrada da academia empatando a catraca para assistir à mocinha que libera a catraca se contorcer tentando liberar a entrada. *É isso, Leo?*

"É. Isso só pra gente ver de perto parte das costas da menina e a bunda empinada atrás da meia-saia que não mostra a bunda e mostra só o contorno. Não é legal, Larry?". *Muito, Leo.* Vocês estão felizes, sorrindo igual moleque. "Aaaah!", a menina desiste e se irrita: "Olha, deu pau na minha entrada". Você sussurra: *Deu pro pau?* Leo dispara: "Mete o pau na catraca". A menina se vira: "Quê?". Leo tenta remediar: "Pau na danadinha. Deu pro pau, né? Catraca. Liberadora". Agora você: *Leo, acho melhor tentar passar o cartão. Vai que dá certo com você, né?*

Leo se faz de bobo e desprende o objeto e o volta ao bolso. A mocinha nem percebe, é dessas gatinhas-burrinhas. Mulher anfíbia. Híbrida, mistura de dois mamíferos, gata com burro. Surgindo a famosa: "Ela é muito gatinha, mas é burrinha". Leo pega o cartão e o passa, liberando a entrada. Ele demonstra: "Viu, gatinha? Você tem que se abrir pra liberar pra gente. É se abrindo que se entra". "Quê?", ela faz cara de dúvida. "Ah, esqueça, gatinha. Vamos lá dentro conhecer e já voltamos, OK?". Tudo pronto. Hora de conhecer a academia. A hora certa. "Horário de pica".

Resumo: vocês chegam. Falam na recepção que ouviram falar muito bem da academia. Pedem para entrar a fim de confirmar. A pessoa deixa vocês entrarem como visitantes, todavia, entram para ver meninas. Depois da vistoria panorâmica, saem, perguntam os preços e falam em voltar noutro dia pra aula experimental. "Tudo isso só pra ver mocinhas malhando". *Segunda-feira é o dia. Cheio de gatinhas.* "Cheio também de burrinhas". Na academia o único assunto é *leg press* e dieta da batata-doce. "Vez ou outra surge leve assunto de matemática, famoso contar nos dedos; isso na hora de somar os pesos do *leg*".

39

Sarada ali

"Ali! Ali! Ali!". *Arquivado. Arquivado. Arquivado.* "Ali! Ali! Ali!". *Arquivado. Arquivado. Arquivado.* "Ali!". *Arquivado.* Leo aponta, você arquiva as pessoas no Arquivo Punheta. "Mais umas três visitas dessa e teremos arquivo pra aposentadoria, hein, Larry?". *Maravilha. Tem de tudo ali. Gostosinhas, gostosas, gostosonas. Bonitinhas, bonitas, lindas. Gatinhas, gatas, cavalas.* "Sempre em ordem crescente de admiração", Leo explica, "a bonita é melhor do que bonitinha; e linda é melhor que as duas. A cavala é superior à gata, que é superior à gatinha. E assim por diante. Por diante e por trás também". *Frente e verso.* "Isso aí, você tá aprendendo".

Leo continua: "Dê zoom nas mãos. Zoom aprofundado epidermicamente". Você replica: *Tô fazendo isso já.* Zoom aprofundado epidermicamente. Técnica que vocês usam. Leo: "Depois da cara, peitos, pacote, bunda e cotovelo, é hora de analisar as mãos. Principalmente a esquerda. Dedo da aliança. Casada ou solteira? Aliança prateada, dessas que estão na modinha, não serve, é bobagem. Foco é o anel dourado, esse sim serve. Algumas tiram a aliança pra malhar, porque o anel pode atrapalhar. Mas aí entra a função do Zoom Epidérmico: analisar a fatia da pele do dedo da aliança em busca de diferença na coloração epidérmica".

Hã? "Simples, Larry. Lógica com geografia somada à física e biologia. Preste atenção à argumentação. Rio é cidade litorânea. Longitude + 43° 10', latitude - 22° 54'. Incidência solar alta". Você: *Fernanda Abreu já cantava que o Rio é '40 graus, cidade maravilha, purgatório da beleza e do caos'.* "Isso. Sol na pele causa bronzeamento, famosas marquinhas. Bronzeamento causa efeito bronze na epiderme, por isso bronzeado, ora. As pessoas falam: 'vou pegar bronze hoje'. Bronze é liga metálica de cobre e estanho, praticamente. Ouro, cobre e estanho fica muito estranho. Por isso o ouro não combina quando você pega bronze".

Estanho é de outra família, Leo, longe do ouro e cobre. Na tabela periódica dá pra entender, você sabe disso porque ficou com uma química. (Fez sexo com todos os canais do conhecimento.) Foi pegado por física, química, bióloga, historiadora etc. Você gosta de mulheres inteligentes. *Quem não gosta só pode ser burro!* "Que isso, Larry? Tá gritando por quê?". *Nada. Prossiga.* "Voltando: bronze não combina com ouro. Onde tem aliança dourada a pele não bronzeia. Física. Anteparo opaco bloqueia a passagem da luz. Logo, dedo com anel, depois de exposto ao sol, volta com marquinha do anel. Dedo semibronzeado".

E daí? "Dá pra ver quem usa anel, mesmo depois de tirá-lo. Dedo marronzinho de bronze com a marquinha branca do ouro. E olha que tem gente que vive com dedo no anel". *Verdade.* Leo conclui: "Enfim, todo esse pensamento científico e metódico tem a finalidade ímpar de saber se a mulher é solteira ou casada. Importantíssimo isso". (E as coisas prosseguem.) Não podem parar. "Ali! Ali! Ali!", Leo vai indicando. *Arquivado. Arquivado. Arquivado*, você vai replicando e arquivando as coisas na mente. Academia é local de trabalhar corpo, mente e membro. *Mas tem coisas que deviam ser bem monitoradas.*

"Monitoradas?". *Tipo essas roupas cavadas, mostrando mais de 90% do corpo da moça. Tem jeito de fazer exercícios assim não.* "Concordo. Não tem como trabalhar o corpo com a mente e o membro no corpo de outra pessoa. No caso, no corpo das moças. A mulher ganha massa muscular quíntupla, porque nossa mente e nosso membro estão lá com ela, na mulher". *Enquanto seu corpo está aqui, sozinho.* "Aí a mulher vira, dessa forma, um simbionte quíntuplo. Fica assim: ela 1, o corpo dela +2, a mente dela +3; nossa mente +4 e nosso membro +5. Resultando 5 elementos. Quíntuplo".

"A mulher fica com cinco elementos do lado dela. E você fica com cinco dedos do lado de cá. Cinco contra um, *handjob*; o que nos resta depois duma ida à academia". *Nossa, Leo. Vou enfartar. Vamos embora, pelo amor de Deus,* você roga clemência. Ele concorda: "Hoje tá indecente, né? Só tem Panicat e Panihorse". Neologismos. "Panihorse é troca de Cat por Cavala. Em português é Panicav. Panicats são as meninas da TV; todo mundo sabe, todo mundo já as viu, todo mundo gosta delas. Cavala é mulher ancuda, anca grande. Tão ancuda que se chegar perto toma coice".

Leo agora ficou triste: "Eu sempre levo coice, sabia? Pensa! Até mulher feia no *Tinder* me dá patada. Tô estudando Física Quântica pra entender o pensamento feminino, mas até agora não concluí nada". Leo sempre leva coice. "As mulheres não entendem meus comentários, Larry. Pobre delas. Elas que perdem". *Tá bom, Leo! Mas e a Panihorse?* "Bom, Panicav é feio, então o Cavala vira Horse. Com a aglutinação de palavras Pani e Horse, surge a Panihorse". *Entendi.* "Vamos embora então, cansei de tomar coice. Falta a Academia do Estrela, a melhor do mundo. Já arquivei todas daqui, até as esquisitas".

Vai fazer o que com esquisitas? Tá perdendo espaço no HD, não? "Tô não, meu HD é infinito. Preciso de todo tipo de mulher pra povoar meu harém. Te contei que construí um harém na ilha deserta? Agora preciso povoar e procriar. Não pode ser só saradas. Preciso de esquisitas também. Elas costumam trepar mais freneticamente... segundo o Grota". *Tá. Entendi... Leo, por que as esquisitas são frenéticas?* (Você gosta de dar interesse às coisas que o Leo fala. Ele fala de tudo. Misto de assuntos possíveis de existirem com assuntos do plano das ideias fantasiosas; a famosa conversa fiada.)

"Porque as esquisitas transam com a intenção de te fazer fechar os olhos em prazer; as outras, te transam na maciota, pra você não fechar os olhos de prazer". Você: *Por quê?* (Você sempre dá corda a ele.) Arquivo Aleatório. Leo: "As esquisitas precisam deixar você inconsciente de prazer pra não olhar pra esquisitice delas. É feio uma feia pulando em cima de você. Nada bonito de se ver. Por isso fazem com força. Saradas querem que você olhe pra elas, então fazem devagar. Com força você fecha os olhos e curte a fricção do membro". *Relevem! Leo é doente.*

40

Leo esquisito

Você tá falando que sem força fica aquela coisa sem graça, pacata, aí só resta contemplar a beleza das partes individuais da sarada. "Isso, garoto, entendeu bem". É idiotice, claro. Mas homens falam coisas idiotas. Todo o mundo sabe disso. *Então a esquisita, literalmente, te desmaia de prazer pra você não olhar pra ela? E a bonita fica na paradeza pra você olhar pra ela?* "Exato, Larry". *Inferno, Leo, que grosseria. Não concordo!* "É sério, pergunta ao Grota, ele sabe...". *Peraí!*, você ergue o punho direito fechado próximo ao rosto e fala: *O Olho de Thundera captou algo. Radar apitando.*

Olho de Thundera é a pedra mágica que fica na espada Justiceira, que é a espada do Rei de Thundera: Lion, o chefe dos *Thundercats*. (Desenho animado, procure no Youtube.) O Olho mágico tem a propriedade de fornecer a visão além do alcance. Coisa de moleque. Com o Olho de Thundera, você tem a visão além do alcance que te avisa quando mulheres se aproximam da zona de pênisterferência. A zona de pênisterferência é a região próxima ao pênis que causa interferência na libido masculina. Sempre que fêmeas entram na região, o radar capta, cheira, endurece e soa o alarme.

Alarme de fêmea, você sussurra. Duas passam por vocês. Uma baixinha, loira, branquinha; usa macacão colado decotado. A parte lateral dos peitos, aquela região que extrapola o vão entre a parte interna do bíceps e a asinha das costas à mostra. Pra facilitar: quando se olha de costas e vê a porção da carne do seio que desponta abaixo das axilas. *Aquela porçãozinha é muito sensual. Muito inebriante.* Pois então, a baixinha branquinha tem essa porção de carne aparecendo. O decote nas costas se abre muito, mostrando pelos loirinhos que crescem acima das ancas. Russa fica sendo o nome dela.

Essa Russa é muito gata, você fala. Russa porque ela é loirinha e branquinha. Podia ser sueca, polonesa, dinamarquesa, mas você gosta de falar Russa. E junto à Russa vem a Casquinha-de-ovo. Esta é loirinha também, pele bronzeada. Pequenininha, parecendo a noiva do Chucky, só que linda – evidentemente. Ela recebe o nome de Casquinha-de-ovo porque anda levitando de tão graciosa. O corpinho todo ajeitadinho, nos trilhos. Flutuando como se pisasse em casca de ovos. *A Casquinha é muito gatinha*, você fala colocando as mulheres dentro das categorias de admiração: gata, gatinha. Tudo tem escalonamento matemático e biológico de ser.

Vocês já conhecem a Russa e a Casquinha. Na verdade, já conhecem quase todas as pessoas desta academia. Tem a Dotôra, a Pikachu, a Globeleza, a Britânica, a Eslováquia, a Mama Gosmenta, a Morena-jambo, a Boquinha-de-ovo, a Novinha que vem junto à Coroinha, a Menina do Sul da América do Norte (também conhecida como Mexicana) e muitos outros substantivos próprios que caberiam num HD externo interno. Coroinha não é coroinha de igreja, é de coroa, mulher madura, com gestos de mulher nova. Tipo a coroa que fala gírias de menina de colégio e usa roupinha com estampa da Miley Cyrus.

(Observação: é tudo verdade, porém grande mentira. As mulheres são reais, carne e osso, andam entre nós.) Leo comenta: "A Russa é bem boa. Tem cara de mexer até te derrubar de prazer". Você retruca: *Mas ela é bonita. Você acabou de falar que bonitas fazem devagar.* Leo atesta: "Velho, toda regra tem exceção, é Arquivo Aleatório". Você concorda: *Tudo posso naquela que me endurece.* Aí vocês estavam lá de olho nelas. E enquanto passavam por vocês, a Casquinha comentou com a Russa: "Amiga, vamos passar na igreja? Padre Chris vai apresentar os dez mandamentos pra conseguir um amor, lembra?".

A Russa se alegra: "Jura, menina? Vamos trocar de roupa e ir". Elas entram no vestiário. A igreja do padre fica a sete quarteirões da academia. Você reflete e cogita: *Vamos abandonar as academias por hoje, Leo, e ir pra igreja? Deixa a Academia do Estrela pra próxima.* "Sim. Procede com sucesso". Assim vocês deixam a visita da malhação de lado pra ir à missa ouvir os Dez

Mandamentos pra Conseguir um Amor. Padre Chris. Tem no Youtube, só procurar. É muito legal e motivador. Vale a pena assistir. (Procure aí, estou falando sério! Já disse que tudo é real.)

Vocês deixam a Academia do Estrela de lado pra ir à missa. Igreja do Padre. O nome é Igreja do Padre. *Que pena, Estrela é lugar bom pra ter mulher boa.* "Merda, cadê elas? Nessa demora vamos pegar uns três mandamentos só". *Leo, você tá preocupado com os mandamentos ou seguir as meninas pelas ruas? Compra o livro do padre ou leia a Bíblia.* (Vocês estão na calçada, esperando a Russa e a Casquinha.) A liberadora de catraca está ali olhando pra vocês. Ou ela gostou de você ou odiou vocês; ou gostou do Leo ou odiou vocês ao dobro.

"Ela tá olhando pra você, Larry. Deve se interessar em aluno novo". *Será? Mas como vou me aproximar dela? Tem o balcão entre nós. Minhas costas doem se eu encurvar pra cima da bancada.* "Simples, eu converso com ela pra você, quer?". *Não!* Você se exalta: *Não precisa, tá?* "Nem o Facebook dela?". *Leo!*, você fica bravo. "OK". Aí a Russa e Casquinha chegam. *Meninas ficam bem charmosas quando saem da academia de roupa trocada.* "Roupa casual, cabelo suado no pescoço, alguns fios aderidos ao suor da pele e apontando pela angulação que vai dar a extensão dos ombros". *Good.*

"Se elas soubessem das coisas simples que nos enchem de tesão, tudo seria mais prático". Para simplificar a parte da angulação dos ombros, é pura geografia. Quando amarram o cabelo, rabo de cavalo, e deixam fiozinhos claros e finos da nuca molhadinhos de suor. "É Viagra pro punheteiro, Larry". *Vampiro atacaria na hora.* As duas saem. Vocês vão atrás, igual leoa seguindo caça. *Leoa? Isso mesmo, porque quem caça é leoa, não leão. Leoa seria, nesse caso, lésbica.* "Larry, são leoas que caçam. Leão não faz nada. Até na natureza tem machismo. A fêmea faz tudo, o macho só come".

41

Faz tudo?

Você idealiza: *Fêmea topa tudo?* Leo: "Para com isso, Larry. Deixa de perversão. O lance é a fêmea fazer tudo e o macho levar a coroa, sabe? Fazemos bem em elevar as mulheres ao status de Rainha do Universo. Imagina se o machismo fosse interestelar. Aí teríamos Rei do Universo. Os planetas seriam povoados por legiões de soldados. Cada legião com arqueiros mágicos pra lançar flechas pelo espaço. Ao invés de trepar, os caras fariam guerra. Planetas e elementos espaciais receberiam nome de coisas que os homens gostam. Tipo planeta Formula 1, planeta Futebol, Constelação de Truco, planeta Cerveja, Anéis-de-cevada".

Deixa de ser machista, cara, você reage sem interesse. E ele discursa alegremente, feito palestrante britânico: "Então, as formas de vida fora do planeta Terra não seriam extraterrestres e sim extratesrrestre. Extra-terrestre não. Extra-tesrrestre sim. O tes é de testosterona. Seria tipo as bolas dum homem de outro planeta, ou testosterona externa. Tudo levando pro lado do macho dominante. Até porque os planetas são bolas. Se juntar tudo num saco teríamos o Homem Galáctico aleijado, com muitas bolas. Porém, saco, não de bola, mas de planetas. E dependendo do tamanho do ser, ele teria hérnia, caso o saco ficasse pesado".

Leo, você corta, *meu fim de semana foi péssimo. A Sasha me odeia e a Ellen pensa que sou broxa-precoce. Vamos deixar o Arquivo Aleatório de lado e seguir as meninas? Me deixa em paz só agora.* "Tá", ele aceita de boa. Aí vocês seguem as duas. Chegam à igreja bem na hora do: "Vão com Deus!". *Fim da missa.* "Merda!", Leo reclama alto. *Puta que pariu, Leo!,* você replica em voz alta: *Pare de gritar palavrão dentro da igreja!* Você grita palavrão dentro da igreja pedindo pro Leo parar de gritar palavrão dentro da igreja onde os dois estão.

A Russa e a Casquinha sumiram no rebanho em movimento. Os fiéis partiam. Leo grita: "Perdemos as mulheres". Você grita: *Porra!* A missa do padre Chris realmente dá muita mulher. O evento de hoje foi sessão extra, *première*. Igual lançamento de filme badalado, com sessão antes só para os fãs. Porque a missa dele na verdade é às quartas-feiras; a Missa da Galera de Casa, ou família. E hoje é segunda. Agora só ficou senhores esperando a multidão dispersar e senhoras empilhando os banquinhos extras. Você olha as horas: *O horário de pica já passou. Não adianta voltar às academias.*

"O pico broxou. O jeito é sentar e rezar". Então você senta ao lado duma senhora com terço à mão. A senhora olha pra vocês; olha pro Leo e sorri pra você: "A casa de Deus recebe todo tipo de casal. Fiquem à vontade, meus lindinhos". *Paz de Cristo, moça*, você sussurra. Aí o Leo pisca pra velhinha, pega a sua mão e aperta junto ao peito: "Bondosa senhora, obrigado". *Agora não, Leo*, você tira a mão das mãos do Leo: *Senhora, não é isso*. A velhinha prossegue sorrindo: "Ó, o cruzamento deve ser apenas pra procriação, vocês sabem, né?".

Hã? Ela continua: "Só pra fazer neném. Cruzar é pra disseminar a espécie. Tá na Palavra. Tudo escritinho. Até cruzamento genético entre espécies vegetais deve ser pra procriação, sabiam? Esse povo cruzando soja, arroz, feijão, tá tudo errado". (Leo tá adorando o papo com a velhinha.) Ele dá corda e apoia: "Sim, sabemos disso, minha donzela. Somos casal pós-moderno, sabe? A gente nem cruza, só dormimos de conchinha". *Ei, Leo. Porra!* A mulher te censura: "Êta, boquinha suja, hein? Bom, vamos agradecer", ela tira outro terço da bolsa. Você desiste de explicar que você e o Leo não são casal.

"OK. Vamos rezar". (Mas espere!) (Você não sabe.) *Vovó não está aqui.* É ela quem te falava como fazer. Você não sabe rezar. Os santos estão olhando pra você. *A igreja está cheia deles.* Todos ali nas laterais, parados e olhando. Você pensa: *Deve ser ruim ser santo, tem que ficar parado, socado nos buracos, olhando pras pessoas.* "Madame, a senhora vai usar os dois terços?", Leo puxa papo com a velhinha. Ela retorna: "Vou sim. Um é meu e o outro do meu marido. Eu rezo por ele. Sempre faço isso. Rezo duas vezes. Pra mim e pra ele".

Aí você se interessa: *Pode fazer isso?* "Claro. Não tem escrito em lugar algum que não pode". *Ótimo. Vou comprar mais um terço pra minha avó. Ela vai toda semana à missa. Vou pedir pra rezar por mim.* "Ei, Larry, compre mais dois. Reza minha cota também". *Beleza, Leo. Pode deixar.* A velhinha passa um terço pra você: "Tome aqui. Enquanto sua vó não salva a alma dos dois, podem começar. Cada bolinha é uma Ave-Maria; bolona, um Pai-Nosso. Vai passando de bolinha em bolinha e bolona em bolona. Demora quase uma hora, mas passa rapidinho. Em cinco minutinhos termina".

Quase uma hora, mas em cinco minutos termina? "Isso mesmo, garotinho". (Parece que a velhinha é adepta do Arquivo Aleatório. Leo está adorando isso.) Você manipula o terço e começa. Ave-Maria e Pai-Nosso sabe de cor; quase todo o mundo sabe. Puxa a primeira bolinha e declama o: *Ave-Maria*. Quando termina, passa as bolinhas rapidamente, uma por uma, sussurrando: *Bis, bis, bis*, até chegar à bolona. Aí manda o: *Pai-Nosso*. Depois volta pra's bolinhas e: *Bis, bis, bis*, até chegar à próxima bolona e aí: *Bis*, outra vez e assim vai até o fim. *Terminei, senhora. Menos de cinco minutos.*

"Minha vez", Leo pega o terço e passa as bolinhas, só que não fala bis, e sim: "Idem, idem, idem", passa pela bolona e murmura: "Pai-Nosso idem". Continua, agora mudando o discurso: "Ctrl C Ctrl V, Ctrl C Ctrl V, Ctrl C Ctrl V", e rapidamente termina. A velhinha se impressiona: "Nossa. Como fizeram? Os meninos de hoje são tudo espertinhos, hein? Só pode ser milagre da fé. Bem que disseram que as pessoas mais modernas estão abertas às coisas novas". Aí você ensina a velhinha a usar o Ctrl C Ctrl V. *Pra reza da senhora ficar dinâmica, entendeu?*

42

Copia Cola

Você explica: *Tem que copiar e colar. Ctrl C Ctrl V.* Velhinha: "Contou ao c que encontrou o v? Encontrou onde? Misericórdia, nem sabia que tinha sumido". A velhinha se perdeu nas palavras. *Esqueça, minha senhora. Melhor usar bis, idem e igual ao anterior. O importante é rezar a primeira vez e dar igual ao anterior. Entendeu?* "Entendi", ela se alegra. Vocês saem. Deixam a senhora passando as contas e murmurando: "Ave-Maria bis. Ave-Maria idem. Ave-Maria igual ao anterior. Pai-Nosso que encontrou o c, conte ao v pra rezar a primeira vez e dar igual ao anterior. Bis, idem, repete".

"Tadinha, Larry, você confundiu a fé dela". (Agora daremos um salto no tempo.) Chegamos num domingo. (Passaram-se três semanas desde que você conheceu a Ellen e brigou com Sasha.) Na verdade foi a Sasha quem brigou, só porque você tentou esfregar o membro cuspido nela. *Cuspe duma garota de programa que é líder do fã-clube da Ellen.* A ruiva não é bem amiga da Ellen, é apenas fã de carteirinha. Enfim, três semanas depois você ainda conversa com a Ellen pelo WhatsApp. *Ela não manda mais fotos.* Mas você tem foto frente e verso dela. *O Grota também tem, merda.*

Arquivo Punheta. Você está na ilha que não é mais deserta. Italianas correndo pela praia; brasileiras nadando na Lagoa Azul; russas catando graveto na mata; australianas gigantes arremessando coco; cozinheiro chinês cozinhando ensopado de coco com graveto; médico preparando pomada pra assaduras; fisioterapeuta assinando licença médica pra algumas australianas que se lesionaram ao arremessar os cocos. Vocês estão numa ilha deserta e as meninas tiram licença, pois machucaram o pulso; ficam de cama. Você é massagista, deve cuidar das moças machucadas. Elas são altas, pernas longas. Você perde minutos subindo do pé ao joelho. Mais minutos do joelho ao quadril.

Você perde horas entre as coxas. *Você não quer sair das coxas. Você não quer sair das coxas. Você não quer sair das coxas.* Você está passando creme na virilha das meninas. *Entrecoxas.* Uma voz distante berra: *Você nunca sairá daqui.* Você acorda gritando: *Ó, Pai! Eu quero é paz!* Ritinha chega lambendo sua cara. *Aaaah, Ritinha bonitinha, para. Estava com a mão na massa e você me acordou!* Você levanta de mau humor. Não é legal ser acordado do sonho com uma atleta pelada na mesa de massagem à sua frente. Mesa ajustada à altura do rosto. *Meu rosto.*

A mesa flutua magicamente. Não tem nada por baixo pra você bater o joelho ou o dedinho do pé. A atleta pelada está deitada na altura do seu rosto. A mesa é intangível pra você. Você pode colar a cara em qualquer ângulo no corpo da menina porque a mesa pra você é intangível. Então você tem uma mulher flutuando no espaço bem à sua frente. *Modelo Vitruviano.* Você está no cosmo. Você é ser cósmico. Júpiter é menor do que sua cabeça. A falange do dedinho da mão é do tamanho da Terra. O sol é bola infantil colorida.

Bola dentinho de leite igual a do Kiko do Chaves. À sua frente, flutuando entre Urano e Saturno, uma australiana jogadora de basquete. Você gira a mulher, ela rotaciona num eixo longitudinal invisível; igual frango no espeto girando atrás daqueles vidros nas manhãs de domingo. "A vantagem de ser maluco é essa, Larry, sua criatividade nunca acaba", Leo sempre fala. *Surrealismo.* O universo começa a se expandir. *Chuva de meteoros se aproxima.* Cada meteoro é uma mulher. Você é doente. Perturbado. A chuva de meteoros se aproxima. Mulheres cometas. *A cabeça pegando fogo.* Seleção Brasileira de Vôlei. *Cabeça pegando fogo.*

Saque jornada nas estrelas. Jogadoras voando pelas estrelas. *Nossas meninas são estrelas.* Você acorda gritando de novo: *Ritinha! Pare com isso!* Ritinha te lambendo de novo. (Agora já entramos na terça.) *Tem estudo musical. Jason vem hoje.* Você quer dormir e continuar o sonho erótico, mas sua pinscher zero, Ritinha, a quinta do nome Rita, não deixa. *Pelo menos você sarou, né, Pretinha?* O efeito do abacate passou. Você teve quatro Ritinhas. Todas morreram ou sumiram. A cada fim de uma Rita, a Rita da sequência chega. Todas são iguais, pretinhas e orelhudinhas, um Batman-Gnomo. *Agora estamos na Ritinha 5.*

"Você salvou o telefone da mulher que cria e vende pinscher magrelo e orelhudo?". *Salvei. Porque quando a Ritinha 5 virar pó, a 6 já estará pronta pra encomendar, Leo.* "Entendi". Mesmo preocupado e dando atenção pra Ritinha, você não consegue esquecer a Ellen Maravilha. Leo está fazendo de tudo pra te ajudar. Traçou plano de negócios pra vocês. "Negócios pra entrar de cabeça, nos dois sentidos". Leo dividiu as atividades por dias livres da semana: "Quinta: aula de forró pra dançar com instrutoras coxudas. Terça: voluntariado na ONG Grupo de Apoio ao Adolescente Mimado, ótimo pra conhecer mães solteiras".

"Sábado de manhã: vaga pra modelo vivo em aulas de pintura, numa galeria no centro, Escola de Artes Plásticas e Design de Corpo, turma mista de mulheres e homens". Você dispensou a Escola de Artes Plásticas: *Não quero mostrar meu corpo numa sala cheia de gente olhando, Leo, ainda mais homens estudando meu pinto pra transformá-lo em quadro.* Leo descartou Artes Plásticas e sugeriu: "Forró então? Na escola de dança tem aulas experimentais, é aberta à visitação. Tem outras modalidades também, podemos passar um dia lá dançando com as professoras boazudas". *Hum. Já melhorou, né? Que tipo de dança tem?*

"Funk, zumba, remelexo, lambada, Cola-Cola, quebra-quebra, pancadão, pancadona, boladona e outras. Tem também a dança que o Jim Carrey faz no filme do *Máscara*, lembra?". Você não gostou da ideia: *Quebra-quebra? Melhor não. Vou pisar no pé das meninas.* Leo muda a abordagem: "ONG dos adolescentes mimados?". *Jamais. Basta você.* Você faz tudo pra não pensar no quadril da Ellen Maravilha, mas é impossível não pensar no quadril da Ellen Maravilha. *Paz, por favor!* Assim vai ficar. (Semanas se passarão e você continuará apaixonado.) Agora faremos viagem no tempo e iremos até uma sexta-feira qualquer. (Avança!) Estamos numa sexta qualquer.

43

Sexta qualquer

Você continua na labuta infernal para esquecer o maravilhoso pandeiro da Ellen Maravilha. Leo é parceiro, sempre ajudando. Ele tenta: "Praia ou Cristo Redentor?". Você balbucia: *Videogame*. Leo insiste: "Praia, Cristo ou museu?". Você: *Game*. "Praia, Cristo, museu ou *milk-shake* no Bobs?". Você: *Game*. "Tá tendo protesto na porta da prefeitura, vamos correr na frente das câmeras de sunga e tênis?". Você: *Game*. "Larry, para com isso cara. Você precisa sair de casa. Nem barba tá fazendo, tá igual profeta do deserto". (Você está meio largado esses dias.) "Tá parecendo policial depressivo de filme americano de policial depressivo. Reaja, homem!".

Leo continua: "Ó, se entrarmos no ciclo do *videogame*, jogaremos no verbo continuar jogando, do paradoxo verbal não parar, da conjugação sem desculpas pra parar. Quer isso? O mundo girando e nós jogando Playstation?". Você: *Game*. Você está com problemas. *Games*. A barba grande coça o pescoço. Você esfrega. Irrita a pele. Você: *Game*. A unha está grande e suja de giz. Você dá aula na única sala com quadro antigo. Dentre tantas salas, a diretora te colocou na sala com quadro de giz. O famoso quadro verde chamado negro. Você limpa as unhas distraidamente e resmunga feito adolescente sonolento:

Unha grande. Cortar. Leo se alegra: "É isso aí, Larry. Erga-se. Viva e vamos sair. Pegue minha tesourinha e elimine a sujeira das unhas. Mexa a carcaça. Levanta-te, Lázaro!". (Leo é parceiro.) Você pega a tesourinha e elimina a sujeira. Corta uma por uma, devagar, mantendo o corte quadrado. *Leo, sabe por que as mulheres lixam as unhas arredondando as pontas?* Leo faz cara de dúvida: "Não sei. Nunca pensei sobre. Por quê?". *Não sei, achei que soubesse.* Você tá parecendo um zumbi. Olhar apático. Distante. Termina de cortar as unhas. *Terminei de cortar as unhas.* "Beleza. Agora vamos sair?".

Sair pra onde? "Pra rua, ver cocotinhas de biquíni". *Vou não*, você recusa. Leo estranha: "Se não vai sair, pra que cortou as unhas?". *Pra jogar. Unha grande arranha o controle.* "É. A coisa tá foda mesmo". (Se apaixonar faz isso.) *Ainda mais paixão platônica.* Você conheceu a Ellen numa quinta-feira. Teve menos de uma hora de contato direto com ela. Teve quinze minutos de contemplação quando ela passava pelo corredor. Noutro dia, na sexta, você voltou ao Fórum e teve mais uma hora de contato direto sem encostar nela. *Tipo contato de sétimo grau, o mais distante de todos.*

Na mesma sexta, à noite, você conversou com ela pelo WhatsApp e participou do IAN ao lado dela. Totalizando, no quesito interação real, pouco mais de cinco horas juntos. Mais os quinze minutos de contemplação no corredor. Saldo: cinco horas e quinze minutos. O histórico do bate-papo de vocês no WhatsApp registra menos de quinhentas mensagens e dúzia de fotos. Cada mensagem tem, em média, um período, que por sua vez possui duas orações, que por sua vez podem ser expressas numa frase ou duas. Peguemos a variação maior: duas frases. Assim, quinhentas mensagens a duas frases, dá mil frases.

Final: mil frases, doze fotos, cinco horas e quinze minutos de contato. Essa foi sua interação com a mulher que você ama no momento. "Com apenas esse saldo você está morrendo de paixão pela Ellen?". *Sim.* "Você é louco, Larry. Mais louco do que maluco e além do pirado. Imagina se ficar com ela então. Nunca mais vai cortar as unhas e ficará peludo igual ao Wolverine". Você pensa em marcar outra consulta com Doutor Martim, mas você não tem dinheiro. Gastou tudo com jogos pro Playstation. (Então chegamos à noite.) Vocês já jantaram. Estão deitados assistindo ao *Globo Repórter*.

Aí Freddie chega com cortesias pra Festa Noturna: "Gente, tenho discípulos que trabalham como seguranças numa balada. Eles me deram cortesias pra hoje. Entrada livre". Leo indaga: "Tem bebida livre também?". Freddie responde: "Só leite". Aí você arregala os olhos. *Tem leite na Festa Noturna, Freddie?* Freddie responde: "Tem. Com Toddy". *Opa. Leo, vamos?*, você muda de ideia na hora. "Leite na balada? Muito estranho". Mas vocês são estranhos, então tudo fica normal. Anormal seria se fosse normal. Vocês se arrumam pra sair. Leo sai com regata cavada em X. Cavada no peito e nas costas, parecendo colete do He-Man.

Você sai com calça branca e sapato Adidas branco, camisa com estampa do Chico Bento no peito e Freddie Mercury nas costas. Freddie sai de preto, unhas pintadas, lápis nos olhos e óculos escuros. *Família Adams, Freddie?* "Não, Larry. Preciso passar despercebido no escuro da Festa Noturna. Sou invisível". Leo está radiante: "Tem aquela música do Queen, 'The Invisible Man', já ouviram? Combina com o momento. Vou ligar Nosso Som e deixar tocando enquanto descemos pela escada". Vocês saem a pé. Táxi é caro e Leo gastou o dinheiro do dia ligando pra Alô (telefonia). "Liguei pra cancelar a internet".

"Mas não temos internet, Leo", Freddie estranhou quando o Leo chegou com sacolas de compra. Muitas sacolas. Famosa cesta básica pra atendimento via telemarketing. "Não temos, Freddie, foi o vizinho quem me passou a missão de cancelamento. Já que roubamos o sinal dele, é hora de cooperar, ele disse. Por isso me passou os dados pra ligar pra Alô e cancelar a net dele que é nossa também". Aí você entrou em cena: *E as compras são pra quê? Vai viajar ou telefonar?* Leo: "Larry, isso não são compras. É Cesta Básica pra Telemarketing", ele esparramou as compras e explicou:

"Olha. Café pra deixar acordado enquanto aguardo a interminável musiquinha da prestadora. Suco de maracujá pra deixar calmo durante a espera interminável enquanto o atendente miserável me transfere de linha em linha numa sequência de empurra-empurra nada amigável. Pipoca de micro-ondas que fica pronta em dois minutos". (*Pause!*) Importantíssimo: pipoca de dois minutos ao ligar pro telemarketing. Ligações dessas duram quase três horas. Três horas pra pessoa transferir você pra infinitos atendentes pra chegar ao final e o atendente falar: "Dirija-se a uma loja física mais próxima a você". Numa ligação pra Alô, pode-se consumir, sozinho, doze sacos de pipoca.

44

Maldito telemarketing!

Três horas com o telefone pregado na orelha e doze sacos de pipoca. Veja, dois minutos pra estourar mais treze minutos pra comer, nos dá uma pipoca por quarto de hora. Uma pipoca por quinze minutos. Agora voltando ao assunto, Leo continua mostrando as compras: "Tem Red Bull também, pra me dar asas na hora de pular em desespero do prédio". (Leo desesperado? Só o telemarketing pra fazer isso com ele.) "Ah! tem laranja também pra escovar os dentes sem sair do sofá". Laranja pra escovar os dentes sem sair do sofá? Certa vez Leo foi pego por uma dentista.

Essa dentista usava casca de laranja pra clarear os dentes, dizia ser o certo a se fazer. Inclusive trocava dentifrício por sabonete. "Creme dental não limpa. O que mata os germes é sabonete, amigo James", ela te disse. Você a achava legal, te chamava de amigo James. Leo parou de ficar com ela. Motivo: fazia sexo oral e liberava bolhas de sabão, parecia criança brincando com água, canudinho e detergente. Era fazer uma manobra mais molhada no membro que lá vinham as bolhas coloridas subindo pelas coxas do Leo. Pior, arrotava OMO. "É péssimo beijar mulher que arrota OMO Multiação".

Nem o Leo aguentou o beijo Multiação da amiga James. Então o amigo Leo passou a tarde ligando pra Alô. Comeu toda a pipoca. Bebeu todo o café. Bebeu todo o suco de maracujá. Clareou os dentes com casca de laranja e jogou a fruta fora. Só usou as cascas mesmo. Por sorte da história, ele não usou o Red Bull pra pular do prédio. E por Milagre Negativo do Pemba, não resolveram o assunto. "Telemarketing é coisa satânica, Larry. Nem Padre

Quevedo soluciona". Mas, por Milagre Positivo do Filho do Homem, e sorte da nação, Freddie passou a solução:

"Leo, anote o protocolo e ligue pra Anatel. Só assim resolve". "Freddie, boa ideia", Leo ligou pra Anatel, chorou horrores e pediu em nome de todos os Santos residentes na Via Láctea para ajudarem na guerra cibernética contra o Telemarketing. Mas isso foi à tarde, não tem nada a ver com o agora. Agora vocês estão na rua caminhando pra balada. Estão a pé porque o Leo gastou o dinheiro no Pão de Açúcar pra passar três horas no telefone ligando pra resolver assunto do vizinho que não foi resolvido e que por sorte do momento a Anatel irá resolver.

"Larry, você tá muito baixo astral ultimamente", Leo tá falando com você, "só por causa da Ellen Maravilha? Alegre-se. Vamos conjugar verbos da primeira conjugação hoje, hein?". Você está apaixonado. Por isso fica assim, amuado. Parecendo cachorro na chuva. Aí o Freddie te chama: "Ei, Larry?". Você olha, mas nada vê. Procura por todo lado. *Freddie sumiu?* De repente ele sai de trás duma lixeira, sorridente: "Aqui! Viram? Homem Invisível... Bom, tenho que lhe revelar uma coisa". Você pensa: *Porra! Revelar uma coisa?* Leo grita: "Porra! Revelar uma coisa? Bem agora no meio da rua no meio da noite, Freddie?".

Freddie refuta: "Leo, contenha-se. Por que o espanto? Larry, é o seguinte", ele se aproxima, chega a boca próximo a sua orelha, abaixa a voz. Você gela: *Jesus, vai me beijar?*, você treme. Aí o Freddie revela: "Menti sobre o leite. Na boate não servirão leite com Toddy". *Quê?*, você grita: *Sacanagem, Freddie. Deixei minha dieta pra poder tomar o leite da madrugada fora e você vem falar que é mentira?* Leo entra no diálogo: "Larry, você não faz dieta. E há muito tempo não toma o leite da madrugada. Você tá dormindo cedo, nem assiste mais ao *Corujão* comigo".

Hum, verdade. Não tem problema então. Posso sair sem esperar pelo leite. Freddie opina: "Você precisa sair mesmo, Larry. Relaxar a cabeça, amolecer o corpo. Tá andando muito rígido ultimamente". *Claro, você trouxe a Ellen pro seu culto, né?*, você pensa, mas dá de ombros. Continuam a andar. O cenário das Tartarugas Ninja sempre em volta. Lixeiras quadradas entulhadas de lixo. Árvores pendendo pra cima da rua, parecem cobrir tudo feito túnel. O piso da calçada parece estar sempre molhado. *Estranho*. Ou jogam água toda hora ou chove toda hora ou nada disso ocorre e você tá tendo vertigens (sempre).

Tudo molhadinho, você vê túnel molhado, daqueles de linha férrea que cruzam montanha pedregosa. Pensa na Ellen. Arquivo punheta. "Aaaah, nem pensar, Larry!", Leo te puxa, "agora não. Vamos terminar a noite logo que já tá entediante". *Certo.* (Adianta) (AdiantaX2) (AdiantaX3). Alta madrugada: vocês voltam pra República ensopados, batendo queixo. Seu Buneco sangrando. *Espera, adiantou muito.* (RebobinaX2). Você, Leo e Freddie estão na fila da boate. Andaram bastante, é longe o lugar. Você está suando. A noite começa péssima. O lugar é uma casa. A fila se estende pelo quarteirão. *Putz*, você odeia filas, sempre dá gente inconveniente. Famoso fura-fila.

"Ei, gente, vem pra cá, rápido!", tem um cara lá na frente gritando. Ele é o próximo a entrar. "Vem, gente!", grita de novo, acena e abana as mãos. Você fica com vergonha. Leo não recusa uma furada de fila. Freddie está invisível, já entrou. Ninguém sabe como. Mas ele já entrou. Passou e ninguém viu. *Porra, o Leo vai me passar vergonha*, você murmura. A pessoa na frente berra: "Vem logo, Larry, ninguém vai perceber". Quem está gritando lá é o Jason. Ele tá na fila. Leo: "Adivinha quem está com ele, Larry! Seu Buneco, claro". *Coincidência ou combinado?*

Leo assume: "Combinado. Eu os convidei". *Até que enfim fez uma coisa boa, hein, Leo? Ir pra Festa Noturna com você e Freddie não teria graça.* "Obrigado pela sinceridade", Leo dá de ombros e continua: "E aí? O segurança vai liberar pra nós. Vai seguir o Jason e Seu Buneco ou quer esperar na fila até o amanhecer? Ninguém vai nos reconhecer, cara". *Fazer o que, né?*, você concorda e furam a fila. *Inconveniência*. Entram na frente do Jason e Seu Buneco. Leo pensa que ninguém irá reconhecê-los, mas o Leo usa regatinha do He-Man com pelos apontando pelo corpo.

45

Roupas estranhas

Você usa calça branca e camisa do Chico Bento com Freddie Mercury; Seu Buneco, chuteira e bermuda. Buneco: "Saí do futebol e vim pra balada direto". *Descobri de longe, Buneco. Seu perfume de gambá tá no máximo.* Jason usa camisa do Sepultura e calça da Cavalera. O resto dos presentes usa sapato caro e roupa de grife. As mulheres parecem saídas da *São Paulo Fashion Week*. "Só top". *Realmente ninguém vai reconhecer a gente, né, Leo?* "É. Quem se lembraria do quarteto fantástico malvestido, Larry?". *Esperem! Radar de Fêmea apitando!* Você tem radar mental autossustentável. Trabalha 24 horas, pilha infinita.

Até dormindo o radar funciona. Você localiza e aponta uma ruiva bem trajada, lá na frente, pegando a comanda. *Puta merda*, mas desanima em seguida, *é a ruiva sacana*. Ela tira quarenta reais da carteira. *O dinheiro da Ritinha?* "Poxa, é o dinheiro da Ritinha mesmo. Vamos assaltá-la, Larry?". Você pensa em responder ao Leo, mas a ruiva vê vocês antes: "Olá, meninos. Tá quarenta pra entrar. Tenho um minutinho livre, Molex, quer pagar pra mim, quer?". Você murmura: *Por que ela faz isso?* Leo sussurra: "Se apaixonou por você". (AvançaX1) (Vocês entram.) Estão gritando e xingando vocês: "Escrotos!". "Fura-fila!".

"Não gostaram da furada da fila". *Avisei, Leo, custava nada esperar nossa vez.* Leo não ouve, já sumiu com Seu Buneco, foram pro bar. *Tá quente. Você está suando. Seu Buneco sofre de Corpo Quente. É beber e começar a pingar feito gelo ao sol. A boate está lotada. Muita gente se esfregando e se esbarrando. Tá quente. Seu Buneco sofre de Corpo Quente. Ele e o Leo foram beber*. Jason encontrou a Bruxa. Ela está aqui. Lingi-Lingi e Indiano também. Freddie está no canto observando tudo. Ele está invisível, mas todos veem tudo o que ele faz. *Que merda.*

Os óculos escuros do Freddie lembram gafanhoto psicopata nas sombras. Daqueles bem satânicos que espreitam plantação de milho de longe, esperando o momento de avançar sem deixar o espantalho perceber a investida. *Muito estranho.* Jason pegou a Bruxa. Ela tá chapada, passou pelo Seu Buneco e nem se lembrou da bagunça no banheiro. Buneco nem se lembrou da pancada que tomou da Bruxa. Você não se lembra o que veio fazer aqui. *Melhor seria ter ficado em casa.* As pessoas se lembram de vocês furando fila. Sorte os seguranças serem discípulos do Freddie, assim ninguém mexe. *A ruiva é bonita.*

Sua mente responde: *Mas ela sempre se lembrará da lambida mais fácil da carreira. E pra piorar, fica jogando isso na nossa cara. Se ela fosse legal, podia fazer outra coisa em nós...* Aí você responde: *Não custa nada tentar.* Nossa Roda se dispersou. Tem uma agitação lá no canto escuro: *Claro. Leo e Seu Buneco*, mas você ignora. Parte pra cima da ruiva. Vai lá: #partiu #pegar-ruiva. *Ei, moça, trabalhando muito?* "Lurex. Nada, meu último serviço durou um minuto. Não deu nem pra distrair, sabe? Depois não sai mais". *Gracinha, ela conversando comigo sem me agredir com lembranças broxadas.*

(Se bem que ainda comenta sobre aquilo.) *Pelo menos tá mais gente boa, receptiva à conversa noturna.* Tem mulher que nem recepção faz. Leo sempre comenta: "É dificílimo manter o bate-papo em festa noturna, mesmo o verbo *falar* e *conversar* sendo da Primeira Conjugação. Festa noturna parece coisa de político que quer ver o povo burro, sem saber pensar e conversar". Leo não gosta de política: "Ora, política é a arte de governar os membros nos assuntos e negócios internos da nação ou negócios externos. E tudo que se espera noturnamente é governar o membro no assunto interno da mulher".

"Lurex? Tá ouvindo? Bebeu? Tá babando igual ao Homer Simpson!". Olha só, a ruiva fazendo piadinha. *Ela é legal.* Aí vocês saem da pista e vão pra fora. "Tem quintal ali, com cadeirinhas e banquinhos". Vocês se sentam. A ruiva prossegue na confissão: "Na verdade faço faculdade, comecei a fazer programa naquele dia. Você foi meu primeiro e único cliente". *Sabia que ela* era novata. "Sabe? Aquele dia eu precisava de dinheiro pra pagar as apostilas da faculdade. Xerox tá muito caro, nossa. O governo podia lançar Bolsa-Xerox, aí não farei mais programa. Você entende, trabalha em escola, não trabalha?".

Leo te contou? "Não. Vi seu perfil no Facebook". Sua mente: *Ah! Tá explicado. Ela ama você. Tirou a virgindade profissional dela. Primeiro e único cliente. Dizem que o primeiro marca.* Ela: "Lurex?". Você: *É... xerox tá caro sim. O jeito agora é tirar foto e ler no celular.* (A agitação lá dentro se intensificou.) *Leo fazendo leuzice.* Freddie continua analisando as pessoas. Parece abstrair o comportamento social noturno pra adequar aos ensinamentos do IAN. Coisa de guru espiritual. *Você gostou da ruiva. Porém, corre sério risco de broxar. Ela se revelou não ser safada.* Sua mente: *E agora, José?*

Leo chegou molhado e tremendo de frio, passou por trás de vocês. *Leo?* Você vai até ele: *Leo, a ruiva do boquete não é garota de programa. É estudante que faz serviços corporais pra pagar Xerox na faculdade.* Leo responde sem interesse: "Han-han". Você: *Ela me pega fácil, é só dar o bote.* Leo: "Han-han". *Mas tô com medo de amolecer. Pô, tadinha. Gente boa, estudiosa, responsável com a dívida no Xerox. Acho que vou surtar.* "Han-han". *Você vai ficar falando han-han?* "O que você quer de mim, Larry?". (É, Leo tá bêbado. Passou pra Fase do Leão, ficou agressivo.)

Quero que me ajude. Como vou fazer com a ruiva? "Experimento. Faça experimento. Simples!". Leo é bom mesmo, sempre pensa cientificamente, com metodologia. Dúvida: "Você pode broxar com a ruiva". Experimento: "Precisa atestar isso". Vocês estão no quintal da boate. Ao lado tem um quartinho escuro tocando sertanejo. Do outro lado tem uma casinha de dois andares com quartinhos escuros onde toca rock. Fácil decidir: *Ruiva, vamos ouvir rock?* "Claro, Lu". *Lu? Ela pegou intimidade. Gracinha. E você está ficando com Mente Quente e Corpo Mole. Vai dar merda. A menina é tão legal. Amanhã tem que pagar o Xerox...*

46

Pagar xerox

Então a ruiva recebe um nome: *Ruiva*. E ela, a Ruiva, tem que pagar Xerox da faculdade amanhã, que na verdade é hoje, pois já estamos na madrugada. Você vai com ela pra casinha onde toca *rock' n' roll*. A Ruiva mexe na bolsa, pega um batom transparente brilhante, que na verdade não se chama batom transparente brilhante. Você não sabe o nome, mas é bisnaga de enroscar. *Só enroscar a bundinha que o batom transparente sobe.* "Que foi, Lu?", a Ruiva berra. O som está alto, dificílimo manter o bate-papo: "Enroscar o quê?". *Nada não, esquece!,* você se esquiva.

Ela guarda a bisnaga na bolsa. Você nota algo lá dentro, da bolsa. Com alguns gestos você fala sem emitir som. Melhor forma pra se conversar num lugar desses é por mímica. A Ruiva ri e te mostra a coisa, coisa dentro da bolsa: "É maquininha sem fio de cartão". Realmente a menina levou a profissão noturna a sério. Ela te mostra outra coisa, um boleto escrito à mão, com canetinha rosa: "Viu? Meu débito atrasado no Xerox. Tenho que pagar hoje", ela ri sem graça. *Tadinha, tem boleto do Xerox e gastou quarenta reais pra entrar aqui.* "Quê?". *Nada!*

O batom transparente é bem cheiroso. Quando a menina cola no seu ouvido pra falar berrando você sente o cheirinho. Você se lembra do oral de um minuto. *Foi bom. Poderia ter sido ótimo. Mas não foi devido às circunstâncias da noite.* Você tem medo de tudo se repetir. *Experimento. Leo deu a solução para o caso:* "Fazer experimento!". *Preciso testar minha ESCS com a Ruiva.* Você puxa ela pro canto e grita no ouvido dela: *Tive uma ideia!* Ela grita em resposta: "Han-han!". Que cartão aceita? "Crédito?".

Tanto faz! "Aceito!". *Qual?* "Master?". *Tanto faz!* "Aceito!". *Aceita qual?* "Tanto faz!".

Realmente é complicado conversar gritando num quarto escuro cheio de gente suada se esfregando. Mas tanto faz, você tem cartão de crédito e débito, Visa e Master. Só falta dinheiro no bolso pra pagar a fatura. *Olha!*, você esgoela a garganta, *vamos fazer aquilo que tentamos fazer lá em casa? Te pago no cartão de crédito!* "Vamos sim! Cem reais!". *Cem? Aquele dia foi quarenta!* "Mas naquele dia não tinha apostila nova pra comprar! Tenho prova segunda! Amanhã o Xerox fecha meio-dia! É sábado, né?". *Tá, mas qual a relação disso com o aumento de sessenta reais?* "Tanto faz, Lu!".

Muitas exclamações nesse diálogo, você reclama. Claro, vocês estão berrando na boate. *Tadinha da menina. Tem que pegar apostila nova amanhã que já é hoje, tem que estudar pra prova de segunda, e tem esse maldito Xerox.* Seu coração partiu: #partiucoração. Seu Facebook mental acaba de postar: *Larry James Lurex está se sentindo comovido.* Ela argumenta: "Divido o cem pra você!". *Sem juros?* "Sim!". *OK. Espere aqui, preciso falar com meu amigo!* "Tá!". Pagamento acertado, agora falta a logística e disposição do produto em território alheio. Você precisa de ajuda. *Cadê você, Leo?* Leo sumiu. Mas Jason está ali perto.

Jason está com a Bruxa. Você vai até eles. *Oi, Bruxa, cadê a Morena?* Ela replica: "Quê?", berrando igual seriema no campo. Sorte sua ela não ter ouvido a pergunta. Seria doloroso chamá-la de Bruxa depois do ocorrido com o Seu Buneco. Detalhe: ela está de salto agulha novamente. Você repete, estralando a garganta: *Amiga morena, cadê?* "Aaaah! Safadinha ficou com o Coringa". Você estrala mais a garganta: *Ficou com quem?* "Coringa, Jack Nicholson". (Peraí!) Aí você para de gritar e pensa: *Como ela...?*, você olha pro lado. Jason está olhando pra Bruxa igual menino apaixonado. *Porra! Jason! Seu criminoso!*

Você fulmina Jason. Na Nossa Roda há uma Lei Suprema. Mandamentos da Nossa República. Um: Não deixar Toddy no fundo ao terminar o leite. Dois: Nunca ferir laranja ao descascá-la. Três: Lavar as mãos com Leite de Colônia após a masturbação e antes de jogar videogame. Quatro: Não se fala da Nossa Roda fora da Nossa Roda. Cinco: Não se fala da Nossa Roda fora da Nossa Roda. Seis: Não revelar as piadinhas internas pra público fora da Nossa Roda. Sétimo item, gravíssimo: nunca, jamais, em momento algum, deve ser revelado os codinomes das pessoas externas à Nossa Roda. *Inadmissível.*

Repetindo o item sete: "Não podemos contar às pessoas os apelidos delas. Quem for contra os Mandamentos será velhaco, meliante, malfeitor, criminoso". Aí enquanto você xinga o Jason na mente, Leo chega mais molhado. "Larry!", te puxa e urra: "Buneco caiu no freezer da cerveja. Corpo Quente. Tava ardendo. Precisou gelar o corpo". Você ignora o assunto do Buneco e conta: *Leo, Jason é criminoso!* Leo arregala os olhos na hora, esquecendo o assunto do Seu Buneco: "Nãooo!". (Viu? É coisa séria trair as Leis da Nossa Regra.) Infração gravíssima. (Enquanto isso, Seu Buneco se afoga no gelo da bebida.)

Recordando: você veio pedir ajuda ao Jason pra te ajudar a arranjar um canto escuro a sós com a Ruiva e você descobre que Jason está revelando os Mandamentos à Bruxa. Você fica com raiva do Jason. *Velhaco!* Leo está aqui ainda, você pensa em pedir ajuda a ele. *Nem morto!* Assim você desiste de pedir ajuda e volta pra Ruiva. Deixa o Jason com a Bruxa e o Leo com Seu Buneco no freezer. Voz: *Cuidado com o Freddie, ele está invisível observando tudo. Não será legal ele observar a Ruiva manobrando seu membro.* Você: *A que ponto cheguei?*

Voz: *Comprar boquete numa boate cheia de gente numa noite quente e abafada. Pagar em 10x. Dividir sem juros?* Você: *Quero paz!* A Ruiva é legal. Culta, não puta. Faz tudo pelos estudos. Menina de família, fã da Ellen. Perdeu a virgindade num minuto com você. E agora você ficou gostando dela. A boate tem quintal; no fundo, um quartinho escuro. Do outro lado uma casinha. Vocês estão na casinha. Lá em cima tá tocando Metallica. Você sobe com a ruiva. Escada escura. Tem um canto escuro dentro do quartinho escuro no lado escuro do pavimento escuro. *É tudo escuro.*

47

Hashtag Ruiva

Você chega ao canto com a Ruiva. Ela tira a maquininha de cartão. Ela: "Cem reais em dez vezes?". Você reflete: *Tá feio mesmo. Dividindo boquete em dez vezes sem juros.* Famoso vender almoço pra comer no jantar; porém, ninguém comerá a Ruiva, ela virou protegida. A voz impõe: *Gostei dela. Ninguém mexe.* Ela passa o cartão, não cobra taxa de administração. *Menos mal.* Ou a Ritinha ficaria cem reais + taxa de administração mais pobre. A Ruiva trabalha bem. Profissional liberal. Libera tudo. Mas libera pra você, o único freguês até hoje. Ela ama você. Amor ao primeiro programa.

Num jogo rápido de pegada e você tá armado. Lá vai a moça administrando o membro. Ninguém reclama. Ou ninguém tá vendo ou ninguém se importa. Mas o que importa? *Ei, aquilo lá importa,* você sussurra. A Ruiva é estudiosa. Cursa Administração. Administra membro mais serviço de sopro como ninguém. Voz: *Como ninguém mesmo. Você não vai se alimentar, nada de comida.* Aí você repete: *Ei, aquilo lá importa.* Voz: *Aquilo lá o quê, Larry? Cala a boca. Fica aí com a Ruiva. Come ninguém.* Você enxerga de longe. No escuro você ativa a visão do Super-Homem: *Que isso, Jason?*

Lá no outro canto escuro, a Bruxa pegando outros caras. *Ei, Jason?,* você empurra a Ruiva e corre até o Jason. A Ruiva não bebe, mas alterna entre Estágios da Embriaguez com naturalidade; tipo superpoder. Ela pode passar dum animal a outro ao bel-prazer. Então ela ativa a fase da Elefanta, paralelo ao Leão na Embriaguez Masculina: "Ah! Eu sabia. Tinha certeza. O cara é broxa precoce mesmo. Sabia!", a Elefanta xinga muito. Enxuga os lábios com o dorso da mão (coisa mais linda de se ver). Elefanta: "Eu sabia. Dessa vez durou menos de um minuto. Larry idiota, palhaço".

Voz: *Se ferrou de novo. Mais uma que te odeia.* E você não fez nada de errado. *Ou fiz?* Certo ou errado a resposta fica pra depois, pois o problema agora é chamado de Bruxa. *Jason! A Bruxa pegou outros caras ali!* Jason: "Que isso, Larry? Que provincianismo é esse? Mente aberta, meu chapa. Estamos na capital. Rio 40 graus. Purgatório e caos". Aí o Leo chega. *Ainda bem.* Você explica: *Leo, a Bruxa beijou um tanto de cara e depois pegou o Jason.* Leo: "Hum. Ela passou pelo período de incubação no oxigênio?". Jason: "Que isso? Oxigênio o quê?".

"Preste atenção, Jason. Ela pode beijar outros caras e depois pegar você, mas deve passar pelo período de incubação no oxigênio. Saiba que no beijo são transmitidas bactérias anaeróbicas. Após beijar muitas bocas, deve-se respirar ofegantemente pela boca, a fim de oxigenar os dentes pra eliminar as bactérias que morrem na presença do oxigênio". *Viu, Jason?,* você concorda com quase tudo que ele fala, *viu, só?* Leo está todo sujo. Os pelos molhados de cerveja. A regatinha do He-Man já era. Ele está na fase do Porco bem porco. Você indaga: *Cadê o Buneco?* Leo: "Mergulhado no gelo do freezer".

Quê? Fizeram merda, aposto. "Oi, gente," a Bruxa chega declamando: "Ó, ninguém deve falar sobre Nossa Roda, tá? Ninguém pode contar as piadinhas da Nossa Roda, tá? Ninguém pode deixar Toddy no copo, tá?". *Que merda, tá?* Ela decorou Nosso Mandamento. *Jason, aquele pilantra potro. Contou Nossas Coisas pra mulher.* Leo ameaça: "Ele vai se ver conosco!". Leo acaba de retornar pra fase do Leão. Parece que Jason entrou no Estágio do Potro. Potro é filhote de cavalo. Cavalinho, para ser exato. Na fase Potro, o cara vira cavalinho e corre atrás da égua, saltando de um lado pro outro.

O potro corre pelo campo, em busca da presença da mãe, a senhora Égua. Esquece amigos e esquece leis. Só sabe potrar pra cima da Égua. Leo fala: "Parece filhote de pardal com boca aberta esperando a mãe chegar com minhoca regurgitada pra dar na boquinha do potro". Muitos homens entram na potragem fácil. Jason é um. *Potrão.* Potrar é o verbo do potro, vem do português ilógico. *Potrar* (potro + correr pelo ar) *VTD* (verbo transitivo direto). Significados conhecidos. Um: humilhar-se a troco de beijos e/ou carícias da Égua Mestra. Outro: Rebaixar, rastejar, implorar por atenção da Égua Mestra.

E não acaba por aí. Tem mais: Desprezar amigos e pagar a conta da Égua em troca de possível relação carnal. E ainda: Submeter o corpo aos caprichos da Égua, o que inclui carregá-la nas costas, esperar na porta do banheiro e segurar lugar na fila pra pagar a comanda. *Potrar não é legal.* Voz: *Tá, vamos terminar por hoje.* (A boate terminou.) Ruiva te odeia, foi embora. *Tadinha, tão legal. Tudo não passou de mal-entendido, mas ela não vai entender.* Uma vez na fase da Elefanta, a mulher só sabe pisar forte e sair arrastando as coisas pelo caminho.

Então vocês voltam a pé. Leo está sujo, babado e molhado, batendo queixo. Você está limpo, molhado e batendo queixo. Seu Buneco está sujo, babado, molhado, sangrando e batendo queixo. Jason foi à frente com o Freddie, vocês odeiam o Jason. Só por hoje. Amanhã à tarde o ódio termina. Jason e Freddie estão limpos e não batem queixo. Revendo os acontecimentos das últimas horas: Seu Buneco sofre de Corpo Quente. É beber que o corpo esquenta. Claro, por isso se chama Corpo Quente. Leo é o Leo, tem leuzice, doença gravíssima que afeta todas as regiões cerebrais e espirituais.

Leo e Buneco beberam muito. Buneco ficou quente e Leo o jogou dentro do freezer de cerveja do bar da boate. Ninguém sabe como. Leo tem superpoderes. A agitação começou assim. Pau quebrou. Garçons socaram o Seu Buneco tanto que ele entrou em torpor benigno no freezer. O torpor foi tão benigno que nem sentiu os golpes. O gelo anestesiou o corpo. Ficou parecendo anestesia de dentista corporal. Isso fez os garçons baterem mais. O público começou a fazer apostas. No fim, Seu Buneco ganhou dinheiro das apostas. "Leo, ficar submerso no gelo tem a vantagem de insensibilidade à dor".

48

Balada finalizada

Voltaram pra casa molhados; tirar o Buneco do freezer foi gelado. *Foi. Avancemos no tempo.* (Dias se passaram.) Você acorda. Freddie conversa com uma mulher na cozinha. Estão mexendo numa papelada e fazendo contas. Você está de pijama com estampa dos *Thundercats*; tampando seu membro tem a Espada Justiceira encolhida. *Espada Justiceira é a espada do Lion, chefe dos Thundercats.* Atrás, na bunda, o Thundertank protege o meio das nádegas. *Thundertank é o carro dos Thundercats.* Você adora *Thundercats.* Você entra na cozinha e vê a mulher. A Espada Justiceira começa a crescer. *Thunder! Thunder! Thundercats!* (Foco! Inspira e expira!)

A espada do Lion, o chefe dos *Thundercats*, é pequena, parece faquinha; mas quando ele grita "Thunder! Thunder! Thundercats!" ela cresce e fica mais grossa. Vira espada larga e comprida. *Arquivo Punheta.* Voz: *Agora não! Não é o momento. Estão te olhando.* A espada na estampa do seu pijama diminui, volta ao repouso; você fica sem graça, sai da cozinha correndo. Veste calça e camisa e volta pra cozinha. A Espada Justiceira agora repousando. Seu Thundertank estacionado. Você se senta e prepara leite gelado com Toddy (a única bebida na mesa). Freddie faz as apresentações: "Essa é Luana, minha colaboradora".

Você: *Como? Luana?* Freddie: "Seguidora do Ioga Astral. Formada em Administração. Está me ajudando a administrar os papéis da franquia. A coisa está indo bem". Luana é interessante. *Linda e inteligente.* Você voltaria da ilha pra ficar com ela. Você daria três dedos pra ficar com ela. *Dedos do pé esquerdo. Os últimos três, que não fariam falta na hora de andar de patins.* Você não anda de patins. *Mas nunca se sabe quando vai precisar andar.* Luana usa aliança dourada, maior que o anel do *Senhor dos Anéis*. Bonitas ou namoram ou são casadas ou não te dão bola.

Que bom, Freddie. Fico feliz em ver o sucesso do empreendimento. Empreendimento. A coisa subiu de categoria. *Agora é empreendimento.* Freddie anuncia: "Contratei o Leo, ele te contou?". Chuva de merda chegando. Você se espanta: *Contratou pra quê?* Freddie revida: "Vou usar o projeto Frank. Protótipo Puro, PP. Elo perdido entre carne e espírito. Usaremos a Mulher Frank pra receber a Consciência do Cosmo". *Ah sei, entendi. Bacana, Freddie, nossa.* Voz: *Que porra seria isso? Você não aguenta mais tanta loucura. E agora o Freddie traz a Luana pra casa?* Você nunca mais terá paz. Nunca mais mesmo. *Jesus salva!*

Luana Ford é o nome da moça. Pensamento observador: *Parece modelo de agência internacional.* Sem falar no poder de atração, no charme e na sensualidade que ela tá derramando pelo ambiente. Também chamado de sex appeal. Arquivo Punheta. Freddie explica todo o plano cósmico envolvendo o Projeto Frank. Freddie vai comprar a mulher retalho do Leo pra receber o espírito do cosmo. "Isso mesmo, Larry". Você sabe que falam sério. A Luana nem olha pra você, só olha pro Freddie. Ela concorda com tudo que ele fala. Como se Freddie fosse palestrante com doutorado em Projeto Frank, formado em Harvard.

Seria tipo Doutor Freddie Mercury, *Ph.D.* em Projeto Frank com Introdução da Consciência Cósmica. Você não está triste pelo Projeto Frank, não pelo sucesso do empreendimento; você está triste porque a Luana não te deu bola. Isso te deixa deprimido. *Paz de Cristo!* Aí Freddie te traz pra realidade: "Ei, Larry! Larry! Pare de surrealismo, interaja conosco. Olhe aqui, trouxemos isto pra você", ele te mostra uma pulseira de cordinha. Aquelas cheias de cabelinhos que irritam a pele quando sua o antebraço ou quando molha. Você estranha: *Pra que isso, amigo?* Mas é a Luana quem responde: "Uma pulseirinha antipunheta".

"Artefato antipunheta, Larry", Freddie te entrega a pulseira de cordinha antipunheta na frente da Luana Ford. A Ritinha tá do lado pulando na sua coxa. Leo chega pra se juntar ao grupo. *Piedade. Piedade de nós*, você não consegue responder nada. Você não está mais na cozinha. Surrealismo. Viagem mental. Você pega a pulseirinha e de repente ela cresce e vira laço mágico igual ao da Mulher-Maravilha. Com o laço mágico você laçou um cometa que passava próximo à Terra. Com uma mão você segura o laço enlaçado no cometa e a outra mão você pega na mão da Luana.

Vocês dois somem pelo espaço. Você voando pelo espaço, abraçado à Luana Ford, segurando artefato antipunheta mágico, que está presa num cometa. Chegam a Saturno. Você quer dar algo pra Luana. A Luana usa anel dourado do *Senhor dos Anéis*. Mas você quer dar os anéis de Saturno pra ela. *Os anéis de Saturno são melhores do que anéis de compromisso*, você explica. Ela concorda. Fica comovida. Apaixona-se por você. Vocês se casam e vivem felizes pelo espaço, visitando planetas e tomando café no Asteroide B612 com o Pequeno Príncipe. Luana Ford, sex appeal, é sua Pequena Rainha no espaço.

Vocês estão felizes. Você não quer acordar. Você quer ficar aqui no Asteroide B612 com a Pequena Rainha mais o Pequeno Príncipe. Se a Luana é Rainha, ela pode adotar o Pequeno Príncipe. *Aí sim ele seria Príncipe de verdade, pois terá mãe Rainha.* "Oi? Entendeu? Ou quer que repita?", Freddie pergunta, está ao seu lado, sacudindo você pelo ombro, "Larry?". *Hãn? O quê? Pequena Rainha?*, você está de boca aberta, babando. Leite pingando do queixo. A Ritinha no seu colo lambendo o leite pingado na coxa. A Pequena Rainha Luana faz cara de nojo e sai de cena. *Pronto*.

Mais uma que te odeia. Os anéis de Saturno acabam de ser desintegrados. A Pequena Rainha some do Arquivo Punheta. O Pequeno Príncipe acaba de ficar órfão de mãe adotiva que nunca teve. Você suspira lentamente e pede: *Explique de novo, Freddie. Não ouvi nada.* Voz: *Thunder! Thunder! Thundercats! Hooo!* Você acompanha a bunda da Luana enquanto ela sai da cozinha. (Foco!) Freddie assevera: "Estamos preocupados com você". *Estamos, Freddie?*, você se assusta. "Estamos preocupados" é algo preocupante em se ouvir. Freddie ameniza: "Sim, Larry. Eu, Leo e a Ritinha". (Se o Leo está preocupado com você, você tá ferrado.)

49

Se ferrou

"Verdade, meu filho", Leo passa a mão na sua cabeça, igual pai ao dar sermão, "você tirou cem reais da poupança da Ritinha e até hoje não devolveu. Você tá bem distante esses dias. Ontem mesmo me perguntou qual o sobrenome do Clark". (Você esqueceu o sobrenome do Clark!) O Super-Homem. *Clark Kent*. Seu herói quase predileto. Leo tem razão, você está com problemas. Voz: *Alguns problemas a mais*. Ninguém esquece o sobrenome do Clark. A Ritinha está mordendo seu dedão. Ela faz isso quando fica estressada. Parece que ela é sensitiva. Sabe o que se passa com o dono.

"Ontem você falou enquanto dormia", Freddie completou, "eu ouvi tudo. No sonho você era o Lion e obrigava a Cheetara a chupar a Espada Justiceira". Nessa hora todos fizeram silêncio e Ritinha miou. Você é doente, seus amigos sabem disso. Cheetara é uma mulher nos *Thundercats*. Não mulher-mulher, mas mulher-felino. Você começou a história doente, agora está mais doente ainda. Doente ao cubo. [Doente³] ESCS agora está na categoria 6. De 4 pulou pra 6. Você se lembra do gráfico no livro do médico. Livro de Medicina Esquizofrênica. A área abaixo do gráfico está aumentando. Você está piorando pra valer.

Freddie estufou o peito, endireitou o corpo e exigiu, catedrático: "Larry, ou você namora ou vamos interná-lo!". *É. Fó-de-u*, você pensa. Aí Leo se alegra: "Ei, Larry, a pulseira foi ideia minha, sabia? Ela vai ajudá-lo a parar de se desgastar. Sempre que for tocar o membro em busca de prazer, a pulseirinha te lembrará pra parar e contar até dez". Freddie completa: "E eu fiz prece criadora nela, está magnetizada". *Prece?* (Mais viagem do Freddie.) Assim, seus amigos te entregam uma pulseira antipunheta. Quando der vontade, tem que parar e contar até dez, só isso. *Pulseira mágica? Quero paz.*

"Seus problemas se acabaram com prece, mágica e magnetismo", todos falam. Você olha pra Luana, pensa no que ela pensa sobre você; e você só consegue pensar que ela pensa coisa ruim sobre você. Então você termina o café e levanta pra ir à praia. (Estamos num domingo.) *Leo, praia? Tá calor, tem bastante mulher lá, vamos?* "Larry! O que acabamos de te falar?", Freddie está atento, te vigiando. (Foco! Mantenha o foco!) A pulseira coça o antebraço, já incomodando. Você: *É. Entendi. Então vamos à praia pra magnetizar mais a pulseira, concorda? Buscar paz de espírito, isso pode, né?*

"Aí sim. Isso sim. Irei com você", Leo se alegra. Domingo. Mar. Calor. Praia. "Combinação para aglomerados de coxas ao óleo, vaginas ao sol, nádegas à milanesa". Leo ao seu lado. Luana bem visível dentro de casa. Pulseira antipunheta coçando. Você sai de casa já contando: 1, 2, 3, 4, 5, 6, 7, 8, 9, 10. 1, 2, 3... Praia lotada. Vocês chegam à Ipanema. Resolveram mudar, deixam Copacabana e vão pra Ipanema. Vocês estão arrumando um canto qualquer. Tem Massaranduba pra todo lado. *Só cara grande de sunga e tênis.* Arnolds e Sylvesteres; Schwarzenegger e Stallone, respectivamente. #sunga #tênis.

"Meninas, Larry, que tanto delas. Contemple!". Vinicius falava: "Só moça do corpo dourado, do sol de Ipanema, o seu balançado é mais que um poema, é a coisa mais linda que eu já vi passar". Disse ainda: "Olha que coisa mais linda, mais cheia de graça, é ela menina, que vem e que passa num doce balanço a caminho do mar". Vinicius é aquele, de Moraes. Leo fala cantando: "Escuta: se elas soubessem, que quando elas passam, meu corpo inteirinho se enche de massa e fica bem vivo, por causa do ardor. Por causa do ardor! Por causa do ardor".

Ele prossegue, ainda cantando no ritmo do Vinicius: "Moça do anticorpo adequado, do colesterol com problema, o seu namorado é outro problema, é a cueca mais imunda que vai passar. E meu corpo se enche de massa". (Sorte sua que não está ouvindo o Leo cantar.) Você não está ouvindo nada. Nem as ondas. Só ouve a Voz: *Tem mulher de fio dental pra todo lado.* Você desativou quatro dos sentidos pra potencializar um. O único sentido ligado:

visão. Visão de Raio X. Você é o Super-Homem, dá zoom no fio dental ao redor. Porém, você já escovou os dentes.

Até fez bocejo com Cepacol e passou fio dental. Mas vem pra praia e encontra mais fio dental. Voz: *Olhe!* No Rio, dentista tem pouco trabalho. Aqui se usa muito o fio dental. *Todo mundo sabe escovar os dentes, fio dental é item diário.* O tempo passa, a canção do Leo termina. Aí ele começa com o papo aleatório: "Larry, reparou no cotovelo da Luana? O cotovelo mais lindo que eu já vi". Você responde tristemente: *Reparei sim, valeu por me lembrar. 1, 2, 3...* Leo deveria ajudar, não atrapalhar. "Larry? Joelho! O joelho. Devemos ficar atentos ao joelho. Joelho".

"Depois do cotovelo vem o joelho. E na praia, o que mais fica à mostra são joelhos. Elas deitam e ficam com ele pra cima. Posição mais confortável pras costas. Deitar com perna esticada na areia força a lombar. Assim dobram os joelhos. Repare em volta. Também, com o joelho erguido, protegem a vagina do sol direto. Sabia que se deve passar protetor facial na região? Só depiladas, eu falo. Com cabelo não precisa. O próprio pelo protege, tipo armadura. Igual barba. Homem com barba não precisa se preocupar em passar protetor nas bochechas". Leo começa com ensinamentos. Nunca para.

Não para mesmo: "Mulheres deviam parar de comprar protetor facial, assim teriam que deixar o cabelo da entrecoxa proliferar. Será que a Ellen se depila? E a Luana? Sasha me disse que não. 'É peludinha igual a ursinho carinhoso', ela disse. Lembra do desenho? Sasha, que gracinha. Larry, te contei que vi a Lingi-Lingi ontem?". Pensamento: *1, 2, 3...* Você está na praia de Ipanema. Por todo lado tem cariocas de fio dental. Elas deitam e dobram o joelho. *Leo é observador.* Sol está forte. *Será que passaram protetor facial vaginal?* E o Leo não para de falar, parece maritaca.

50

Protetor vaginal

Você pensa vagina porque é a palavra mais honrada em dizer. Diferente de pau e pênis. Pênis é feio. Membro é melhor. Falo é estranho. *Já vagina é bonita.* Melhor do que perereca ou outras coisas mais rústicas. Segundo o Grota, deve-se dizer frente e verso. O item antipunheta está irritando seu pulso. *Calor e areia ardem a pele.* A pulseirinha é incômoda. Você escuta o Leo falar as coisas dele. Você canta a musiquinha dele na cabeça: *Moça do anticorpo adequado, do colesterol com problema, o seu namorado é outro problema... é outro problema...* Leo tem inúmeros conhecimentos pornográficos.

Leo discute os conhecimentos besteirísticos com o porteiro da madrugada, Porteiro Grota. Leo é estranho; o Grota também. E você dá atenção pra tudo que eles falam. Arquivo Aleatório. Arquivo Pornógrafo. Então você fecha os olhos, inspira e conta até o infinito. Vai contando. Sem parar. Surrealismo. Você está num deserto quente, escaldante. *Mad Max.* Tem feridas por todo o corpo. Coberto de sal grosso. Tem uma marreta nas mãos e dá marretada num bloco rochoso. Você trabalha numa empresa de brita. Você quebra a pedra e faz brita. Mente em paz. Não pensa em nada. *Sem vozes. Estou feliz.*

Só na brita e na marreta. Você está velhinho. Morrendo. Você passou a vida no deserto do *Mad Max* dando marretada. Você está morrendo. Você morre feliz. Alcança a paz no deserto; corpo ferido, ardendo. *Paz! Maravilha.* Tudo seria tão mais fácil assim. "Ei, Larry. Lembre-se da pulseira, hein? Nada de pensamentos eróticos. Estamos de olho em você". *Aaaah*, 1, 2, 3... Sua sorte é ter videogame em casa. 4, 5, 6... Arquivo punheta. 7, 8, 9... Praia é ambiente nocivo pra você, insalubre. 10. 1, 2... Você quer ir embora. *Vamos embora, Leo?* "Vamos". (Voltam.) República. (Almoça, deita, dorme.)

"Se o sol fosse trono e o universo Reino, quem reinaria?", você está diante do Tribuanal da Inquisição Galáctica. Homens de preto, colossais, apontam, enquanto você se prostra diante dos planetas. Você está sem o laço mágico da Mulher-Maravilha. Está sozinho enfrentando o Tribuanal. São dois inquisidores. "Eu sou o Tribu", um deles fala. "E eu sou o Anal", o outro completa. Tribuanal é apertado, não deixa brecha, tem que entrar e sair com cuidado, esfregando. O Tribuanal é acirrado, muito acirrado e estreito. "Responda!", eles exigem. Tribuanal detona: "Se o sol fosse trono e o universo reino, quem reinaria?".

Você foi pego pelo esquadrão Julgamento Antipunheta. Você tentou contar até dez, fez flexões, bebeu xarope, jogou videogame, correu na praia, tomou banho gelado. Era tão simples. *Só contar até dez.* Tribuanal inquire: "Onde está a pulseira magnetizada?". Você olha pro seu pulso. A pulseira não está com você. "Se o sol fosse trono e o universo reino, quem reinaria?", o Tribuanal é inclemente. Você foi pego no ato. Crime inafiançável. Cadeia. Pedra, cimento e areia. E você nem finalizou a ação. Foi pego com a mão no artigo. Artigo indefinido. Ora mole ora duro. Indefinido. Ora mole ora duro.

"Responda, Taradex! O Tribuanal exige pronunciamento do criminoso! Se o sol fosse trono e o universo reino, quem reinaria?". Então você berra: *Ellen Maravilha!*, e desperta do pesadelo. Suando. Molhado. Tremendo. "Misericórdia, homem *of the sky*. Que isso, gente?", Leo entra no quarto correndo, "quer nos matar de susto?". Você está mais perturbado. Tenta se defender: *A Ellen tá me consumido. Vou ligar pra ela, Leo. Não aguento.* Leo consola: "Vai quebrar a cara. Ela não faz mais sexo. Nem se masturba. Freddie tá acabando com as mulheres, sabia? Se essa moda de Ioga Astral pegar, ninguém mais vai transar".

Freddie começou a doutrinar que sexo é desperdício de energia. "Devemos cortar o sexo", ele tá pregando. Ellen é fiel ao Mestre Freddie. Tudo que ele fala ela faz: "Cortar sexo!". Leo: "O Freddie vai destruir a humanidade. Ele é o agente do Apocalipse. Ninguém mais vai transar nem procriar". *Merda!* Leo tá certo. Você se desespera. O grupo do Freddie está com mais de cem pessoas. Oitenta mulheres. O resto é indefinido. *Oitenta mulheres a menos no mercado.* Luana Ford e Ellen Maravilha estão no meio. Três meses e o ioga do Freddie conta com mais de cem pessoas.

"Cem pessoas que pararam de transar para ouvir Freddie falar coisas das estrelas". O tempo passa. (Estamos noutro domingo.) Leo: "Tenho uma ideia. Posso te ajudar. Mas vou querer uma coisa". Voz orienta: *É melhor ouvir.* Você ouve o plano do Leo e logo quer executá-lo. (Executando o plano.) Você vai ao Freddie e suplica: *Freddie, você precisa me ajudar. Pelo amor de Buda!* Vocês passaram o fim de semana na Nossa República. Jason e Seu Buneco também, eles aderiram aos ensinamentos do Freddie. Luana passou o fim de semana na república também; Leo passou no banheiro, pensando na Luana.

Ainda estamos no domingo e você continua implorando ajuda ao Freddie (tudo parte do plano): *Hein? Vai me ajudar? Leo, explique a coisa pra ele, vem aqui.* Leo entra em cena se fazendo de bobo. Tudo faz parte do plano. Leo pensou em algo para te ajudar com a Ellen, a mulher mais linda do mundo até este momento presente. *A Rainha do Universo.* O plano, bem simples, foi criar um arquivo com ensinamentos alternativos de um guru japonês qualquer, que prega sexo como alívio de pressão para mente em puro estado de paz, e disseminá-lo na internet. Coisa trivial.

"Isso, Freddie. Quando se atinge a paz", Leo discursa, "o corpo libera hormônios que induzem ao estado de latência benigna. O acúmulo desse hormônio gera desconforto, que acarreta em elevação da pressão intracraniana, causando explosão craniana de dentro para fora. O tratamento, segundo o guru que conheci na net, é o sexo libertador. A pessoa deve se doar ao parceiro e deixar o hormônio fluir pelo sêmen", Leo tem o dom da falcatrua: muita bobagem com seriedade. Até você acreditou: *Eu acredito.* Na verdade acredita mesmo. Está achando que Leo fala a verdade. Até tá rezando em nome do Guru.

51

Siga: @gurugoku

Freddie murmura: "Achei interessante. Você tem o arquivo pra me mostrar?". "Claro, imprimi pra você. Peraí", Leo vai ao quarto e volta com um maço de A4 grampeado. Tudo bem-feito. Texto formatado, gráficos, imagens, até referências. Tem citações falsas de pessoas falsas que deram o depoimento falso pro guru falso. Leo é muito bom na arte da falcatrua. Leo tem doutorado. Engenharia mecânica. Trabalhava pra Petrobras. Alto cargo. Ganhava muito bem. Petrobras fez de tudo pra mantê-lo no trabalho. Mas ele queria se dedicar ao Experimento Frank. Sua mulher virtual falou mais alto do que o alto salário na Petrobras.

O apartamento da Nossa República é dos pais dele. Não cobram aluguel. Na verdade a república não gera gastos. Leo usou o acerto da Petrobras pra pagar tudo. Gás, luz, padaria, condomínio. Só não pagou internet. Ele não gosta das operadoras. "Internet precária", ele fala. Diz que depois da Mulher Frank vai trabalhar num conversor de sinal que usa o sinal ruim das operadoras pra transformá-lo em sinal bom. A internet vocês usam do vizinho. Com o restante do dinheiro comprou Playstation e muitos jogos. Além de filmes. "Tudo original!". Nossa República tem mais filmes do que locadoras de filmes.

"Mas ainda sobrou um dinheirinho". Com esse restinho pagou dois malucos pra escalar a fachada do Edifício Gontijo, da Bruxa, e entrar na casa da vizinha mais linda de todas as vizinhanças possíveis dentro da relação social de pessoas. "Você sabe, Larry, o que seria da sociedade sem pessoas?". Leo pagou pra invadirem o apartamento da moça e roubarem emprestado fotos. Os malucos foram e fizeram. É a história do andaime. Custou caro ao Leo. A vizinha descobriu e Leo foi preso. Até apanhou. Os malucos não receberam e Leo não viu as fotos. "Sacanagem, né? Tanto trabalho pra nada".

Com o dinheiro que pagaria os instrusos, Leo teve que dar entrada num empréstimo e pagar a obra da construtora que reformou a fachada do Edifício Gontijo. Reformaram tudo. Tiraram a *Art Déco* e fizeram arquitetura moderna, *clean*. "Pra evitar casos semelhantes", sentenciou o juiz. A vizinha até hoje odeia o Leo. O juiz ordenou afastamento de segurança seguro entre ambos, Leo e a moça. Carolina. Olhos verdes parecendo gato siamês. Aqueles gatos de raça. Alta elite da raça. E como bela gata, a moça arranha bastante. Leo nem pode passar perto que lá vem unhada. (Freddie fez leitura dinâmica.)

"Que material bom. Onde você achou, Leo?". *Freddie foi fisgado*. Ele gostou mesmo do material que Leo criou em uma hora. Leo digitou tudo em uma hora, buscou imagens e gráficos no Google, salvou no pendrive e imprimiu no computador do porteiro. O porteiro de domingo é gente boa, não é o Grota, mas é gente boa também; ele não manda multa pra vocês. *Só os de sexta que mandam*. Com o dossiê do Gurugoku em mãos, Freddie começou a dar sinais de colaborar com você. Você estava com dedos cruzados, orando ao Gurugoku. Voz: *Fique firme, ele logo cederá!*

Leo responde ao Freddie: "Achei num perfil do Instagram. Gurugoku, um mestre japonês. Depois te mostro". "Quero conhecer esse Gurugoku". *Ah tá, lindo. Mas e aí, Freddie. Vai me ajudar? Não quero explodir a cabeça de dentro pra fora.* "Espere, Larry. Deixe eu ler novamente", Freddie refuta pensativo. Então você e o Leo sentam pra jogar Playstation enquanto o Freddie estuda o material. Você ainda rezando: *Lorde Gurugoku, onde o senhor estiver, please! Me ajude. Prometo ser bom rapaz e tirar o lixo somente nos dias em que o caminhão de lixo passa.* (Você realmente acredita nas histórias do Leo.)

O tempo passando. Tique-taque. Vocês continuam jogando videogame e esperando a leitura do Freddie. Tudo isso só pra você sair com a Ellen Maravilha. Voz: *É coisa de doente mesmo. Doente das cabeças.* Leo comenta distraidamente em meio à partida de *Street Fighter*: "Você é muito doente, Larry". *Eu, né?*, você replica distraidamente, soltando um *hadouken*. Street

Fighter é jogo de luta. A mesma coisa que UFC, porém bem diferente. Imagine uma partida do Belfort contra o Anderson Silva. De repente, ambos começam a soltar poderes. *Aí seria UFC Street Fighter, que é diferente, mas igual.* (No Youtube tem vídeos.)

"Terminei", Freddie chega. Leu tudo. "Muito interessante. A linha do Gurugoku é semelhante à minha. Até parece que ele me conhece. Tem muita coisa que é pensamento meu aqui". Aí você pensa: *Porra, Leo! Você copiou as maluquices do Freddie?* Freddie prossegue: "Em contrapartida, os elementos abstrativos que divergem da minha doutrina são geniais. Gurugoku é iluminado. Eu diria, um Buda moderno". Pensamento: *Porra, Leo! Você acaba de enlouquecer mais o nosso amigo?* E agora é você falando: *Tá certo, Freddie. Lindo isso tudo, Buda do Facebook, mensageiro do Twitter. Mas resolve logo. Vai me ajudar sim ou não, hein?*

"Larry, você quer que eu use a doutrina do mestre Gurugoku nos cultos pra orientar a Ellen a escolher você como parceiro, pois tem medo de estourar o crânio?". Antes de você responder, Leo avança: "Não, Freddie, é pra você parar de falar pra ela parar de fazer sexo. Deixe as vaginas terem livre-arbítrio, uma vez abertas, não há força na Terra que as feche. Por isso o hímen não se regenera". Você: *Freddie, é simples, homem, pelo amor de Deus, de Buda, da Madre Teresa, do Gurugoku. Cara é o seguinte: sugira à Ellen pra voltar a transar. Pronto.*

(Mais um salto no tempo.) Avançando no tempo. (Avança!) Seis meses depois. Passaram-se seis meses desde o dia que você viu a Sasha. Sua vó chegou de viagem, estava em Londres, resolvendo coisas da herança. Acharam brecha na papelada pra tirar o Ex do nome e resgatar a herança. Vovó disse que agora terá tempo pra te ajudar. Sua avó de noventa anos, usuária de cem camisinhas por mês, vai ajudá-lo. Sua psicóloga, ex-namorada, atual bissexual, Mônica, viajou com a namorada. Mari, a amiga da escola que você transa em comunismo com o marido, viajou com o marido. Pensamento: *Sobrei.*

52

Sobrou mesmo

Verão chegando. Agora o Rio esquenta de verdade. Seu corpo vai ferver de verdade e você não tem ninguém pra esfriá-lo. Jason arrumou emprego na banda pro Seu Buneco; viajaram pra São Paulo. Festival de Rock. Jason e Seu Buneco no meio de rockeiras tatuadas sensuais com piercings. Buneco sofre de Corpo Quente e o verão está chegando. Leo continua trabalhando no modelo da Mulher Frank, porém se deparou com sério bloqueio criativo: "Sem você sair de casa, Larry, não tenho mulher pra tirar foto". A maioria das fotos que ele tira é das suas mulheres, que não são suas.

A boca da Sasha, a bunda da Ellen, a mão da Mari. Até agora é só isso. Você não pega muita mulher. Mas tá sempre transando. Transando com a Mari. Contudo, passou os últimos seis meses sem. Há seis meses jogando todos os jogos do Playstation 2, 3 e 4, e assistindo aos filmes do Leo. Desde que a Mari adoeceu e tirou licença, você não teve mais ninguém pra sair. *Nenhum rolinho.* Mari ficou doente. A mãe dela veio pro Rio pra ajudá-la. Você não pôde nem visitá-la. *O marido coleciona armas pesadas, Leo, não posso ir lá, entendeu?*

Você já assistiu aos extras do *Senhor dos Anéis*, e todo extra de todo DVD que tem em casa. Também parou de transar porque o Freddie mandou. Faz parte do acordo pra pegar a Rainha do Universo, Ellen Maravilha. Freddie pediu a você pra provar lealdade: "Só assim pra ficar com ela. Provando lealdade!". Ele declarou: "Se ficar seis meses sem sair com ninguém, instruo lady Ellen a pegar você, Larry. Mas ela está mudada. Você terá que levá-la a sério. Ah! Sem se masturbar também. Coito manual é traição perante a musa inspiradora". *Hã? Seis meses sem handjob?* "Isso".

Freddie foi enfático: "Seis meses! Sem sexo, sem *masturbation*". Sorte, ou azar, foi a Mari ter pedido licença nesse período. *Ela adoeceu em boa hora. Porque você não resistiria ficar sem vê-la. Seis meses sem Mari?* Pra vocês pararem de se ver, só com ela doente, de cama, com a mãe do lado mais a coleção de armamento pesado do marido. Isso porque você e o marido vivem num comunismo sexual com o corpo dela, tipo: *Tudo dela é tudo nosso.* No universo reinado pela Rainha Ellen, Mari seria a Rainha do Mundo Alternativo. Tipo *Xuxa contra o Baixo Astral*.

Mari moraria noutra ponta da galáxia e reinaria o lado Negro do Sexo. Darth Vader mulher. Você gosta muito da Mari e está apaixonado pela Ellen. Hoje é sexta, dia de ficar em casa. Dia do tédio. *Ativar hibernação.* Você e o Leo estão na sacada vendo cariocas lá embaixo correndo na orla. Corrida noturna. O único problema é que nessa hora elas correm de calça e blusa longa. "Bom é de dia, Larry, que tá quente e elas correm de shortinho e *top*". Você chora: *Mas nada disso importa. Não vou transar nem me masturbar por seis meses. Foda.*

Leo pensa, por fim começa: "O jeito é planejar nossa sexta. O que faremos? Playstation ou Imagem e Ação?". Você responde: *Playstation*. Leo prossegue na garimpagem: "Playstation ou Estudo de Super-herói?". Você sussurra sem emoção: *Playstation*. Ele dá opções, você tria. Ele: "Filme ou Playstation?". *Filme*. "*Matrix* ou *Star Wars*?". *Matrix*. Então ele fecha: "Beleza. Noite *Matrix*. Agora Alimentação. Vamos lá: pizza ou parmegiana?". Você: *Pizza*. Ele: "Frango com catupiry ou Quatro-queijos?". *Frango*. "OK. Bebida: Fanta ou Coca?". *Coca*. "Zero ou Normal?". *Normal*. Ele anota tudo na mente: "Então teremos *Matrix*, pizza de frango com catupiry, Coca-Cola e internet emprestada".

"Tá vendo, Larry? Nessas horas é bom ser pega-nada". *É, deve ser*, você tá bem triste. Ficar em casa comendo pizza e bebendo Coca é melhor que sair e conhecer mulheres. *Hã?* A noite começa. O interfone chama. Freddie atende. É a Luana. Luana sobe. Interfone chama. Luana atende. É seu Primo. Primo sobe. Interfone toca. Seu Primo atende. É sua avó. Vovó Sex sobe. O interfone chama. Vovó Sex atende. É a Ellen. Ellen sobe. O interfone toca. Ninguém atende. Interfone toca. Ninguém atende. Ritinha late.

Alguém sobe. A campainha toca. Ritinha late. Ninguém atende. Alguém chuta a porta.

Ritinha late. A porta treme toda. Alguém chuta mais. Leo levanta do sofá e atende. "Merda. O porteiro. A multa chegou!", Leo grita lá da porta. Hoje é sexta, a multa chegou com antecedência. *Melhor chegar logo a viver na ansiedade, né, Ritinha?* "Au!". Hoje tem Enem de ioga. Freddie criou um teste. Enem de ioga. Teste sobre o ioga do Freddie. "Quem tirar acima de 70%, poderá lecionar o ioga em outras praias ou abrir franquias. Dá na mesma". Freddie precisa aliviar os cultos. Já são mais de mil adeptos. A coisa está crescendo. *A coisa tá crescendo. Endurecendo.*

Você olha pra Ellen, pra Luana. A coisa tá crescendo. Voz: *Conte até dez! Foco!* 1, 2, 3... "Que isso, Luzinho?", Vovó Sex chega perguntando, "por que tá suando assim, meu bebê? Tomou seu leite com Toddy gelado? Tá se alimentando bem? Quer sopinha de vegetais?". (Bebê, Luzinho = você.) Vovó entrou pro Ioga Astral, porém não parou de transar. Segue a linha alternativa do Gurugoku. Freddie adaptou a linha do Gurugoku. Agora são duas vertentes de Ioga Astral. Uma: Pode Dar. Outra: Não Pode Dar. Simples, dar ou não dar, eis a questão. Tipo Shakespeare do sexo no ioga.

Ellen tá na dúvida qual escolher. "Dar ou não dar?". Parou de dançar. Largou o Fórum e agora é advogada do Freddie. Freddie entrou na justiça contra a operadora telefônica. Operadora Alô. Ele fazia orientação via *FaceTime*, quando a Alô cortou o sinal de internet. No 0800 da Alô, alegaram que o pacote de dados havia esgotado. Freddie não usa pacote de dados; usa internet ilimitada. "Minha conta é ilimitada!". A mulher que seguia as orientações pelo *FaceTime* faleceu de susto. Perícia: "Faleceu de susto". Ao cortarem o sinal, a imagem do Freddie ficou no *display* do celular da mulher.

53

Susto mata?

Leo explica tudo: "A mulher viu uma imagem borrada, sofrendo retrocesso temporal. Tipo fantasma emergindo dum buraco negro. Assim foi assustada e morreu de susto". (A mulher era rica.) Na mansão da falecida tem câmeras de segurança que gravam em HD. "Filmaram tudo. O arquivo vazou pro Youtube". O vídeo é autoexplicativo, dá pra entender o desenrolar do caso. Leo narrou alegremente: "Freddie orienta a mulher a entrar em Nirvana. Ela está muito feliz, de repente a Alô corta o sinal. A mulher se desespera e fica olhando pro celular com olhos arregalados, parecendo quem morre no filme O Chamado".

Leo faz referência a O Chamado porque a mulher começou a gritar (a câmera que grava em alta definição grava som em alto timbre também), tudo foi ouvido. "A mulher era rica mesmo, Larry, as câmeras gravam até som de peido sem som, acredita? E ela com os olhos arregalados gritava: 'Samara! Samara! Samara! Vou morrer!' E no display do celular a imagem fantasmagórica do Freddie pulsando". Samara é a menina fantasma do O Chamado. "Essa menina é bem boa, Larry. Tenho DVD estendido com cenas extras". (A menina cresceu. No Google tem imagens dela. Seu Arquivo Punheta também tem.)

A polícia fez o B.O.: "Versão fantasmagórica do rapaz Freddie, oriunda dum buraco negro, matou a mulher rica no *FaceTime*". O B.O. repercutiu e Freddie entrou na justiça, ora, ele foi indiciado pela família da morta. Caso: "Homicídio escrupuloso com toque de crueldade num celular *touchscreen*". Ellen advogou; ganharam de primeira. Um milhão em indenização. Freddie passou pra Luana que investiu no ioga e imóveis. Leo conseguiu, chorando, comprar mais DVDs com parte desse dinheiro. "Freddie começou a ter negócio de sucesso e lucrativo". *Mas claro, ele arrumou mulheres boas e inteligentes pra ajudá-lo, assim todo mundo se dá bem.*

"Por que ele arruma duas mulheres boas no que fazem pra ajudá-lo? E a gente não arruma uma boa pra dar pra gente?". Assim você passa a seguir e ouvir o Freddie. Leo também. Tudo que você faz, Leo vai atrás. Leo é tipo uma Ritinha. Um Ritinho. Leo é o Ritinho 1. (Vocês entraram pro ioga.) Você começou a se sentar ao lado da Ellen durante o culto mediúnico. Freddie disse que: "Só depois de seis meses você poderá tocá-la". Leo te lembrou da dívida entre vocês dois. Ele cobrou algo pra te ajudar a ficar com a Ellen.

"Se o Gurugoku funcionar, Larry, você tem que transar com ela no meu quarto. E eu escondido no armário vendo tudo". Essa foi a condição. E assim se passaram os seis meses. Agora é sexta. Tem Enem de ioga. Exame Neurológico do Ensino Meditativo. Enem. Reconhecido pelo Mistério da Educação (MEC). *A educação no Brasil realmente é Mistério.* "Larry, se passar na prova, você usará o corpo da Ellen", Freddie te falou isso na sexta de manhã. *Usar Ellen!* Desesperadamente, você passou a sexta estudando. Nunca estudou tanto como nesta sexta. Os olhos ficaram fundos, bunda doeu de ficar sentado.

(Um dia de Cu De Ferro!) *E chegou a hora.* Todo mundo chegou e a multa já veio. *Matrix* ficou pra depois. A pizza nem foi pedida. A Coca-Cola voltou pra geladeira. Freddie alertou: "O Enem vai começar". Você se sentou ao lado da Ellen. 1, 2, 3. Seis meses na espera. 4, 5, 6. Sem *handjob*, sem mulher. 7, 8, 9. Você não aguenta mais jogar videogame. 1, 2, 3. "É surreal ficar seis meses sem fazer nada com o órgão, Larry", Leo sussurrou, "causa problemas nos neurônios". Voz: *O dendrito, prolongamento dos neurônios, parece mão cheia de dedos.*

"Na cabeça masculina tem bilhões de mãos transmissoras de informações". Homens têm as mãos cheias de dedos que ficam ao nível do membro. *Só balançar a mão e acertar o falo.* "Neurônios parecem mãos". Você sabe, pois já usou as mãos duma bióloga. Durante o coito, ela, Bióloga, lecionava

Biologia. (É aquela das plantas no quarto, parede molhada.) Você nem imaginava que o corpo pudesse ter tantos nomes, só biólogos sabem de cor. Bióloga: "Na vagina, Larry, dá pra passar dias nomeando as partes". Mãos servem pra pegar e masturbar. *Vem dos neurônios. Eles passam as informações. Tudo culpa deles.*

Dendritos masturbam os neurônios no cérebro. Só pode. "Se for ao neurologista tirar raio X da cabeça, verá mãozinhas se masturbando no cérebro masculino". Você pensa nisso, claro, vive dando ouvido ao Leo. Além de doente é louco em ouvir seu amigo doido. E na loucura, estudou pra prova. Foi fácil tirar 100% no Enem Astral. Leo foi mal. *Interessante. O conteúdo da prova foi tudo coisa que você criou no arquivo do Gurugoku, e mesmo assim você errou, Leo?* "De propósito", ele justificou, "não quero sair daqui. Você leu o edital que o Freddie fez?". Você: *Teve até edital?*

"Sim. Com legislação e orientações pra entrar com recursos. É previsto que quem for bem, será direcionado pra outras cidades. Pra abrir o Ioga Astral por lá. Quem for mal, vai ficar aqui com aulas de reforço com a Luana". Luana Ford, o cotovelo mais lindo que o Leo já viu. Leo está apaixonado por ele, pelo cotovelo. E isso extrapola o amor pra dona do cotovelo. Então: *Leo ama Luana.* Voz: *Tá, e daí?* Daí que você passa no exame. Jason também. Ellen também. Vovó Sex passa também. Seu Primo também. Seu Buneco também. *Espera aí! Todos tiraram setenta?*

"Tiraram, Larry", Freddie respondeu, "a prova era teste psicológico. Todos tiram setenta. Basta responder qualquer coisa. Você tirou cem porque gostei da sua letra. Bem-feita, muito bonitinha". *Mas e o Leo? Tirou menos de 33, como?* Freddie explicou: "Você sabe, o Leo, em qualquer coisa que faz, é sempre além do esperado. Até pra prova que qualquer resposta serve ele vai mal, acredita?". *Coisa entranha essa.* Voz: *Mas não importa. Importante é que o Freddie terá que cumprir a promessa.* Você está há seis meses sem transar esperando a Ellen. Emagreceu, tá com aparência estranha. Pensamento: *Seis meses sem nada...*

54

É hoje!

É hoje, Freddie. Se me enrolar eu te mato, você ameaça de verdade, *homem sem sexo vira arma. Pode matar. Pode esganar. Pode socar até a morte. Pode empurrar alguém da sacada...* Freddie: "Calma, Larry, vai ser hoje". Você está sedento. Sangue nos olhos. A boca espumando. Do corpo brotam bolhas de sal. Os pelos vibrando. Sangue nos olhos. Olhos de guerreiro. Predador. Exterminador. Voz: *Thunder! Thunder! Thundercats!* A Espada Justiceira crescendo. Você ficando tonto. O sangue descendo duma vez. Seis meses sem sangue no membro e você está do lado da Ellen Maravilha. Na Nossa República. No Nosso Sofá.

Ellen está de vestido longo. Pensamento: *Calcinha larga? Tipo fralda? Daquelas estranhas? Parecida com o short do Jaspion?* Ellen mudou muito depois que virou discípula do messias Freddie. Freddie virou Messias do Ioga. Um Mestre dos Magos. O Mestre Yoda do Ioga. Ellen parou de usar as roupas presentes no Arquivo Punheta dos homens punheteiros do mundo: *Calcinha fininha do lado, que se encaixa acima do osso da bacia, aperta a pele e faz marquinha; desce em V no rego e entra em fio dental*. Essa calcinha mata um homem. Se tiver fazendo alguma coisa, tem que parar pra ver.

O cérebro processa várias coisas. Mas masturbação é uma de cada vez. *E agora a Ellen usa uma fralda?* A bunda dela é placa tectônica presa numa fralda. Um animal irracional prestes a ser livre. Fugir. Quebrar as amarras pra ser apalpado. Mordido. Molhado. Lambido. Apertado. Estapeado. Massageado. *Viagem mental*. Você está em qualquer lugar, não importa. A Ellen Maravilha tem cinturinha de pera. Você está debaixo dum pé de pera. Você é Isaac

Newton. Você pensa na gravitação quando uma pera cai na sua cabeça. Uma cinturinha de pera. Um pé de Ellen. Você está no Jardim do Éden.

Abaixo duma árvore do fruto proibido: *Ellen Cinturinha de Pera*. Você é Adão. Deus fala pra você não comer o fruto. *O fruto está maduro, molhado e suculento.* Você está há seis meses sem sexo. *A Ellen está do seu lado.* A mulher mais linda do momento no seu Arquivo Punheta. O fruto proibido. Deus mandou não comer, mas você quer ir pro inferno. *Você quer.* Vai pro inferno. Vai sim. *Vamos pro inferno!*, você urra. "Que isso, Larry? Inferno? O que você tem? Febre?", Ellen estranha, toca sua testa. Você está deitado no sofá. Sozinho com ela. *Corpo Quente.*

Ellen: "Nossa. Tá quente e molhado". Você: *Corpo quente. Molhado e pingando.* Aí o Freddie chega explicando: "Ellen? Todos foram embora. Leo sumiu. Larry está com pressão astral, viu aí? Precisa aliviar. Segundo o Gurugoku, sexo alivia a pressão cerebral. Você é a única que pode ajudá-lo agora que estamos sozinhos em casa, entendeu?". Ela: "Entendi sim, Mestre Freddie. Precisamos ajudar os irmãos do Ioga Astral. Eu ajudo o Larry". Você pensa: *Quê? Fácil assim? Seis meses de espera pra isso? Freddie você me paga!* "Então podem ir pro quarto trabalhar. Quando terminarem, me liguem. Estarei na praia", Freddie sai.

Você puxa a Ellen e corre pro quarto do Leo. É muita loucura. Você passou seis meses na abstinência sexual e punhetal pra isso. Ellen Maravilha. Pêssego. Fruto divino. Rainha do Universo sentada no sol e governando a galáxia. *Agora o Tribuanal se curvará a seus pés*. Você é Rei do Universo. Está prestes a entrar em cópula com a Rainha do Universo. Tudo endurecendo bem, até Ellen falar: "Larry, apague a luz. Pegue um lençol". *Como? Que papo é esse?*, você está no quarto com a Rainha do Universo e ela manda apagar a luz e pegar um lençol.

Ela prossegue: "Vou me deitar. Venha por cima. Use camisinha. Não deixe bolhas de ar. Quando terminar, saia que irei me limpar". *Não! Freddieee!*, você grita na mente. Surrealismo, choque de realidade. Você está numa casa de máquina. Bomba hidráulica com defeito. Som alto. Calor, umidade. A bomba faz barulho. Você é bombeiro hidráulico. Precisa arrumar a bomba. Precisa bombear a água pra cima. Seu chefe está no morro gritando: *Água!*

Água! Água! Bombeie essa porra logo! Sua casa de máquina está com problema. Ellen... Eu... Eu... Não entendi... Bem, não quero entender, sabe? Vamos transar ou fazer ritual satânico?

"Nenhum nem outro, Larry. Apenas usaremos o sexo pra aliviar sua pressão astral. Você usará o atrito da minha carne pra estimular o mal a deixar seu corpo. Chamaremos de esvaziar o saco. Apague a luz e venha. Ó! Sem beijo." ESCS. Você sofre de Ereção Só Com Safadas. Meses atrás você conheceu a Ellen no Fórum. *Era dançarina de pole dance e queria amigo colorido pra testar posições.* Corpo escultural. Aquelas esculturas de Michelangelo. Agora ela virou algo que vira pra você e declara: "Vamos entrar em cópula com a luz apagada. Sem beijo. Papai e mamãe". *Seis meses!*

Bombeie essa porra!, seu chefe grita: *Bombeie essa porra! Bombeie essa porra!* A casa de máquina tá pegando fogo. A água não sai. O cano tá mole. A água não anda pelo cano. *O cano! Bombeia a porra da água! Sem o líquido, o cano murcha!* Você é bombeiro hidráulico. Está sob pressão numa casa de máquina quente, úmida e barulhenta. Água sob pressão. Querendo sair. Irrigar os canos. Canos esponjosos. Corpo cavernoso. Tubo cilíndrico. Pulsante. Seu chefe tá lá em cima gritando. Seu chefe é o Cérebro da operação. Você é o operário, tá com a ferramenta na mão.

Operário com membro na mão. Membro indefinido: ora mole ora duro. O Cérebro exige resposta. Mas o corpo foge da resposta. Você replica a fala da Ellen na mente: *Chamamos de esvaziar o saco. Apague a luz e venha. Ó! Sem beijo.* A frase ecoa na alma. *Chamamos de esvaziar o saco. Apague a luz e venha. Ó! Sem beijo.* Ecos de dor, desespero. *Chamamos de esvaziar o saco. Apague a luz e venha. Ó! Sem beijo.* Seis meses. Famoso nadar e morrer na praia. Você aguentou o Leo e o Freddie por seis meses. Sasha e Ruiva te odeiam.

55

Você morre

A casa está caindo. O Cérebro ordenando: *Bombeie essa coisa logo!* Fogo e umidade. Cano amolecendo. Água sob pressão. Uma panela. O corpo cavernoso precisa ser irrigado. Você deita no chão e começa a mexer na bomba. *Aperta aqui, alarga ali.* Chave de fenda, alicate, martelo, turquesa, furadeira, óleo lubrificante. *Nada.* Nada funciona. A máquina é hermética. Fechada. *Nada entra.* Nada sai. O chefe tá maluco lá em cima. Você tá queimando aqui embaixo. O cano tá secando. A bomba não bombeia. A água não sai. O corpo não enrijece. *Você gosta é de safadas.* O universo entra em colapso.

O mundo acaba. Apocalipse segundo São João: "Ai, ai, ai. Os três ais ecoarão". Arrrggghhh!, você urra, grita, berra. "Gente do céu!", Leo pula do canto. Estava aqui dentro escondido, esperando para ver você a Ellen atuando. "Nossa! Que foi isso?", Esse é o Freddie entrando no quarto. Voz: *Mas Freddie disse que iria à praia. Como chegou tão rápido aqui? Virou ser de luz?* Você: *Freddie, filho da puta! Você destruiu a Ellen. Vou matar você, queimar seus nervos, esticar suas tripas!*, você ameaça, mas não faz nada disso, pois caiu inconsciente com 1/3 do membro nas duas mãos.

Na queda, bateu a cabeça e desmaiou. *Seis meses.* Você teve sonhos eróticos por seis meses com a Ellen, sua atual Rainha do Universo. *A Madame das Estrelas.* A Fabricadora de Desejo Estelar. Voz: *Isso, claro, além de sonhar com a Mari.* Você: *Mari, a principal. É dela que gosto. Queria me acertar com ela.* Voz: *Mas antes era pra acertar a Ellen.* Leo leu seu pensamento: "E o Freddie acabou com tudo. Ellen virou um mostro da castidade". Por isso você desmaiou e entrou em coma. Seus dendritos se fundiram. Você quase morreu. Caiu duro feito pau mole. *Tragédia*.

"Larry? Larry!", Leo correu e segurou sua cabeça. Deu tapinhas no seu rosto: "Oh, meu Deus. Larry morreu!". Freddie fechou a porta. Ritinha arranhou a porta. Ritinha pediu pra entrar: "Au au, au!". Freddie pediu pra sair: "Vou sair, Leo". Leo berrou: "Vai não! Fica aqui e ajuda a Ellen. Vou segurar a cabeça do Larry, senão ela vai quebrar. Ele tá tendo convulsões por sua culpa, Freddie!". Freddie ficou sensibilizado. Ritinha arranhou mais a porta. Vovó Sex gritou do lado de fora. "Deixa eu entrar!". Leo respondeu: "Pode entrar!". Vovó: "Mas se vocês não abrirem, a gente não entra!".

Leo pensou em voz alta: "A gente?", mas deu de ombros, "então tá. Melhor uma cabeça aberta do que uma porta quebrada". Soltou você e correu até a porta. Abriu. Todo mundo caiu duma vez. Jason, Primo, Luana e Vovó Sex. Ritinha foi esperta e passou pulando pelo canto; chegou e começou a lamber sua boca. Ellen Maravilha assustou-se com a situação, ficou no canto com lágrimas aflorando. Você ouviu Leo resmungar: "Ellen, não mais Maravilha, virou chute na virilha". Você ouviu a Vovó censurando: "Que isso, menino? Respeito com a moça". Leo: "Virilha pra não falar chute nos ovos".

Ellen Virilha estava em pé, no canto, em estado catatônico. Olhando e apontando: "A cabeça dele vai estourar de dentro pra fora?". Freddie foi consolá-la: "Calma, lady, tudo faz parte do extravasamento mental, OK?". Leo intercedeu a seu favor: "Tudo faz parte? Freddie, você matou a Mulher-Maravilha e deu um pontapé na virilha de todo homem macho do mundo, e tem a coragem de falar que faz parte? Qual o seu problema?". Vovó Sex ergueu os braços berrando: "Qual o problema eu não sei, nem quero saber, mas meu Luluzinho tá morrendo no chão. Morrendo e segurando a virilha dura".

Vovó Sex: "Como vamos enterrá-lo assim? Onde já se viu um cadáver segurando o membro enrijecido pela falta de sexo?". Você acaba de morrer e sua avó está pensando na forma de encaixotá-lo com ereção reprimida. Luana nem olhou pra você, prestou atenção apenas no Leo: "Se o Larry estava prestes a iniciar a cópula medicinal com a lady, por que você estava junto, Leo Ponto-Final?". "Chique!", Jason comentou. Vovó emendou: "É mesmo". (Sua morte logo perdeu importância.) Mais relevante era a presença do Leo dentro do quarto quando você e Ellen estavam a um membro de iniciar o transamento.

Luana insistiu: "Leo?". Voz: *Luana tá com ciúmes de alguém. Ou ela ama a Ellen ou ama o Leo*. Jason falou: "Chique". Freddie falou: "Explique-se, Leo". Leo encarou todos e respondeu furioso: "Que diabos vocês estão fazendo aqui? Larry e Ellen não estavam sozinhos, Freddie? E aquele papo de que todos foram embora e você iria pra praia?". Agora todos olharam pro Freddie. Vovó esteirou os olhos: "É mesmo, senhor Frederico, que história é essa?". Leo apontou pra Vovó: "A senhora também, Larryna James Sex, era pra senhora ter ido embora". Agora todos os olhos caíram pra cima da Vovó.

Jason: "Chique!". Ellen: "Snif. Snif. Snif". Luana: "Leo estava escondido no canto?". Jason: "Chique". Freddie: "Vamos pra sala". Ritinha: "Au". Você: *Au!* Ritinha se alegra: "Au?". Você: *Não, Ritinha, não falei com você. Meu au foi au de dor, derivado de ai. Au ai. Entendeu?* Ela anuiu: "Au". Todos saíram. Ainda no chão, você ouviu o Leo: "Ei, cadê o Buneco? Sumiu?". Freddie: "Corpo quente. Foi pro mar". Jason: "Chique!". Vovó: "Meu Primo, você não fala nada? Caladinho esse tempo todo". Meu Primo é o apelido amoroso que sua avó chama o seu Primo. (Ele é dela, por isso Meu.)

E até agora não se importaram com sua morte. Voz: *Todos te odeiam. Fique aí. Melhor ir pro Limbo, Umbral, Inferno. Na terra você já era. Todos são traidores. Odeiam nós! Nós odeia eles! Meu precioso!* Você ouve a voz do Sméagol. Sméagol é o Gollum. Gollum é do *Senhor dos Anéis*. Você gosta de *Senhor dos Anéis*. Você murmura: *Leo... Ajuda nós. Morrendo*. Vovó: "Gente, meu bebê! Ninguém vai fazer nada? Meu Primo, chame o resgate!". Primo ligou e falou as primeiras palavras: "Ambulância. Corpo caído... Quê? Duro? Não! Mole. Corpo mole aqui no chão... É... Nossa República. Copacabana".

56

Você vive

Ritinha voltou pra você, veio saltando de lado igual cabrito descendo montanha. "Au!", ela explicou baixinho, "au au". Contou que o Primo Dela, da Vovó, chamara o resgate: "Au?". Você: *Entendi sim, lindinha. Obrigado. Você cuida de nós. Preciosa. Minha preciosa. Tão pretinha, tão brilhante.* Ritinha tem o pelo pretinho brilhante, duro e curto, parece escova de engraxate. Ritinha não deixou que falassem mais da sua morte pelas costas do cadáver. Ficou gritando até entenderem: "Au! Au, au". Leo entendeu: "Gente, Ritinha disse que ele tá vivo", se abaixou e conferiu seu pulso, "tá mesmo. Vivo. Tem sangue nas veias".

Agora Ellen Virilha saiu do transe: "É! Sangue nas veias tem; mas no pau, nenhuma gota". "Chique", Jason falou mansinho. Leo suspirou: "Desse jeito". "Au, au, au", Ritinha te defendeu. Por fim, Leo e Ritinha colocaram ordem na casa. Sua vó ficou segurando sua cabeça e massageando seus olhos. Ellen foi embora, cabisbaixa; Freddie foi junto. Jason ficou na varanda bebendo. Nisso, o porteiro não queria deixar os bombeiros subirem. Queria expedir multa à guarnição. "Pra subir tem multa". (Brigas depois, chamaram a polícia pra defender a saúde do corpo caído.) "Tá bom, vamos subir todos", o porteiro se entregou.

Subiu a guarnição dos Bombeiros, a guarnição da Polícia Militar e o porteiro chato. (O porteiro trouxe a multa.) "Multa", ele entrou declarando. Leo retrucou: "Tá louco? Hoje já é sábado. Passou da hora. Pergunte aos policiais aqui". A militar no comando, Capitã Úrsula Antônia, conferiu as horas no celular e concordou: "Certo. Hoje é sábado". O porteiro deu de ombros: "Tanto faz, capitona, é proibido morrer e ressuscitar aos sábados". "Como é?". "Isso que o senhor ouviu, Leo". "Então se eu assassinar o Larry a multa é cancelada?". O porteiro refletiu: "Hum. Não temos nada contra assassinato no regulamento".

"Então vou resolver isso logo", Leo partiu pra cima de você. Sorte que a Capitã Úrsula estava atenta: "Senhor Leonardo, se o senhor assassinar o morto caído, não expedirei multa, mas terei que levá-lo em cana". Vovó Sex entrou na bagunça: "Para com isso, Leo. Tire dinheiro do cofrinho da Ritinha e pague logo a multa, mas não assassine o Luluzinho. E senhora Capitona, o nome do menino é Leo, não Leonardo". Capitona: "Tanto faz, a cadeia continua se chamando cana". Voz do Sméagol: *E continuam ignorando sua saúde, Precioso. Eles odeia nós. Nós odeia eles. Nós assassinar todos eles.*

Capitona mandou os policiais fazerem roda em volta do corpo. O porteiro foi mantido longe; Ritinha rosnando e atacando o calcanhar exposto do sujeito. "Eu ainda te mato, cachorro", ele sussurrou. "Senhor porteiro chato", Capitona falou sem olhar pra trás, "eu ouvi isso. Se a Rita 5 quiser prestar queixa, terei que levá-lo em cana". Ritinha logo se pronunciou: "Au au!". Leo traduziu: "Senhora capitona, nossa cadela quer prestar queixa sim". Capitona: "Então, porteiro chato, você está preso. Em nome da Rita, o senhor será levado para se tratar na Zoonose. Quanto a você, Leonardo, me chamou de 'nossa cadela'?".

Leo corrigiu: "Não, eu falei: 'capitona vírgula nossa cadela'. Tem uma vírgula na fala que às vezes aparece apenas na parte escrita". Ela: "Não entendi". Vovó: "Senhora Úrsula, vamos tratar o morto antes que ele morra ou deixaremos os vivos viverem em paz pra morrerem algum dia?". Um dos bombeiros respondeu: "Tanto faz, senhora vó. Aqui estão todos vivos", ele se levantou, pegou a bolsa de primeiros socorros e saiu. Ficou só um para trás, anotando os dados da ocorrência com seu Primo. "Fui eu quem ligou, senhor bombeiro, vou te contar tudo". Vovó ajudou seu Primo a se lembrar.

Minutos depois, você estava deitado no Nosso Sofá, no colo da Vovó Sex. Capitona puxou um banquinho e ficou conversando com sua vó. Você girou o pescoço e viu a tarja no peito da policial. Você leu em voz alta: *Caputona*. Ela: "Quê?". Sméagol: *Putona*. Você: *Putona*. Ela: "Que isso?

Louco?". Vovó: "Que feiura é essa, meu filho?". Você, sem jeito, se levantou, ajeitou o cabelo e esfregou a baba: *Caputona*, leu a tarja no peito da capitã. Ela: "Ah, claro. Deixe isso, Vovó, às vezes as pessoas se confundem mesmo. Ela tirou a tarja e mostrou: "Cap. U. Tona".

Capitã Úrsula Antônia, que no resumo prático econômico da tarjeta vira Cap. U. Tona. "Nunca gostei de ser chamada de Tona, mas fazer o que, né?". Caputona se levantou, ajeitou a tarja e levou as mãos ao bolso de trás. A voz na sua cabeça avisou: *Olha isso, Larry, ela é gostosa*. Sméagol: *Capitã preciosa*. Você: *Capitã preciosa*. Vovó: "Minha linda, não ligue pra isso. O menino ficou seis meses sem brincadeiras sexualmente saudáveis. Por isso tá assim, angustiado". A capitã olhou pra você. Você olhou pra ela. Voz: *Ela é linda*. Você pensou: *Nossa, que linda*. Leo entrou: "Boa!".

Vovó: "Boa o quê, Leo?". Leo: "Boa hora pra irem embora e me deixar cuidar do enfermo". Capitã: "Verdade, senhora Larryna. Adorei conhecê-la. Vou ver o que consigo fazer pra ajudar a senhora naquele nosso assuntinho", ela piscou pra vovó. Vovó piscou pra ela. Você viu sua vó piscando pra capitã gostosa que acaba de descobrir que você passou seis meses sem sexo e por isso teve um ataque epilético. Isso tudo se passando dentro da sua casa. Seu lar. *Meu lar, Nossa República devassada*, você ficou triste. Ritinha entrou pra casinha e não saiu mais. Freddie entrou pro quarto.

Capitã foi saindo: "Larry, vou deixar o número do B.O. com você. Se quiser algo, é só usar o número", te entregou um pedaço de papel. Capitã foi embora com Vovó Sex. "Vamos mimir?", Leo fala como se você fosse criança doente. E você responde com voz de criança doente: *Vamos, sim. Caminha*. Você deita. Leo ajeita o edredom sobre você. *Tá quente, papai*, você resmunga. Leo replica: "Fica quietinho, Larry. Deita e dorme. O suor vai filtrar sua pele". Leo sai. Você fica deitado com mais de sete quilos de edredom sobre o tronco. Você sente dificuldade pra respirar.

57

Edredom pesado

O ar entra arranhando o peito. *Corpo mole*, começando a esquentar. *Suor. Filtrar pele*, você fecha os olhos. Tenta dormir. Mas na mente tem diálogos desconexos. Inúmeras vozes conversando. Você corre os olhos de um lado a outro, tentando identificar a origem das falas. Você está no topo de uma colina sobre as nuvens, *Nanga Parbat*, o nono pico mais alto do mundo. Um templo budista. Você é Brad Pitt no *Sete Anos no Tibet*. Você quer se curar. Dalai Lama aparece voando numa nuvem amarela. Dalai Lama vestido de Goku do *Dragon Ball* (mangá que virou *anime*. Desenho japonês).

Goku era criança-macaco. Tinha rabo. Você é uma criança sem rabo. *Ellen foi embora e levou o melhor rabo do presente.* Você não ganhou presente; esperou seis meses e o Freddie, literalmente te fó-dê-u. Você odeia o Freddie. Voz: *Você odeia o Freddie*. Sméagol: *Nós mata Freddie, precioso*. Você se mexe com dificuldade na cama, afasta o peso das cobertas e deita de lado. Na sua frente tem seu armário. O armário é só seu. *Tem um Homem-Aranha pendurado*. Homem-Aranha com o uniforme preto. O uniforme preto do Homem-Aranha preto é vivo. *Alienígena*. Você sabe disso porque gosta de super-heróis.

Super-heróis estão na moda. *Rendem milhões*. Isso você sabe por ler revistas de cinema. Revistas de cinema falam de filmes milionários. *Super-herói é produto milionário*. Você não gosta do Homem de Ferro. *Na verdade eu gosto do Homem de Ferro*. Mas não gosta da exposição que fazem com Robert Downey, Jr. *Estão usando o Homem de Ferro sem o elmo, Leo!*, você brigou quando viu um cartaz do Homem de Ferro sem o elmo. *Tony Stark de traje completo sem o elmo?* Leo explicou: "Fazem isso pra vender o rosto do Robert, Larry". (Tony Stark é o Homem de Ferro.)

"O que está em jogo é a cara do ator. Entende? O Homem de Ferro virou o Robert Downey, Jr. de Ferro. Por isso aparece sem elmo, para comover os fãs. Fazem o mesmo com o Capitão América. Repare que ele aparece quase sempre sem capuz. Por que isso? Pra mostrar o rosto bonito do ator e roubar sussurros das meninas enquanto roubam nosso dinheiro nas bilheterias". Leo tem teoria para tudo. "Com o Thor também". Arquivo Aleatório. Você concorda com ele. Você gosta do Capitão América; mesmo o Chris Evans aparecendo sem capuz. *Mas meu predileto é o Batman.*

Seu sonho é ser o Super-Homem. Batman e Super-Homem são heróis da DC Comics; Thor, Capitão e Homem de Ferro, da Marvel. *DC ou Marvel, não importa.* O que importa é que você está olhando pro Homem-Aranha preto pendurado no seu armário. O alienígena que vira o uniforme preto do Homem-Aranha preto é ser vivo. *Ele domina o Homem-Aranha normal à noite e sai pela cidade fazendo coisas sem o Aranha saber.* Peter Parker é o Homem-Aranha normal. *Chamam o uniforme preto de simbionte.* Na biologia tem simbiose. Associação de dois seres de espécies diferentes na qual há benefícios mútuos.

Simbiose. Famoso 'um sugar o outro'. *Ou troca-troca.* Ou 'é dando que se recebe'. Você sabe disso por ter se associado mutuamente à bióloga por curto espaço de dias. Na simbiose, os seres se comunicam de alguma forma. Você se comunica com a Voz na mente. E agora passou a se comunicar com o Sméagol. Você acaba de virar um simbionte triplo. Na sua cabeça tem você, Voz e Sméagol. Você acaba de descer da Segunda Pessoa do Singular para Segunda Pessoa do Plural. Você vira vocês. Voz: *Você é maluco.* Sméagol: *Meu precioso.* Você: *E eu quero é paz.*

Você não conseguiu dormir. Com esforço conseguiu tirar a armadura de edredom. Levantou e foi pra cozinha. Ritinha não ouviu. Continuou na casinha. Você: *O tique-taque na sala é irritante.* Voz: *Tudo é irritante.* Agora é o momento em que você quer se transformar no Hulk, pular pela janela e esmagar carros pelas ruas. *Seria legal.* Mas ao invés de esmagar carros pelas ruas, vai pra cozinha esmagar laranjas pra fazer suco. A casca libera um caldo chato que irrita o canto da boca; a mão fica cheirando. *Não posso jogar Playstation agora*, você reclama, *preciso passar Leite de Colônia*.

Preciso dormir, porém se lembra do Homem-Aranha no armário. Voz: *Você está com medo de dormir*. Igual ao filme do Freddy Krueger, *A Hora do Pesadelo*. *Freddie!* Você fica nervoso, se lembra do desgraçado. Você odeia o Freddie, não o Krueger; mas o Nosso Freddie. *Miserável*. Você queria trocar o Freddie pelo Freddy Krueger. Voz: *Melhor ter um assassino de crianças de Springwood em casa, a ter um mestre espiritual que mata libido feminina*. Sméagol: *Precioso*. Você: *Me dá sossego*. (Springwood é a cidade onde o Krueger, assassino de crianças, foi queimado por pais vingativos e virou o Freddy Krueger.)

Não posso dormir. Não dormirei. Não posso. Você está em Springwood vivendo *A Hora do Pesadelo*. Em casa já tem um Freddie. *Agora é não dormir pro outro aparecer*. Leo não está aqui pra explicar, mas na hora do pesadelo você fica com medo de ter pesadelos. No filme, quando alguém dorme, Krueger vem e mata; por isso não podem dormir. Voz: *Bom é no Sexta-Feira 13 que podem dormir*. Você: *Porém tem o Jason que assassina do mesmo jeito*. (Esse Jason não é o Nosso Jason, é o Jason Voorhees, o assassino da série *Sexta-Feira 13*.) Você curte terror.

Para não dormir você faz café. Voz: *Café forte*. Sméagol: *Precioso*. Você faz café forte. Bebe tudo. Faz mais. Vira. Toma tudo. A Nossa República está sem gás. Você fez café gelado. Não coou. Na verdade, você não sabe fazer café. Então nada fez. Achou que é igual preparar leite com Toddy. Jogou o pó na garrafa com água. Sacudiu e mexeu com colher de pau. Nem percebeu, bebeu tudo. *Colher de pau*, você pensou em voz alta. Ritinha acordou e veio resmungando. Você colocou leite gelado num pires pra ela. *É de saquinho, pretinha, pode beber*. Ritinha bebeu tudo.

58

Vou casar

Você cata a Ritinha no colo e declara: *Já sei o que fazer pra nunca mais dormir, Ritinha. Vou me casar.* Ela: "Au au?". Você: *Sasha. Vou escolhê-la como mulher. Ela é religiosa, ora todos os dias. Assim o Freddy e o Jason nunca me pegarão.* Ritinha: "Au, au. Au?". Você: *Não, me refiro ao Krueger e Voorhees, respectivamente.* "Au", Ritinha entendeu. Leo ouviu a voz da Ritinha e chegou coçando os testículos. "Bom dia, gente". (Já é de manhã. Sábado cedo.) Leo pegou o Sucrilhos. *Acabou o leite,* você fala, *Ritinha bebeu o resto. Mas ainda tem de caixinha.*

"Leite de caixinha não é leite", Leo replica. Ele enche a bacia de água e joga o Sucrilhos. *Claro que é,* você refuta. "Leite de caixinha é da caixa; saquinho, da vaca. E vaca não é caixa". *Mas tudo vem da vaca.* "Larry, só quem entende de leite sabe que caixa não é leite. No saco o leite é melhor, tem nutrientes. Na caixa tem coisas estranhas. Na caixa dura meses sem estragar. No saco estraga em minutos fora da geladeira". *É verdade,* você olha pro leite de caixinha e pensa no leite de saquinho. Ritinha só bebe leite ensacado.

O assunto do saco e caixa perde importância. Você indaga: *Leo, quer ser meu padrinho de casamento? Vou me casar com a Sasha.* "Padrinho?", Leo se espantou. *Isso. Você fará par com a Ritinha.* "Que emoção, Larry. Sempre me imaginei de padrinho entrando com a Ritinha. Mas imaginei com a Ritinha 12 ou 13, não imaginei que você se casaria na época da 5. Mas, aceito sim. É claro", Leo ficou feliz em receber o convite para ser seu padrinho de igreja. *Leo e Ritinha 5.* Você fez anotações numa cadernetinha dos possíveis padrinhos. Leo ficou estranho, olhando de lado.

Que foi? "Nada". *Foi sim.* "Foi nada". *Fala logo, Leo!* "Você não pode se casar. Tá sob o efeito da abstinência de seis meses. Você ama a Mari e vai se casar com a Sasha?". *Eu preciso. Estou com medo do Freddy Krueger. Só a Sasha pode me dar paz pra dormir e sair da hora do pesadelo*. Leo vira a bacia e engole todo o Sucrilhos: "Parece que você contraiu trauma à Freddie. Na verdade, você odeia o Nosso Freddie, nada de temer o Krueger. É projeção, Larry. Você está projetando a situação no pesadelo de temer o pesadelo".

Hã? Leo continua: "Fazendo isso, você tá evitando enfrentar o inimigo real que lhe causou todo esse transtorno bipolar". *Hã?* "Ó, faz o seguinte. Fica sentadinho aí. Vou ao Pão de Açúcar comprar vodca pra embebedar você. Assim você se esquecerá da dor da perda de perder a Ellen e vai se esquecer desse papo de casamento. OK?". *Ótimo. Faça isso então. Me ajude.* Leo tira cinquenta reais da caixinha da Ritinha: "Depois você repõe, tá? Vou gastar por sua culpa". *Tá. Vai logo, cara. Solteiro sofre demais.* Leo replica: "E casado mais ainda". Leo desce. Voz: *Vai dar merda.*

Sméagol: *Leo bonzinho, precioso. Leo cuida de nós.* Leo saiu era cedo. *Passaram quinze minutos e não deu notícia.* Você se desesperou. Entrou no: *Google imagens.* Procurou imagens de pedido de casamento. Achou um porco-espinho carregando um par de alianças nos espinhos. *Interessante.* Você salvou a imagem do porco-espinho porta-aliança. Você entrou no WhatsApp e abriu a janela da conversa com Sasha. Foi em "Escolher foto existente". Escolheu a imagem do porco-porta-aliança. *Casar é uma porcaria,* você pensou e olhou pro porco. *Mas solteiro sofre demais,* concluiu. Foi em "Toque para adicionar uma legenda" e acrescentou a legenda do porco.

Legenda curta: "Sasha, quer casar comigo?". Você parou no tempo. Ficou olhando pra imagem e relendo a legenda. O botão "Enviar" lá em cima piscando. WhatsApp: "Enviar!". Voz: *Não Enviar!* Sméagol: *Precioso?* Você: *Enviado.* WhatsApp: "Se fudeu!". Voz: *Trouxa.* Sméagol, chorando: *Não... Não, precioso.* Segundos depois Sasha respondeu: "Sim". Resposta curta. *Pronto. Já era,* você pensou. Passou o dia, a tarde chegou. Seu celular tocou. Era Sasha passando tarefas pro casório; te encheu de obrigações. Ela ficou fria e passou a falar Larry James. Você reclamou de tudo que ela passou, mas nada foi mudado. "Será assim, Larry James. OK?".

Ela desligou. Depois ligou de novo e continuou falando Larry James. Leo voltou; para o seu azar, ele estava com a super-audição no modo *stand by*. Quando está em *stand by*, Leo capta tudo de ruim e usa a favor da discórdia. Quando Sasha desligou, ele começou: "Então é assim, Larry James?", imitou a voz da Sasha. "Larry, Larry James!", imitou o 007. *Para com isso, Leo. Não vê como sofro? Solteiro sofre demais.* Leo completou no ato: "E casado mais ainda". Assim você começou a pensar ser verdade as mentiras que contam da verdadeira vida conjugal. *Não quero mais.*

"Querer não é poder, Larry James. E a verdade agora é que você vai se casar por mentira com uma verdadeira religiosa virgem". *Eu quero é paz*, você murmurou. Sméagol: *Precioso*. Leo jogou um fardo de latas de cerveja no sofá. Você estranhou. *Que isso?* "Cervejas". Você estranhou. *Pra quê?* "Pra quê? O que foi, Larry James? Nem casou e já virou ovelha?". Você ficou de longe assistindo ao Leo beber a cerveja. Bebeu tudo. Arrotou bastante. Enxugou a mão no sofá. Fez espuma com o resto da cerveja quente e espalhou no chão pra Ritinha lamber. Você só assistindo.

"Não vai beber comigo?". *Parei.* "Parou o quê?". *De beber.* "Desde quando?". *Desde agora.* "Por quê?". *Por que o quê?* "Por que parou?". *Parei porque Sasha mandou parar sem dizer o porquê pra parar.* "Larry, solteiro sofre demais. Agora preste atenção: casado mais ainda". *A culpa é sua. Cadê a vodca que foi comprar?* Freddie chegou, esquivou-se das latinhas e parou no meio da sala: "Tem abacate na cerveja, Leo?". "Não". "Ritinha não pode com abacate". "Eu sei, comprei sem, relaxa". Freddie abriu a cortina: "Vamos iluminar a casa com os últimos raios solares. Olhe o pôr, Larry. Olhe. Contemple!".

59

Freddie louco

Freddie está a cada segundo mais excêntrico: "Larry, é no pôr do astro que você porá alimento no futuro lar seu e da Sasha. Vamos lavar os poros. Fotossintetizar a alma. Vocês estão com cara de velório". (Parece que a notícia do casamento já chegou ao plano astral do Freddie.) *Será que ele sabe que eu o odeio?*, você pensou. Leo declarou num arroto: "Velório, sim. Larry morreu!". Freddie olhou de lado. "O que ele tem?". "Casamento agendado, só isso". Freddie estreitou os olhos para você: "Não deixe ser seduzido pelas bobagens do Leo, Larry. Casamento é paz, amor, alegria".

Leo ficou bravo e defendeu: "Que merda é essa, Freddie? O cara vai casar. Não entendeu?". A discussão começou. Leo levantou e começou a se segurar nos móveis. Leo tá na fase do Macaco, a um passo do Leão. No Leão, Leo segura nas coisas. *E segurar coisas inclui segurar os controles do Playstation.* Você só assistindo. As mãos molhadas do Leo segurando o controle do seu Playstation. Você começa a suar frio. Ritinha lambendo as latinhas. Assim como no ser humano, cerveja produz urina nos cães. E lá vai a Ritinha bebendo e urinando no sofá. *O Nosso Sofá.*

Nosso Sofá fica de frente pra TV, onde você se senta pra jogar Playstation. Seu Playstation agora está molhado de mão molhada de Leo bêbado. (Ele ainda discutindo com Freddie.) Você vigiando o aparelho, sua única paixão restante na vida de solteiro. Você vai se casar com a religiosa quente virgem da janela quebrada. "Você tem que ser batizado na Minha Igreja", ela te disse mais cedo. A festa de casamento será em conjunto com o primo da Sasha, Euler. Sasha disse mais cedo: "Meu primo

Euler. Ele vem duma família verbal. Descendente do verbo Ler. Euler, Eulía, Eulería, Eulendo".

"Euler mora no interior. Vem pra cidade só pra se casar". *Coitado*, você pensou. Leo e Ritinha serão padrinhos. Isso você insistiu. *Quero a Ritinha como daminha de honra.* "Daminha não pode andar de quatro. Norma da Minha Igreja. Ou você treina a Rita a andar em duas patas, ou nada dela ser dama", Sasha repetiu a resposta do pastor. (O pastor é amigo do pai da Sasha.) Você não conhece o pai da Sasha. Você nunca se deitou com a Sasha. O mais próximo de pênis e vagina que chegaram foi o pênis cuspido chegando ao rosto da Sasha.

Sasha não se lembra daquela noite ou finge pensar não se lembrar. Você não se lembra daquela noite. Como se fosse outra vida. Sua vida no momento é planejar o casamento. Toda a conversa com Sasha foi durante o dia. Tudo se passou numa tarde. Lembrando que você pediu Sasha em casamento cedo. *Jason pode entrar com Seu Buneco? Padrinhos também?* Sasha não gostou: "Não. O pastor não aceitará. Tem que ser pênis com vagina. Nada de pênis pênis". *E que merda de pênis com vagina você entende, Sasha? Hein?*, isso você pensa com ódio; e na verdade responde mansinho:

Entendi, minha gatinha. Logo descartaram Jason e Buneco. *Vovó Sex e seu Primo?*, você cogitou. Sasha aceitou: "Aí, sim. Vovó e meu primo". *Não, Sasha*, você corrigiu, *não é seu primo. É Seu Primo.* "Então, Larry James, eu disse meu primo". *Larry James.* Vocês nem se casaram e sua pré-mulher já te censura usando o nome do meio. Essa conversa foi mais cedo, pois agora você está assistindo à briga do Leo com Freddie. Freddie cansou e desceu pra praia. Leo tá mais bêbado, a fase do Leão durou pouco, passou pro Suíno. Tombou no sofá e babou nos controles.

Ritinha, atenta e esperta, não lambeu a baba. Ela se lembrou do vômito do Jason e da cólica de abacate. Você ainda calado. "Viu, Larry? Tô te falando. Casado sofre mais ainda. Falando nisso, vai convidar o Freddie?". *Quem?* "Freddie". *Que Freddie?* "Hum. Entendi". (Você apagou Freddie do seu arquivo.) Agora Freddie é desconhecido. Você odeia o Nosso Freddie, prefere o Freddy Krueger. Nosso Freddie destruiu a Ellen e fez você se casar. Leo saiu pra comprar vodca pra te embebedar e te impedir de pedir

Sasha em casamento pelo WhatsApp. Tipo *Se Beber, Não Case*. Leo parece o Alan.

Alan é o gordinho barbudo sem noção do *Se Beber, Não Case*. Além de parecer com o híbrido de ator peludo com outro ator, Leo é idêntico ao Alan. *Leo então é um simbionte triplo.* Um Homem-Aranha preto com uniforme de Alan do *Se Beber, Não Case*. E foi esse Leo que saiu com cinquenta reais da sua cadela para te salvar do casamento. Leo demorou e até agora nada falou da vodca. *Nem devolveu os cinquenta reais.* Voz: *Você devia odiá-lo também.* Sméagol: *Nós fala. Nós mata eles todos.* Você pensa: *Leo é o Alan. Alan tem carta branca.*

Além de voltar bêbado, Leo chegou queimado de sol. Todo vermelho. "Sasha é legal, Larry. Ela tem lábios inchados e molhados, quer ver as fotos que tirei naquele dia?". *Melhor não, o pastor disse que só depois de casar.* "Hum". Leo parece ter tido uma ideia: "Ó, vou ao Pão de Açúcar comprar vodca pra tirar essa ideia de casamento da sua cabeça. Fique aqui e cuide da Ritinha". Você fala sem emoção: *Essa ideia foi de manhã, Leo. Você já foi comprar a merda da vodca e voltou chato, bêbado e queimado.* "Ah!", Leo arrota, "vou te contar tudo".

"Quando estava entrando no Pão de Açúcar, vi dois pães passando. A bunda da Carolina. Duas bandinhas de açúcar, sabe? Nádegas ao vento". Você coça o antebraço e começa a contar, lembrando da pulseira antipunheta. "Aí segui a bunda dela até a praia. A vodca logo perdeu importância". *Mas é claro*, você atestou. Leo foi atrás da mulher. Ficou de longe filmando com os olhos arregalados. "Ela tirou o vestidinho, Larry. Passou bronzeador e deitou de nádegas pra cima. Vi tudo". Voz: *Enquanto isso, na Nossa República, você fazia a merda do pedido do casamento.* Sméagol: *Fuja, Precioso. Liberte nós!*

60

Freddie volta

Volta e começa a hipnotizar você, falando com voz de pai de santo: "Case-se. Case-se". Freddie parece ter poder sobre você. Você nem pisca, está olhando vidrado pra ele. *Será que devo me casar, Freddie?* "Mas é claro, Larry. Os astros dizem. Olhe lá", ele aponta a janela aberta, "vê?". *Vê o quê?*, você arregala os olhos. Freddie prossegue com o pai de santo: "Os astros. Eles dizem para se casar com Sasha. O globo. O branco das nuvens incolores. Tudo é favorável". Você olha de novo, tentando ver os astros, mas só consegue pensar nos artistas globais na praia.

É tarde, mesmo assim ainda tem gente na praia. Voz: *Tem coxudas de fio dental, puxando a alça do biquíni e mostrando o branco da pele sem bronzear.* Você: *Globais. Marquinha*, você baba. "Ei, Larry. Tá vendo? Por isso precisa se casar, sair dessa. Você sabe como solteiro sofre". *Leo disse que casado mais ainda.* "Leo é interferência no azul do branco global, Larry; Sasha, sua legítima ninfa gêmea. Pergunte pra sua avó". Você murmura: *Vovó Sex?* "Pergunte se ela deixa você se casar. Se ela falar 'sim', você casará com Sasha. Se falar 'não', internamos você no hospício. Escolha!".

Agora Freddie começou a falar com voz ameaçadora, parecendo pai maluco censurando a homossexualidade do filho. *Se eu não me casar, você vai me internar?* Mas Freddie já havia saído, desapareceu feito mágica. Você não sabe explicar. Mas sabe que o Batman faz isso também. *Então Freddie entrou num nível energético fase Batman?* E isso preocupa você. *É melhor me casar mesmo*, você murmura. Pega o celular e liga pra avó. "Casar, meu filho? Com quem?". Você conta tudo da Sasha. Fala do pastor e da dama de honra andando de quatro. Vovó pede pra você repetir tudo. Você repete.

"Tadinha da menina, Larry. Vai desestruturar a coitadinha!", Vovó Sex grita. Está na fila do caixa 24 horas que fecha às 22 horas. A fila dos idosos está maior do que a fila dos novos. No banco todo mundo vira idoso. Pior que a lei de Murphy. O problema é que se tentar dar o golpe entrando na fila dos idosos, depois fica difícil voltar pra fila normal. Porque todo mundo já viu que você estava na outra fila. *Ou se é cara de pau e muda de fila, ou se faz de bobo e continua firme na fila preferencial.*

Vovó sempre dá golpe; porém, alega ser nova, não idosa. Assim pega a fila vazia antes das pessoas amontoarem na fila vazia das pessoas não idosas. "Tem certeza, Luluzinho? Você mal saiu do trauma daquela bunduda que virou santa e vai se casar com uma santa que mal bunda tem?", Vovó é honesta, comenta com sinceridade. Você comenta dos astros e das globais, fala dos ensinamentos do Freddie. No fundo, em algum lugar bem fundo, você odeia o Freddie. *Ele destruiu a Ellen, a transformou numa múmia beata.* E agora está orientando você a se casar com uma beata boazinha.

Tadinha da Sasha, você pensa. "Mas Lu, se você quer mesmo, case logo. Quanto mais rápido melhor pra separar depois", Vovó é honesta. Fala tudo com sinceridade. Você decide, então, se casar. Aí você se lembra de que já está tudo preparado. Mesmo se desistisse agora, não teria mais jeito. Você pediu Sasha em casamento. Já fez os pares dos padrinhos. *Culpa do porco-espinho.* Mas você gostou do porco-espinho com alianças nos espinhos. *É subjetivo.* Você pensa num casal de porcos se beijando. Um tenta se aproximar e espeta o outro. Eles logo se separam. Você acha interessante. *Problema resolvido.*

Foi assim que você pediu Sasha em casamento e ela aceitou em poucos segundos. Em horas tudo foi organizado. *O pastor da Nossa Igreja realmente é eficiente.* Até o casamento junto com Euler foi planejado. Euler é o primo do interior que vem pra cidade apenas para se casar. *Coitado do menino.* Você não conhece o Euler. Nem sua futura ex-mulher você conhece direito, mas sabe que ela tem um pinscher macho. Ritinha não está nada feliz com o casamento. Ela não tem cara de que vai gostar de morar com o pinscher zero macho virgem da sua mulher virgem.

No futuro, Leo contará aos netos a história do porco-espinho que destruiu a vida do amigo alucinado. Contudo, no momento a tragédia matrimonial deu lugar à Carolina de biquíni. *Fala mais dela, Leo. Fala aí.* "Boa, viu? Bem boa", Leo faz careta de dor, "ei, passa creminho nas minhas costas, tá ardendo". Leo pede igual criança pedindo doce à mãe. Você pega o creminho na estante da sala-cozinha, calça a luva verde do Lanterna Verde e passa creme nas costas do Leo. O assunto do seu casamento perdeu importância, o assunto do biquíni da Carolina ganhou o resto do dia.

Ritinha foi dormir. Freddie saiu para se encontrar com a Ellen Beata. Você odeia o Freddie. Ele destruiu a Mulher-Maravilha e fez você se casar. Voz: *A única pessoa que poderia te salvar do casamento era o Leo.* Pensamento: *Mas o Leo voltou pra casa vermelho e cheio de Arquivo Punheta da Carolina pra compartilhar.* (O tempo passou.) Agora, mais tarde, o processo do casamento foi reaberto: "Que dia será, Larry?" *Nem sei. Deixei pra Sasha resolver. Mulher que atrasa, por mim pode ser daqui a pouco.* "Hum. Me passa o WhatsApp dela então. Vou organizar as coisas que faltam".

Você passa o WhatsApp da sua pré-mulher pra ele. Leo tem Nokia 1100; não usa WhatsApp. "Vou usar o do Grota. Ele me empresta de vez em quando", Leo explica. *Tá*, você passa o contato da sua futura-ex-esposa para o Grota, porteiro da madrugada. (O tempo passa, a madrugada chega.) "Estou com fome. Vou descer. Comer cachorro-quente e pegar o celular do Grota", Leo desce. Ritinha acorda e volta: "Au, au au?", ela pergunta sobre o futuro dela. *Rita, vou ser sincero. Sou pré-marido agora, não posso decidir sozinho. Tenho que perguntar pra minha mulher o que faremos com você.*

61

Leo voltou

"O que estão cochichando?", ele aponta pra você e Ritinha. *Ritinha quer convidar o cachorro do andar de cima.* "Au", Ritinha concordou. "Será um festão chique, Ritinha, não podemos convidar o cachorro do vizinho de cima", Leo ameniza. Cachorro do vizinho de cima se refere a cachorro macho do vizinho, pequinês de cara chata e pata torta. "Au?". "Por que o primo da Sasha tem alergia a pequinês. Tive altas conversas com ela agora, Larry. Sei de tudo". *Hum.* Você cata a Ritinha no colo. Leo pega uma cerveja na geladeira e pergunta: "Anitta ou Valesca? Poderosas ou Beijinho ombral?".

Show das Poderosas. "Imaginei", Leo vira a cerveja e arrota. "Por isso falei pra Sasha pegar o manual da Nossa Igreja e ver se enquadramos a Anitta na cerimônia". Você vai se casar com uma religiosa virgem na Nossa Igreja e Leo estudará o manual de instruções da igreja pra ver se consegue enquadrar o Show das Poderosas no evento de casamento seu com sua ex-futura-esposa. "Alterou o status no Facebook?". *Nada. Não sei o que coloco. Eu e Sasha não namoramos. Não somos noivos. Mal nos conhecemos; apenas vamos nos casar. Estou pesquisando qual estado civil nos enquadraria melhor.*

"Entendi. Noivos não são, nem ficantes. Pela lógica, você é pré-marido; ela, pré-marida. No plural, prés-maridos". *Prés é feio.* "Maridos-futuros então". *Melhor. Gostei. Vou entrar no Facebook e atualizar.* Você entra no Facebook e posta na sua timeline: "Larry está se sentindo extraordinário". Usa um *emoticon* com linguinha pra fora e altera o status para "Marido-futuro". Leo comenta: "Você logo sonhará em se tornar aquele androide do *Exterminador do Futuro 2*, o T-1000". *Por quê?* "Porque seu sonho daqui a pouco será ser enviado ao passado pra matar você mesmo. Matando você no passado, exclui o futuro de ser marido-futuro".

Você pensa no T-1000. Ele volta no tempo para impedir você de fazer merda: *Casar*. Ritinha pulou do seu colo e foi dormir. Ela tem medo de androides. Freddie chegou acompanhado da Ellen. Você olha pra Ellen; Leo, pro relógio. Leo censura a dupla: "Onde vocês dois estavam? Por acaso é hora de andar por aí com uma prometida aos deuses, Freddie? De madrugada?". Leo também ficou nervoso com a beatificação da Ellen. Voz: *Claro, ele perdeu a chance de vê-la nua transando*. Freddie prejudicou todos os machos heteros e lésbicas do mundo ao destruir a libido da Ellen Maravilha.

Freddie, desinteressado, responde: "Ioga Astral Madrugador, derivado do Ioga Astral Matutino. Um ou outro, é tudo IAM". "Entendi", Leo levantou e pegou outra cerveja. Você olha pra Ellen. Ela tem dois montes Everest no meio do corpo, porção traseira. Você queria ser alpinista e escalar o monte Everest da Ellen. Mas ela agora é *new-virgin* da Nova Era, prometida aos deuses. Parou de transar. Você parou de ser só maluco e entrou na fase do maluco com perturbação. Você vai se casar por causa da Ellen. *Na verdade, vou me casar por causa do Freddie*. Voz: *Desgraçado*. Sméagol: *Mata ele*.

Freddie estragou tudo, você olha pra ele. Você o odeia. Você olha pra faca em cima da mesa. *Faca de serrinha, de passar manteiga no pão*. Voz: *Você quer pegar a faca e enfiar no Freddie*. Você pensa na Ellen. Voz: *Você quer pegar o membro e enfiar na Ellen*. Ritinha pulou no seu colo. *Mas ela tinha ido dormir. O que faz aqui? Virou ser de luz também?*, você pega a Ritinha. *Boa Noite, Leo*, você despede só dele e vai pro quarto dormir. Você acaba de apagar Ellen e Freddie da sua memória. (Você desconhece Ellen e Freddie.)

Na verdade você já havia esquecido o Freddie, apenas se lembrou dele agora para ter a vontade de esfaqueá-lo. Leo: "É, Freddie. Leo cortou o papo com você". Freddie dá de ombros: "Percebi. Ele é muito criança, depois passa". O homem que destruiu sua vida te chamou de criança. Você não ouviu, estava mexendo no celular; apitou notificação de aplicativo. Notificação: "Sasha criou um evento duplo no Facebook e marcou você e uma centena de pessoas". Evento: "Nosso casamento na Nossa Igreja".

Nosso casamento porque são dois casais que casarão. Você e Sasha, e o primo da Sasha com alguém.

Primo é o parentesco do parente, não nome. O primo dela se chama Euler, do verbo ler. Verbo é o pai; o avô, Advérbio. E eles, Verbo e Advérbio, virão da roça para casar o caçula Euler. *Vem do interior só pra isso?* Você não conhece o Euler e já sente pena dele. *Ele parece ser legal.* Você esquece tudo e dorme. (Tempo passa.) Domingo, almoço. Você acorda com o telefone tocando. Casa vazia. Alô. "Quem fala?". *Larry.* "É você mesmo que procuro. Primeiramente, chamo-me Sasho, sou seu sogro, ou, como você bem sabe ou pode idealizar, pai da Sasha".

Mas que merda de começo de domingo. Sasho prossegue: "Faço do presente telefonema nosso primeiro contato real, mesmo que seja a distância, ainda sim, nosso primeiro contato real", ele continua falando e você tira o fone do ouvido. *Não pode ser verdade.* Você se lembra da mãe do Leo, quase muda, economiza na gramática. Você olha pro telefone e escuta o burburinho da voz do seu recém-sogro. *Esse não economiza na gramática.* Você chora e volta o fone ao ouvido. Seu sogro parece ter chegado, agora, na parte de receber a resposta do interlocutor quanto a um suposto bom dia.

Por isso você tenta de forma hesitante: *Bom... dia?* Mas o sogro prossegue na verborragia. Não para. Parece o C-3PO, aquele robô dourado do *Star Wars*. Fala sem parar. *A voz é até legal, boa cadência.* Mas tudo que você não quer na vida é passar a manhã conhecendo a voz correta e cadenciada do seu futuro ex-sogro pelo telefone. E é pelo telefone fixo, com fio. Você não pode se deitar porque o fio não chega até o ancoradouro mais próximo; no caso, o sofá. O sogro prossegue: "Entendeu, James?". *Hã?* "Não entendeu. Então fique atento, pois vou repetir".

62

Sasho repete

Cala a boca, desgraçado!, isso você pensa. Mas fala: *Tudo bem, senhor meu sogro. Fale o tempo que precisar.* "Quanta gentileza, James. Sasha me disse que você era educado. Isso é bom. Educação é bom. Gentileza gera gentileza, já dizia o filósofo carioca. Por isso repetirei lentamente, você deve se atentar, o assunto é serio e futurístico. A raça humana está em jogo", ele fala muito. *Não para.* Você está em pé. Dormindo. A Ritinha sentada de frente pra você, te olhando espantada. Ela ainda sente ciúmes do casamento. Ela tem medo do futuro, não sabe se Sasha irá aceitá-la.

Horas depois o futuro ex-sogro para de falar e diz algo que lembraria uma pergunta. "... quantas?". Você acorda sobressaltado. Só entendeu a entonação final que remete ao uso do ponto de interrogação, por isso tem certeza ter sido alguma pergunta. Sua mente explica: *Ele te fez uma pergunta.* Você responde: *Hun-hun?* O sogro: "Hun-hun não condiz com a pergunta feita, James. Repetirei novamente, preste atenção". Você se desespera. Deixa o fone pendurado na mesinha, corre até a cozinha, vira a garrafa de café e volta ao fone. *Agora consigo ficar acordado*, você pensa. Horas depois, Sasho chega à pergunta.

E agora você entendeu. Ele perguntou: "Em termos de horas de videogame. Se fôssemos quantificar o tempo jogado, seriam quantas?". Sasho, seu ex-futuro sogro, quer saber quantas horas você tem de videogame na vida. Ou seja, quanto tempo jogou durante a carreira. Ele diz ser assunto importante para a perpetuação da raça humana. Então você começa a pensar em voz alta. *Bom, comecei aos oito anos. Jogava em média três horas por dia. Isso* até os dezesseis. Depois caiu pra uma hora por dia. Época de vestibular, né? Foi quando me mudei para o Brasil e entrei pra faculdade aqui.

(Sobre seu tempo de vida em Londres, Sasho nada quer saber.) Então você prossegue na quantificação: *A constante de uma hora diária ficou até os 25, quando comecei a lecionar e voltei a jogar com meus alunos na escola. Aí eram quatro horas por dia. Fiquei até os 30 assim. Não jogávamos dentro da sala, obviamente. Mas na sala de recreação e* lan house *perto da escola. Isso antes das aulas, nos intervalos e no fim das aulas. Gerando o total de aproximadamente quatro horas.* "Estou anotando tudo, James. Continue". *Hoje jogo pouco, umas três horas por fim de semana.*

"Terminou?". *Acho que sim. Lembrando que pontuei jogos no console, eliminei celular e fliperama. Inclusive o Snake 2 do antigo Nokia.* "Certo, James. Como você sabe, porque já lhe disse no começo da nossa conversa, sou contador. Irei contar suas horas jogadas, pra concluir se aceito ou não nosso pedido de casamento". *Nosso?* "Meu e da Sasha. Casando-se com ela, você se casa comigo. É mandamento na Nossa Igreja. Casai filha, levai pai". *Casai filha, levai pai,* você repete murmurando, *casai filha, levai pai. Parece refrão satânico. Sméagol: Matar eles, Precioso? Matar? Dê pra nós. Nós quebra o pescoço dele.*

Casai filha, levai pai. Entendi, meu sogro. "Vamos à matemática. Oito anos. Três horas por dia. Total, 21 horas semanais. Arredondando, pensaremos em 24 horas. Ou seja, a cada sete dias, um é jogando. Um dia por semana sentado jogando. Por mês são quatro dias. Por ano, 48 dias. Em oito anos, 384 dias. Depois, nove anos com uma hora por dia de segunda a sexta. Cinco horas semanais. Por mês vinte. Arredondando para 24, fica um dia por mês. Ao ano, doze dias. Em nove, 108 dias... Quanto à parte da escola, nada digno de se revelar, professor Viciadex".

Você ignora a censura. Não estava ouvindo nada. Estava na ilha de *Lost*, nadando pelado na praia de nudismo no lado das russas. Você e as russas, pelados, na praia, fazendo corpo à milanesa. O sogro prosseguindo: "Então, na escola foram quatro horas por dia. Semana, vinte. Mês, oitenta. Então 80 por 24 aproximadamente é três. Então três dias por mês. Num ano são 36 dias. Em cinco, 180. Depois três anos com três horas por fim de semana. Doze horas por mês. Em doze, seis dias. Em três anos, 18 dias. Total de 690 dias. Você tem 33 anos".

Você não tá ouvindo nada. Está contando nos dedos quantas russas tem ao seu lado, enquanto seu sogro conta na calculadora científica de contador quantos dias você passou sentado jogando videogame. "James, você viveu 12.045 dias até hoje. Desse total, 690 é aproximadamente 5,73%. Em suma, 5,73% da sua vida foi jogando". Você pensa: *Tá. E agora eu tenho que responder um 'Ok'? Ou um 'tá'? Ou talvez um 'e daí seu velho enxerido'?* Mas respira e comenta: 5,73%? Nossa. Isso é... um número... Cinco, né? Seguido de vírgula com 73. Você não sabe o que falar. *Um número fracionário?*

Ele ignora e prossegue: "A situação é a seguinte, James. Você passou 5,73% da vida sentado. Isso gera agravamento para a esterilidade. Resumindo, meu futuro marido, você corre risco de ser infértil. Terei que ordenar a contagem". Você fica sem entender. Nada responde, aprendeu a deixar o sogro falar e prestar atenção antes que ele repita tudo. E ele declara por fim: "Agendarei a contagem. Passar bem, James", e desliga. *Eu, eu... Espera aí! Que porra de contagem é essa?* Leo entra na sala: "Isso mesmo, Larry". *Isso mesmo o quê?* "O que você acabou de gritar. Porra de contagem".

Não entendi. "Você terá que contar os espermatozoides". *Quê?* "Não me olhe assim. Foi seu sogro quem falou, eu não". *Espere aí, como você sabe disso? Por acaso ouviu a conversa na extensão?* Leo não respondeu. Passou direto e foi para o quarto dele. *Hum,* você ficou refletindo. *Contagem de espermatozoide? Você gritou: Leo? Como conto isso?* Ele: "No dedo que não é, né?". *Eu sei, merda. Como diabos farei isso? Conta o seu e me passa o resultado.* Isso gritando, vocês estavam conversando gritando. "Não dá, Larry. Depois o Sasho pede um exame de DNA, e aí? Como faremos?".

63

Segunda cedo

Você estava certo, Leo. Terei que fazer espermograma. Leo sorriu: "Te falei. Seu marido quer saber se você é infértil". Você: *Ele não é meu marido.* "Mas será. Lembra-se do mandamento? Casai filha, levai pai". *Você ouviu a conversa por acaso?* "Larry, o espermograma é tipo pesagem de esperma. Por isso esperma mais grama. Saberão quanto pesa sua semente". *Mas isso posso pesar aqui em casa mesmo, na balança da dieta do Freddie.* "Não dá. Tem outras coisas pra analisar. A composição física do sêmen, por exemplo. Irão avaliar a função produtora dos seus testículos pra detectar problemas de esterilidade".

"Enfim, seu marido quer saber se você será pai; ou se Sasha terá que ser inseminada por outro membro da igreja". *Na minha família ninguém precisou usar membro alheio pra engravidar.* Leo prosseguiu: "Ejaculações frequentes reduzem a porcentagem de potência. E isso estraga a semente". *Tá. E isso implica em...?* "Em mais abstinência". *Não! De novo?* "Verdade. Você terá que se resguardar pro exame". *Puta merda. Isso nunca vai acabar?* Sméagol: *Precioso, nós cuida de nós.* Voz: *Nem se fuder você tá podendo ultimamente.* (O telefone tocou.) Telefone: "Trim!". *É o safado!* Leo: "Como sabe? Pode ser outra pessoa qualquer".

E quem usa telefone fixo hoje em dia, Leo? Só esse corno do Sasho. Você atende: *Oi.* Sasho: "Oi, queridão. Tudo bem?". (*Sasho é estranho.*) "James, fique atento à orientação para o preparo da contagem: você deve ficar em abstinência sexual por cinco dias. A quantidade e qualidade da semente são afetadas pela quantidade de vezes ejaculadas. Portanto, sem transar, OK?

Ejaculações frequentes alteram o volume liberado". Você simplesmente responde: *Sei.* Sasho desliga. Leo comenta: "Não vai falar dos seis meses que você tá parado?". Não. *Melhor aguentar mais cinco dias.* "Reparou que ele pediu pra você entrar em abstinência?".

E daí? "E daí? E daí que ele sabe da virgindade da filha e sabe que vocês estão de casamento agendado". *E daí?*, você está desanimado de pensar, até pra respirar tá com preguiça. Ficando roxo. Precisando de ar. Voz: *Respire direito.* Sméagol: *Dê ar pra nós, Precioso.* Você inspira fundo. *Continue, Leo, não estou entendendo.* "Abstinência sexual. Ou seja, Sasho sabe que você pode estar querendo, ou vai querer, transar com outras mulheres. O que conclui que na Nossa Igreja é frequente a relação extraconjugal". *Que grosseria, cara...* Leo ignora: "Aaaah! 5,73%? Putz. Você está pior do que eu".

Ei, você ouviu a conversa sim. O que mais ouviu, hein? Mas Leo não respondeu, entrou no banheiro cantando. Você logo se esqueceu do Leo. A contagem dos cinco dias logo ganhou números na preparação para a contagem da semente. *Cinco dias. Só mais cinco. Tranquilo. Nada complicado. Só relaxar.* Sasho ligou de novo: "James, agendei a contagem para sexta-feira à tarde. Levarei você no meu carro." (A semana passou arrastada.) *Mais cinco dias de abstinência depois de seis meses de abstinência.* Lembrando que no surto de sexta passada com a Ellen nada foi concretizado. Você continua em abstinência, portanto.

A semana foi chata. Não trabalhou direito, nem passeou com a Ritinha. Você estava no modo *stand by*, fazendo coisas mecanicamente. Robô doméstico. Parecendo Charlie Chaplin no *Tempos Modernos*. Resolveu tudo que tinha na escola para sair sexta à tarde. Foi embora pra Nossa República. Sasho passou na Nossa República. "Olá. Pela cabeça, barba e pelos, você é o Leo; aquele, pelo estilo espirituoso, Freddie; essa pretinha, Ritinha; e por fim, sobra você, James. Então é assim a face do nosso homem? Esperava algo melhor. Mas gosto de filha é menstruação. Cada uma tem a sua". (Sasho não conhecia vocês.)

O pai da Sasha parece pastor protestante de filme de comédia americana. Alto e magro. Usa cartola preta e suíças compridas que tocam os ombros. *Meu Deus*, você pensou. Leo sussurrou: "Isso não é um pai de moça virgem, é um conde Drácula com protetor solar. Olha a cara do sujeito, Larry". O sogro Drácula falou: "Quem irá conosco, James?", ele ficou na porta. Não entrou. Ficou na soleira rodando a cartola na mão e brincando com a bengala de marfim. Você se lembrou das lendas vampirescas. *Dizem que um vampiro só entra na casa de alguém se for convidado.*

"Senhor, eu vou junto", Leo se adiantou. Ritinha correu pra casinha. Freddie nada falou, sabe que você o odeia. Desceu Leo, você e o pai da Sasha, o conde Drácula com Sundown vencido na cara. (Drácula agora é o nome dele na Nossa Roda.) Drácula tem carro chique com motorista. Leo cochicha: "Bem que ele disse ser contador. Conta direitinho o dinheiro. Sasha é rica". Você nada respondeu, continuou em *stand by*, agora *off-line*; seguindo o fluxo sem vontade. Leo parece saber de toda a história do Drácula, o que leva a conclusão de que: *Leo, realmente, escuta conversa alheia.*

Drácula foi perguntando várias coisas. Questionário infinito de perguntas pessoais. Você odeia perguntas pessoais. Sorte o Leo responder suas perguntas pessoais. Leo sabe muita coisa sobre você, incluindo pessoais. Porém, quando chega na parte familiar, Leo te acorda do cochilo mental. "Ei, Larry, me ajuda agora. Chegou na parte que detesto. Não quero falar da sua família de primeiro grau", Leo vira a cara. Ele não gosta de falar da sua família de primeiro grau, que teoricamente se define em irmãos. Drácula: "Irmãos, James?". Você: *Sim.* "Quantos?". Você: *Dois.* Drácula: "Fale-me deles". *Ela é minha irmã. Ele é meu irmão.*

Drácula olha pela janela: "Ela quem? Ele quem?". Você: *Não. Ela, irmã. Ele, irmão.* Drácula inspira profundamente. Bate a bengala no bico do sapato brilhante: "Como ela se chama? Sua irmã. Ela". *Isso.* "Como?". *Ela é minha irmã.* "Isso já sabemos, James. Quero saber o nome dela!". *Dela?* "Ela!". Você: *Isso. Ela!* Leo se cansa do diálogo e entra no triálogo: "Senhor conde Drácula, o que Larry quer dizer é que a irmã gêmea dele se chama Ela". Drácula ignora a parte do Conde Drácula e comenta: "Oh, interessante. Ela?". Você: *Ela o quê?* Leo: "Ela é gêmea do Larry".

64

Irmãos gêmeos

Drácula: "E ele?". Você: *Ele não, Leo não tem irmão gêmeo.* Drácula: "Estou me referindo a seu irmão, James". Você: *Ah tá. Ele.* Leo confirma: "É". Drácula: "É o quê?". Você: *Ele.* Drácula: "Está confuso esse triálogo, ou não estou entendendo bem?". Leo: "Senhor Drácula, o irmão se chama Ele. É isso". Você: *Isso. Ele e Ela.* (Vocês chegam ao laboratório.) O motorista parou o carro chique numa vaga proibida. Vocês descem. O laboratório fica numa esquina. *Muita gente passando.* Mulheres entrando e saindo. Você está acompanhado de um vampiro romeno e de um amigo obsceno e indo coletar esperma.

Cenário: laboratório cheio de mulheres no centro quente do Rio de Janeiro. Drácula é romeno; Vlad, o Empalador. O nome real do Nosso Drácula é Sasho, futuro ex-sogro. Drácula, pai da Sasha, é futuro ex-sogro. "James?", ele chama. Você sacode a cabeça: *Hã?* Voz: *Corra, Forest, corra!* Sméagol: *Precioso.* Leo: "Entra logo, Larry". Vocês entram. Na fila tem muita gente, mais mulheres. Poucos homens; dos poucos, todos são homo. Apenas três aparentam ser heteros. Leo, você e Drácula. Você pensa no que veio fazer aqui com um empalador romeno nas costas. Voz responde: *Coletar semente pra contagem.* Sméagol nada comenta.

Agora você está sozinho com a Voz, e do lado de fora a voz do Drácula persiste: "Então você tem irmã gêmea chamada Ela". Você: *Ele também tem.* Drácula olha pro Leo: "Leo também é gêmeo? Você disse no carro que não era". Você: *Não falei dele. Falei do meu irmão.* "Não entendi". *Ah, almofadinha!*, isso você pensa. Respira fundo e responde educadamente: *Ele, meu irmão. E*

Ela minha irmã. Somos todos gêmeos trigêmeos. Eu, Ela e Ele. Nessa ordem de nascença. Drácula entende: "Hum. Interessante. Então os três juntos seriam vocês, certo?". *Não, os três juntos somos nós. Certo?*

Uma mulher de branco chama em voz alta e clara: "Larry James Lurex. Impotência. Infertilidade". Você está sobrevoando o deserto de sal boliviano, Salar de Uyuni. A luz reflete no sal. *Muito branco, fere os olhos.* Você não enxerga nada, mas a audição está boa. Você ouve: "Larry James Lurex. Impotência. Infertilidade. Aqui!". Você mergulha no sal. Usa máscara radioativa, respira salgado. *Sal arde as feridas.* Você se lembra da infância. Quando cortava o joelho, Ela passava água com sal; Ele jogava limão e fazia você chorar. Você é o mais velho por minutos de nascença. Mas nunca te respeitaram.

Ele te faz raiva, Ela te dá trabalho. Ele é o irmão. Ela a irmã. Ela, sua irmã, ficou com Leo. Leo gostava dela. Mas Ela reclamava que Leo ficava com ela por causa de você. "Ele não gosta de mim. Fica comigo pra ficar perto de você, Lu". *Mas isso é mentira.* Voz: *Ela não entendia a amizade masculina.* Homem é amigo e gosta do amigo. Você escuta bem. Tipo super-audição: "Larry James. Infertilidade!". De repete um monstro gigante emerge do mar de sal. Um monstro hominídeo em forma de morcego. *Drácula.* Ele avança e te pega pelos ombros.

"Ei! Futuro marido. Acorde! Está na hora da coleta". Você se levanta e acompanha a mulher de branco. No caminho você escuta parte da comunidade homossexual presente murmurar: "Futuro marido? Ai, que casal simpático". Você tem certeza de que Leo também ouviu. Mas você está sem força pra olhar. Você está morto. Freddie te matou há seis meses. Morte lenta, a pior de todas. Seis meses pra morrer. Você odeia o Freddie. Você amava a Ellen. Agora você vai se casar com Sasha e o pai da Sasha te traz para fazer espermograma. *Contagem.* A mulher de branco é feia.

A mulher de branco, enfermeira, é feia e grande. Você se lembra do morcego gigante do Drácula. A mulher de branco explica: "Senhor James, o comum é usar o método masturbatório. A pessoa entra aqui no banheirinho e faz a parte manual. O coletor é esta placa de Petri". Ela colocou a placa na sua mão. "Lave as mãos com álcool e passe aquele produto ali. É especial, não contêm espermicidas, pode usar tranquilo. Não demore. A fila está grande".

A moça de branco sai de cena. Drácula continua. Você reclama: *Pode me dar licença, senhor Sasho.* Ele: "Oh. Claro".

Drácula sai de cena. Você pensa em ligar pra Bióloga: *Apaguei o número dela.* Você pensa nas coisas que irão analisar na sua semente: *Cor, pH, volume, consistência.* Você quer sair correndo: *Corre, Forest, Corre!* Odeia consultórios e laboratórios. Pra correr, terá que passar pelo Drácula e pela mulher de branco, além das pessoas na fila pra coleta. Você prefere morrer. Você: *Quero morrer.* Da última vez em que morreu, chamaram a polícia e prenderam o porteiro. *Capitã é boa,* você lembra-se do B.O. Lembra ter guardado o papel do B.O. no bolso da mesma calça que usa até hoje.

Fuçando no bolso, você acha o B.O. Na verdade é número de celular. Você acha estranho. *Estranho. A Capitã Úrsula disse que eu poderia usar o número do B.O. Mas o número do B.O. é um celular?* Voz: *Úrsula te quer!* Sméagol: *Meu Precioso.* Você: *Claro que não, gente. Ela anotou o celular dela num papel e me passou sem ver.* Voz: *Burro.* Você salva o número. Agenda: *Capitã Barbosa.* Lava as mãos com álcool e abaixa a tampa do vaso. *Aqui tudo é branco.* Você se lembra do deserto de sal. Olhos ardendo. *A tampa do vaso é macia.*

Aqui tem almofadinha. Parecendo banheiro de vó. Você pensa na Vovó. Voz: *Ela poderia ajudar.* Você: *Melhor não, com certeza ela se ofereceria para fazer a coleta pra mim.* Seria triste deixar a avó de noventa anos coletar esperma para o neto quase-infértil de 33. Você vê uma plaquinha na parede. "Coisas que causam esterilidade". Você lê a plaquinha na parede: *Stress. Álcool. Chumbo. Cafeína. Infecções. Vibração excessiva. Exercícios excessivos. Defeitos genéticos. Substâncias psicotrópicas. Alterações hormonais.* Você está estressado, tomou café, ingeriu álcool. Voz: *Então é estéril. Outro problema. Parabéns!* Tempo passa. Você fecha os olhos e viaja pra ilha.

65

Na ilha

A rainha russa te quer. Você passa a placa de Petri pra ela implorando: *Me ajuda?* Ela sorri e te ajuda. Minutos depois você deixa o banheiro branco. Não está enxergando nada. Saiu pingando suor, pernas bambas. Entregou a placa pra moça de branco e passou novamente pela recepção. A camiseta molhada. Foi pra rua pegar ar. Leo fez sua ficha. As pessoas acompanharam tudo. Você entra pra coletar e outro faz sua ficha. Você não tem disposição nem quer comentar, está morto. *The Walking Dead*. Zumbi fazendo espermograma. Drácula chega: "Agora esperamos a contagem, se der positiva, nos casaremos".

Leo chega, te passa um bilhete: "Protocolo. Vai precisar pra pegar o resultado". *The Walking Dead*. Drácula deixa vocês na República. Você não sabe que dia é hoje; você não quer fazer nada. *The Walking Dead*. Quer ficar na ilha com a Rainha Russa, ir embora pra Pasárgada; lá é amigo da rainha. Lá tem a mulher que quer. Na cama que escolher. "Ei, já chegamos. Desçam! Algum recado pra milha filha, James?". Você: *Fala que estou ansioso pro casamento*. "Isso não direi, pois só direi tal coisa com a numeração do esperma em mãos". *Então manda ela à merda!*

"Desculpe, murmurou algo, James?". Você, bem calmo e educado: *Sim. Falei pra mandar um abraço fraterno pra Sasha*. "Claro". (Drácula vai embora pra Transilvânia.) Você: *Leo, a Capitã me passou o celular dela*. Ele: "Sério? Quando?". Você explica. "Excelente. Já ligou? Olha se ela usa WhatsApp. Olha a foto do perfil aí. Será que é *selfie* de corpo?". Você abre o WhatsApp e procura nos contatos. *É. Ela usa. E é selfie de corpo*, você mostra. "*Good!*", Leo se alegra. Capitã é boa policial. Dessas malhadonas. Pega pesado no *leg press*. Parece lutadora de UFC, muito forte, musculosa. Sex appeal.

De farda, a Capitã parece a Mulher-Hulk. Os músculos rasgando a roupa. "Como não reparamos quando ela veio pra NR?". NR, Nossa República. Você pensa que deve ser porque você tinha acabado de morrer quando ela entrou na história. Mas nada fala. Apenas murmura: *Lembro de ter ouvido ela combinar algo com minha vó. Vou descobrir o que é.* Vocês estavam no portão da NR, esperando o porteiro abrir a grade, quando, de repente, tudo escureceu. Você se lembrou dos três dias de escuridão previstos pela Bruxa Pixinga. Mas Leo nada viu da escuridão. Então você morreu. (Pela segunda vez.)

(Outro dia.) Sábado. Você acordou num lugar desconhecido. *É branco*, você olhou ao redor. Tem um vestido verde cobrindo seu corpo, esparadrapos na dobra interna dos braços e mangueirinha saindo debaixo dos esparadrapos. Cortina amarelada circulando a cama. A cama faz barulho de mola enferrujada. *Onde estou?*, você murmura. "Oi, Larry", alguém fala mansinho. Você olha. Visão embasada. Boca pregando. Remela nos olhos. *Mulher-Hulk?* A capitã estava sentada numa poltrona ao lado do leito onde você acordou. "Que Mulher-Hulk é essa que você tanto falava dormindo?". *O que a senhora está fazendo no meu quarto?* "Pode me chamar de você".

O que a senhora está fazendo no meu quarto, Você? Ela dá uma risada leve: "Não, bobo. Esqueça o senhora. Me trate por 'tu' mesmo." Ah, claro. *Por que Tu estás no meu quarto, senhora?* "Ó, me chame de Úrsula mesmo, OK?". *Úrsula*, você repete baixinho. *Por que minha cama está rangendo?* "Estamos no hospital, Larry. Num quarto comunitário". Você olha ao redor. Agora entende. Está cheio de cortinas amareladas. *Parece quarto de hospital de filme de guerra com bastante feridos e enfermeiras sensuais da Cruz Vermelha.* O esparadrapo no braço é soro. Úrsula se levanta. Você olha. *Úrsula Antônia.*

Você pensava que gostava da Ellen até o momento em que viu Úrsula se levantando da poltrona funda ao lado do leito comunitário onde você acordou dopado sem sabe como foi parar lá. Você acaba de esquecer a Ellen, Mulher-Maravilha. Você ama a Úrsula, Mulher-Hulk. *Eu te amo*, você pensa e fala ao mesmo tempo. Úrsula estranha: "O que foi, querido?". *Eu te chamo. Te chamo de você.* Conversa vai conversa vem, Úrsula te contou o ocorrido.

Depois do espermograma, você passou mal. "Seis meses e cinco dias, Capitã", Leo havia explicado, "passou mal aquando coletou a semente no laboratório".

Leo contou tudo pra Úrsula: "Seis meses e cinco dias depois, vai o coitado pro banheiro do laboratório coletar semente na placa de Petri. Deu bambeira nas pernas", isso foi o Leo explicando o ocorrido pra Capitã, quando ela encontrou você desmaiado na porta da Nossa República. Capitã tinha ido levar algo para Vovó Sex e chegou na hora que você e Leo despediam-se do Conde Drácula. O porteiro não queria deixar entrarem com seu corpo caído. Sorte a Capitã botar ordem e ameaçá-lo de prisão. "Não... Tudo bem. Podem subir sem multas". Úrsula carregou você. Você não se lembra.

Mas sua mente lembra e te mostrou como foi. Tinha tudo gravado no Youtube mental. Filminho HD. Úrsula é musculosa, parece uma escultura molhada; tem mais músculos do que você teve em toda a vida e ainda terá se começar a malhar agora. Leo perto dela virou um hobbit. Além de forte, Úrsula é macia e cheirosa. Mesmo morto, e agora dopado, você se lembra da maciez da pele dela. Você assistiu no Youtube mental quando chegaram à Nossa República, depois do espermograma. Nesse momento, o carro do Drácula sumia pelo trânsito. Leo falou algo e você escureceu as vistas.

Ela te carregou. Vovó estava na NR. Úrsula entregou o algo pra Vovó e depois entregou você pra Vovó. Foi assim que Vovó teve a ideia de te internar no quarto oferecido pelo SUS. "Será que cobre problemas masturbartórios?". Vovó abriu o jogo, contou tudo. Você agora está dopado no quarto do SUS. Susto você teve ao pensar que a mulher do seu lado sabia de todo o ocorrido nos últimos seis meses e cinco dias. Saber disso faz você querer morrer novamente. *Úrsula tá aqui, olhando pra mim.* Você a quer como nunca quis ninguém num quarto do SUS.

Ama Úrsula

Você ama a Capitã e vai se casar com a Sasha. Sasho, pai da Sasha, fez você coletar semente numa placa de Petri e por isso você passou mal e acordou no hospital ao lado da Capitã que não é da América. Nem lutadora é. Nome: Cap. U. Tona. Você não quer que a chamem mais de Caputona. Ela virou sua protegida. Você a chama de: Úrsula. "Oi?". *Hã?* "Me chamou?". *Eu não. Acabei de acordar. Nem o médico eu chamei, deve ter sido coisa da minha avó.* Ela dá uma risada gostosa. Você se afunda no leito. Está melancólico.

Aquela melancolia que dá quando a pessoa se apaixona. Você não tira os olhos dela. *De cima a baixo ela é tudo em cima. Dura e lisa.* "Que foi, Larry?". *Nada. Pensei ter pensado algo. Mas esquece.* Ela te explica que Vovó pediu a ela pra te vigiar. O porteiro chato está internado no hospital. Vovó tem medo de ele vir te importunar. Tipo o Coringa enchendo o saco do Duas Caras no filme *Cavaleiro das Trevas*. Vovó: "Você ficaria de vigia por um tempo, Úrsula? Só até o Leo chegar? Preciso tratar das coisas que você trouxe pra mim".

"Claro, Larryna. Pode ir". E por isso você tem uma capitã musculosa de vigia. A Mulher-Hulk difere numa coisa em relação à Úrsula, é verde. "Quando o Leo chegar, vou embora, tá?", ela fala com doçura. Você reza a todos os deuses para matar o Leo nesse momento. *Pra ele nunca chegar.* Você não consegue esquecer a Úrsula. "Oi?", ela estranha. *Pra ele nunca chegar*, você repete. Úrsula: "Sim, isso eu entendi". Nessa hora a cortina é puxada de lado. Leo entra com uma velha. A velha olha pra Úrsula e fala alegre: "A mulher do Hulk? Nossa. Me autografa?".

Úrsula: "Não, querida, não sou ela". Úrsula é simpática. Leva tudo na brincadeira. *Leva tudo,* você olha pra bunda dela. Velha: "Hum, pensei que era". Leo: "Enfim, pode ir, Capitã. Vou dar banho no Larry". Leo conta que vai te dar banho na frente da mulher que você ama agora. Sméagol: *Nós mata ele, Precioso.* Você fecha os olhos e acalma as vozes. Úrsula está indo: "Tudo bem. Vou malhar agora, depois arrumar mala. Vou pra Salvador fazer um curso no BODE". *BODE?* "Sim, BODE é o BOPE do Nordeste. Só cabra macho. Abriram a turma de cabrita agora". *Entendi.*

Você acompanha as nádegas se afastando; a cortina é fechada. "Larry?", Leo chama, "hora do banho". Leo lava seus pés e passa pano molhado na sua testa. "Pronto". *Só?* A velha responde: "Banho do SUS. Pra mais, tem que pagar". *Tem algo errado. Leo tá armando.* Novamente a cortina é puxada. *Agora tenho certeza que estão armando algo.* Freddie entra. Freddie murmura pra velha: "Deusa Pixinga, pode hipnotizá-lo". A velha não era velha, era a bruxa velha de nome Pixinga. Guru espiritual da seita do Freddie. Pixinga agora é deusa e vai te hipnotizar. Leo tá vendo e ouvindo tudo.

A hipnose é rápida. Bruxa fala: "Olhe aqui!". Você olha. Bruxa ergue uma folha parecida com contrato. Bruxa fala: "Assine aqui!". Você assina. Bruxa passa a folha ao Freddie. Cortina puxada. Freddie sai. Bruxa fala: "Assinou a autorização para interná-lo no hospício, Larry James Lurex. Você está preso. Você tem o direito de permanecer calado". Você nada fala. Bruxa: "Tudo que disser será usado contra você no tratamento. Será amarrado à cadeira de louco. Mais três meses de abstinência. Seu casamento está suspenso até a cura. Sasha e Sasho estão sabendo. Sasha o aguarda para consumarem o rito". Bruxa sai.

As aventuras passadas até agora estão prestes a serem apagadas. Você está ficando sonolento. Leo pega sua mão: "Tudo faz parte do plano, Larry". *Plano?* "Curar você e entregar um novo homem à sociedade. Você terá mais três meses de solteirice antes que Sasha te pegue. Isso inclui se livrar por três meses do Drácula". Você aperta a mão do Leo. *Verdade, Leo,* você sorri, *então quero dormir por três meses. A deusa Pixinga fez algo comigo, ela está diferente. Estou com sono. Nada ouço. Sem vozes. Sem Sméagol. Não quero voltar à ilha.* Leo: "Durma, Larry, durma!". Você: *Amém.*

Você dorme. Sua mente está pulando as faixas do DVD, indo para três meses à frente: *Pause! Pula um mês! Pula dois meses! Pula três meses!* (Salto temporal.) *Play! Gravando!* Então, três meses depois você está no hospício. Ficou três meses no hospício. Está você e Mari jogando xadrez: "Xeque-mate. Ganhei outra vez, Bebê", Mari piscou pra você. "Quer mais sopinha?". Você: *Não, obrigado. Tô cheio de leite com Toddy. E daqui a pouco minha vó chega com bolo de chocolate.* Mari: "Ela é uma gracinha, hein, Lu? Se a gente se casasse eu ia adorar visitá-la aos domingos". *É.*

Mari é simpática, parceria pra toda hora. Vocês estão no jardim de inverno da Ala de Desequilíbrio Mental Sexual do Hospital Psiquiátrico Titiolina. Você solta: *Mari, separa e vamos nos casar. Eu cancelo meu noivado com Sasha.* Ela: "Aaaah, Larry James Lurex. Você nem sabe o que tá falando. Está sob efeito desses remédios. Quero ver se eu me separar mesmo. E quero ver também como vai fugir do Drácula". Mari dá uma risada gostosa. Ela é sempre simpática. *Pau pra toda hora.* "Mas me conte de novo todo o caso. É muito engraçado, Lu. Nove meses sem nada? Verdade?".

Você narrou tudo novamente. Seis meses sem transar e masturbar, esperando ser pego pela Ellen. Contou sobre o Gurugoku. Falou da Mulher Frank. *Tem também o Corpo Quente do Seu Buneco.* A Bruxa e o Jason. Coringa versão Tim Burton. A Morena tatuada. A estopa. O Indiano flamenguista. Multas. Euler. Drácula. Espermograma. *Mais cinco dias de abstinência.* Úrsula. Mulher-Hulk. *Deusa Pixinga e mais três meses de abstinência.* Contou que tudo faz parte do plano de entregar um novo homem à sociedade. *Nove meses e cinco dias de abstinência.* Explicou a hipnose e o poder divino da deusa velha Bruxa Pixinga.

67

Tem mais

Seita do Freddie com mais de um milhão de seguidores. Grota, frente e verso. Ritinha 1, a 2, a 3, a 4 e 5. Tem a Ruiva e a noite na boate. *Ruiva, tadinha, paga xerox caro e compra apostilas caras.* Lembrou que ela te amava, mas agora odeia. Sasha também te odeia, porém quer se casar com você. *Os vizinhos da Nossa República odeiam todos.* Ritinha não pode com abacate, nem vômito regurgitado. Sua avó vai resgatar a herança do Condex. Seu tio--avô é milionário e mora no mar com mulheres. *Eu moro na cidade com uma cadelinha pinscher.*

Você tenta se esquecer da Sasha e do Drácula, porém não consegue. Sasha e Drácula estão na sua cola. Freddie destruiu a Ellen. Freddie criou ioga social no Facebook. *Fanpage* onde posta *fotinhas* com posições e ensinamentos; já tem milhões de seguidores. Cada *post* do Freddie consegue mais curtidas do que os *posts* de jornalista corintiano falando do Corinthians. Freddie virou guru. O dinheiro ganho no processo da morte da ricaça duplicou. Freddie ficou milionário. Comprou ações da Apple. Leo ajuda a mexer com isso, ele entende de ações. Sabe o que, onde e quando comprar. *E foi isso, Mari.*

E você está há três meses no Hospício da Titiolina. Internado, amarrado com aquelas roupas. Braços cruzados nas costas, numa cadeira de rodas. (Estava jogando xadrez com a boca.) Mari suspira: "Nossa. Que reviravolta. Ponto de virada caótico, hein? Tudo porque você queria gozar, né?". *É. Só isso,* você faz voz de choro. Olhos umedecem. "Own, meu bem. Não fique tristinho. Quer que eu lhe chupe bem gostosinho?", Mari faz voz de mãe conversando com bebezinho. *Quélo,* você faz voz de bebezinho. Mari vira a cadeira de rodas e leva você ao fim do corredor. (Lembre-se que você está amarrado.)

Camisa de força, preso numa cadeira de rodas, num manicômio. "O pipiuzinho tá limpinho ou sujinho?". *A Mari é demais*. Você adora. Pau pra toda hora. *Tá sujinho*, você funga, ainda fazendo voz de bebê. "Vamos dar lavadinha, então? Porque a titia vai fazer serviço de sopro até a dorzinha sarar". A Mari é fantástica. Se fosse solteira você casaria com ela na hora, com certeza. Foi fácil sarar. Coincidência ou não, depois do boquete você sarou. Aí você chamou os enfermeiros pra mostrar o progresso na saúde. Contou piadas e explicou que *Star Wars* é diferente de *Star Trek*.

Levaram você ao médico-chefe do Titiolina. "Muito bem, Senhor Pirex. Faremos alguns exames pra ver se o senhor tem condições de retornar à sociedade". Vocês estão na sala de exames. Você odeia exames. O médico bate o martelinho nos seus joelhos e pergunta: "Assim?". Você reage: *Assim!* Ele apalpa suas costas: "Assim?". *Assim!* Ele manda falar A. *A!* Manda falar B. *A!* "É B, Larry". *A!* "Aaaah, puta merda", o médico sussurrou aborrecido. Você rapidamente: *A!* "Entendi", ele se estressa em voz alta. *A?* Aí ele se cansou: "OK. Tá tudo certinho, tá? Pode pegar suas coisas e ir embora".

Só isso? Três meses de tratamento. Dezenas de médicos e centenas de remédios; centenas de enfermeiros, e o que curou você foi o boquete da sua amada. Mas isso você não conta pra ninguém, senão eles podem pegar a Mari pra fazer experiências em laboratório. "Boquete em laboratório com a Mari". *Não, nem pensar!* Mari é sua e do marido dela. Comunismo sexual. Divisão de propriedade. Corpo bipartido, seu e do marido dela. Então você recolhe suas coisas e vai embora feliz. Despede-se dos funcionários do Titiolina. #partiu #feliz #vidanovacorponovo #tudonovo. Agora você quer sol, praia e leite com Toddy.

Uma semana depois de ser libertado, você está na praia de Ipanema. Você não voltou pra Nossa República, não voltou pra Copacabana, não avisou a Sasha. Você está com raiva do Freddie. Você conversa com o Leo todo dia pelo celular. Mas o Freddie você quer matar. Leo te fala do Aplicativo Frank, você dá algumas ideias ao Leo. Ritinha ficou na casa da sua vó. Seu Primo cuidou dela o tempo em que você ficou no hospício. Você tirou licença da escola. Distúrbio mental. Estafa. *Tipo aquela doença que o ator Michael Douglas teve.* Você não procurou a Sasha.

Leo e Freddie iam te visitar todos os dias no Titiolina. Mas quando Freddie chegava você fingia que dormia e recebia só o Leo. Leo levava *Playboy* pra você. Passava as folhas bem devagar. Aproximando e afastando de acordo como você pedia. Leo é pau pra toda hora, porém, apenas num sentido. Drácula visitava às vezes. Jason e Seu Buneco também iam. Mas você estava com raiva deles. Eles viraram seguidores do Freddie. *Freddie. O destruidor de mulheres. Corta libido. Empata foda.* No tempo em que você ficou fora, o Projeto Frank parou. Projeto Frank é montar a mulher perfeita.

"Sem você não tem graça, Larry. Vou parar de me masturbar e surtar igual a você. Aí vamos ficar juntos aqui no Titiolina. O que acha?", ele sugeriu sorrindo. Leo. Pau pra toda hora. Ele te falou do projeto novo: "Tenho um projeto novo, Larry. Dei *pause* no Projeto Frank". Ele contou que começou a trabalhar em outra coisa durante sua estada no Titiolina, e, claro, você colaborou com ideias (mesmo amarrado e preso numa cadeira de roda). Leo gosta de coisas eletrônicas, tá sempre fuçando. E fuçando nessas coisas eletrônicas ele achou alguns comentários a respeito dele, do Leo.

Uma ex-ficante desceu o pau no Leo porque o Leo não desceu o pau nela. Desceu o pau num daqueles aplicativos de celular. "É de celular, mas funciona em qualquer lugar. Se bobear, pelo jeito que as coisas estão, os aplicativos abrem até em caixa eletrônico". Assim a mulher falou mal do Leo. Resumindo: o Leo viu sua ex-ficante falando mal dele num aplicativo. "Coisa de modinha". Avaliar o cara e tal. Tamanho do membro, duração do ato, alcance do jato de esperma, esperma básico ou ácido, corta a unha etc. "Cortar a unha é muito importante em se avaliar".

68

Leo continua

Ele prossegue nas teorias: "Unha grande pode atrapalhar na hora do sexo, sabe? Tipo, pode arranhar algo sensível. Bom, isso tava lá, no aplicativo". E o Leo tava com a unha grande porque estava aprendendo a tocar violão e é fã do Zé do Caixão. A mulher não quis mais sair com ele. *Leo parou de transar com ela porque tinha unha do Zé do Caixão. Isso foi pro aplicativo e rapidinho virou falatório nas redes sociais.* "Unha grande, pau pequeno", a menina falou. Isso deixou Leo intrigado. (Não incomodado, porque ele é o Leo, não se incomoda com nada.)

Foi aí que teve a ideia do projeto novo: "Larry, vou criar um aplicativo também. Com dicas e elementos do fenótipo sexual". *Quê?*, você estava no hospício ouvindo o Leo falar essas coisas. *Fenótipo?* Leo explicou: "Então, não seria bem fenótipo sexual. Poderia ser pornografia, e depois com atualização posso fazer adaptação pra pornofalia". *Pornô quê?*, você sempre dá corda pras coisas que ele fala. Você adora o Arquivo Aleatório. *Prossiga.* Leo prosseguiu: "Você sabe que pornografia vem do 'pornô' com 'grafia'. Grafia é escrever. Pornografia é escrever sobre bobagens. Falia, vem da rima de grafia com falar". *Faz sentido.*

"Assim, surge o pornofalia, a arte de falar bobagem. Pode ser na variação greco-latina de ninfofalante, ou pornovox. Mas eu odeio o Bono Vox, e pornovox me lembra ele. Detesto U2". *Entendi. Faz sentido. Continue.* Leo continua todo feliz: "Sabemos que hoje em dia todos são pornoriculares. Pornoricular é aquele que gosta de ouvir bobagem. Vem do pornô com o adjetivo erudito auricular, da locução adjetiva de orelha". *Eu sei, eu que te ensino essas coisas, Leo.* "Então posso usar a falia, a grafia e a auricular em conjunto com o pornô. Assim crio um aplicativo pornosinestésico, sacou?". *Hã? Sinéstico?*

"Vem da sinestesia, usar sentidos. Ou seja, pornô que abrange todos os sentidos. Pornogeral. No inglês *pornall*". Você anui: *Perfeitamente, Leo. Sinestesia é figura de linguagem que combina percepções sensoriais distintas, ou seja, mistura os sentidos pra causar efeito de sensação.* Ele: "Viu? Por isso é bom conversar com você, Larry. As ideias não param. Podíamos estabelecer a noite pra *brainstorming*, o que acha? Cada noite um assunto aleatório, depois escrevemos e publicamos". *Tá bom, depois fazemos isso. Por agora voltemos ao aplicativo, OK? Você deve criar ícone de* help *e explicar neologismos, tipo Pornocionário. Senão as pessoas não entenderão.*

Leo criará aplicativo de *Pornall* pra celular que roda em qualquer coisa. O tema é sexo. Leo falando sobre sexo num aplicativo *Pornall*. Vai qualificar e quantificar o sexo num aplicativo de celular que roda em qualquer lugar. "Vou criar um campo de Projeto Frank também. As pessoas poderão entrar com os dados da última transa. Entrar com gosto, textura ou temperatura da pessoa e a impressão que o ato causou. Resumindo: 'Foi bom ou não?' 'Vai ter mais ou não?' Depois pode salvar o arquivo e pontuar seu Parceiro(a) Frank. No fim terá modelo ideal pra masturbação individual". *Quê?*

"Modelo ideal pra se pensar ao se masturbar. Com a vantagem de ter as sensações registradas. Sinestesia. Assim a manobra individual pode sair com textura, temperatura etc. Tudo ali, registrado no banco de dados. Isso é genial, Larry, pense nisso". *É sim, Leo,* você murmura e se lembra do gosto da Mari, do cheiro da Ellen, da textura da Sasha que você nem tocou direito. Lembra-se das apostilas que a Ruiva tem que estudar pras provas... "Ei, Larry? Preste atenção aqui! Na versão paga do aplicativo, disponibilizarei a função Pornôsto". *Que seria pornô de rosto?* "Não, pornô mais gosto. Pornôsto".

"Classificaremos cada unidade individual corporal da pessoa qualificada em fruta. Unidade individual é a parte a ser analisada. Boca, coxa, bunda. Vamos pegar a Mari, você gosta muito dela, certo? Tipo que seria polpa de manga. A boca da Mari seria manga bem macia e madura, assim sempre que você pensar nela, na Mari, vai sentir o gosto de manga e vai se tocar com gosto da fruta na ponta da língua. E assim as combinações são infinitas", Leo não para, continua entusiasmado. Maluco ao extremo da doidice. Voz: *Ele está cada vez pior.* Sméagol: *Leo machista. Nós odeia ele.*

"Hein? Tem fruta comestível pelo mundo todo. Imagina, tem as que nascem só em clima tropical; outras, no quente. Clima temperado. Região fria. Tem frutas modificadas em laboratório. Nossa, pode-se passar um dia no mercadão que nunca chegaremos ao fim. São produtos que não acabam. Sem falar nas bagas, legumes e até castanhas. Castanha-de-caju, por exemplo, parece uma vírgula, se unir duas, vira um coraçãozinho. Já sei, o caju será o ícone do aplicativo. O que acha?". *Tá*, você murmura sem interesse, mas aí murmura novamente: *Mari. Caju. Manga. Coraçãozinho?* "Larry do céu, você tá internado, cara. Conte até dez".

Você é estranho, Leo, você o censura. "Pô, Larry, todo mundo fala em comer alguém. E fruta é pra se comer. Então não tem grosseria. Mulheres também fazem isso; chamam o membro do cara de banana, mandioca, berinjela. O bíceps de batata-doce e a panturrilha de batatinha da perna. A diferença é que elas usam raízes, legumes, tubérculos. Já homens usam frutas, que é coisa mais delicada". (Mas isso foi conversa sua e do Leo quando você estava preso no Titiolina. Durante os últimos três meses.) Agora você está sozinho na praia. Sozinho fisicamente, pois na mente vozes estão retornando.

Você ficou três meses no hospício, fingindo dormir enquanto Freddie cantava algo estúpido pra você; vendo revistas de mulher pelada com o Leo; ouvindo música com o Jason (quando você não virava a cara pra ele) e rindo das piadas do Seu Buneco (quando você não virava a cara pra ele). E só depois de três meses alguém teve a ideia genial de lhe fazer um oral; eliminando o mal pela raiz. Mari ia toda semana (o marido do lado) ver você. *Mari, caju, manga, coração.* E você tinha que fazer voz fina pra manter o apelido de amigo eunuco.

69

Mari amiga

Ela convenceu o marido a ter compaixão, disse que você era doente mental. Assim você ganhou o oral medicinal que te sarou. (Agora é praia.) Você está livre. O paciente curado retorna à sociedade. Feliz, limpo e radiante. *Igual dependente químico quando sai da clínica.* Você está se sentindo puro. Está na praia. Por todos os lados tem vaginas ao sol, nádegas à milanesa, virilhas ao óleo. Você vê muitos joelhos pela areia. Você olha para as mulheres e vê frutas. Cada uma é uma fruta. Corpo de mulher e cabeça de fruta. Cabeça de mulher e corpo de fruta.

Ou toda fruta ou toda caroço. Você está na praia com a Ritinha. Domingo. Deitado na areia. *Paz*, você sussurra. Ritinha deita a cabecinha no seu pescoço e você fecha os olhos. Você está em paz. Puro, limpo, radiante. *Que maravilha.* Ritinha sabe de tudo. Leo contou tudo pra ela. Eles conversam muito. Leo é poliglota. Aprendeu cachorrês pra chegar na vizinha que tem *Yorkshire*. O *Yorkshire* era macho ciumento. Não gostou da ideia da dona sendo pega pelo Leo; tratou logo de urinar nos pés do Leo. Leo entrou na fase do Porco e urinou de volta no animal.

A dona não entendeu a briga dos machos, olho por olho, por isso cortou relações com Leo. Essa é outra vizinha do andar de cima que odeia o Leo. A internet que usam é do pai dela, ex-futuro sogro do Leo. O sogro mora no apartamento ao lado da ex-futura ficante do Leo, a vizinha de cima. O *Yorkshire* continua urinando no Leo sempre que o vê. Mas agora não tem *Yorkshire*, nem vizinha, nem Leo. Tem só você e Ritinha na praia. Você na paz. Mas aí aparece alguém para fazer aquilo que fazem quando estamos em paz: incomodar.

Alguém chega falando: "Oi, Larry. Vai me evitar até quando?", é o Freddie, parado em cima de você, bloqueando o sol. "Saiba que ódio e rancor só causam mal a você mesmo. E você tem compromissos com uma virgem que quer casar". Freddie mudou. Tornou-se 100% assexuado. Um Freddie 100% assexuado está bloqueando seu sol. *Ei, Freddie. Saudade de você, cara,* você se levanta e o abraça. Estava com saudade mesmo. Sméagol: *Freddie é bom amigo. Daqueles que pode ficar muito tempo sem ver e fica tudo a mesma coisa, como se visse todo dia.* Voz: *Não deixe de odiá-lo!*

Você finge não ouvir a Voz e prossegue: *Volto pra NR hoje. Já esvaziei o corpo. Digo, a cabeça. Novo homem. Vida nova, corpo novo, tudo novo. Só pegar as coisas na minha vó e vou pra NR. E sobre o casamento, vou ligar pro Sasho agora e ver quantos espermatozoides eu tenho, porque depende da contagem. Vou saber disso agora.* "Vai não," agora o Leo chega. A Ritinha o cumprimenta: "Au!". Você indaga: *Como assim, Leo?* Voz: *Estão tramando algo.* Sméagol pergunta: *Voltei?* Leo veio até você na praia de jeans e camisa de botão. Freddie está usando terno.

Tem um táxi lá na avenida, e ao lado dele está a Luana bem visível de vestidinho com babador, tipo roupinha de colegial japonesa. *Que isso? Cerimônia pra me buscar?* Freddie explica: "Você não vai pra Nossa República, pois vamos pra Bahia. Nosso voo sai em duas horas". *Bahia?* Nisso a Ritinha começa a latir loucamente; animais sabem quando o dono vai viajar: "Au!". *Fica quietinha, Ritinha.* Bonitinha, você a cata no colo, *como assim Bahia?* "Salvador, Larry. Úrsula. Cabritas. Axé, acarajé, mulheres", Leo arregala os olhos. Freddie censura: "Não é isso, Larry. Não dê ouvidos ao mundanismo do Leo".

Leo: "Vamos à conferência com o grande Mestre Gurugoku. O Mestre Oriental, faixa preta no Ioga Astral". Freddie continua: "O Mestre fará *workshop* num hotel *all incluse*, em Salvador. Semana que vem. Irei à procura dele pra fazer Teste Espiritual para alcançar a faixa preta do Sétimo Círculo Reto, assim me torno Doutor Mestre". Você: *Úrsula?* Leo: "É. A Úrsula tá te esperando lá. Usei seu celular nesses três meses e mantive contato com ela pelo WhatsApp. Salvei todo o histórico no e-mail, caso você queira ler". *Você conversou com ela por três meses se passando por mim, Leo?* "Sim".

Ótimo!, você deu parabéns à iniciativa do Leo que manteve contato com Úrsula por três meses se passando por você. Aí você volta ao assunto e cochicha: *Gurugoku? Que isso, Leo?* "Calado. Venha cá", Leo te tira de perto do Freddie e murmura: "Sabe o Goku? Pois é. O cara existe. É real". *Peraí, você não tinha inventado tudo?* "Inventei. Mas sabe como é minha mente, né? Arquivo Bobagem. Costumo guardar coisas que nem sei que sabia e essas coisas surgem do nada". *Hum, continue.* "Posso ter lido algo sobre Goku há anos e a coisa veio à tona agora".

Voz: *Sai logo daí! Viagem mental. Projeção psíquica. Arquivo Punheta. Você está na ilha.* Você: *Ah! Agora não. Vamos terminar isso.* Leo: "Entendeu?". *Então esse Goku vai palestrar em Salvador e vamos pra lá ajudar o Freddie a virar Doutor Mestre com o dinheiro do Freddie Assexuado?* "Freddie tá milionário. Fiz a consciência dele pesar, sabe? Usei argumentos infalíveis pra cima dele, e agora tá querendo se redimir com você. Vai torrar a grana conosco". *Justo, né? Bom, então vamos passar na minha vó pra pegar minhas coisas e...* "Não", Leo interrompe, "já arrumei tudo. Sua mala tá no táxi".

Ritinha? "Ficará com seu Primo. Freddie deu catorze mil pra cuidar dela". *Catorze mil pra cuidar da Ritinha?* Freddie grita: "Andem logo, o voo nos espera!". *Jason e Buneco?* Leo esclarece: "Vão também". *Luana?* "Sim". Voz: *Ellen?* Você se assusta: *E a Ellen?* "Relaxa. Ela ficará pra cuidar da empresa do Freddie". *Sasha? Drácula?* "Falsifiquei o relatório médico. Dei mais três meses de internação pra você. Sasha pensa que você tem mais três meses no hospício". *Maravilha!* Vocês entram no táxi e partem. Leo te entrega uma pochete, você abre e tira uma sunga e uma escova de dente. *Hã?*

70

Sunga escova

Que merda é essa, Leo? "Sua mala. Sunga e escova. Bem melhor do que sunga e tênis". *Verdade. Você está pronto, fisicamente, para ir a Salvador. Mas algo na mente está se passando. Uma voz bem baixa, distante, alguém querendo se comunicar em pensamento. Tem alguém na minha mente, você titubeia.* Leo dá de ombros: "Devem ser as vozes. Conversei com elas quando você morreu. Gostei do Sméagol, bem legal". *É, você concorda, sabe? Estou preocupado com a contagem de sementes.* "Larry, você ficou três meses amarrado numa cadeira de rodas e está preocupado com a contagem do seu esperma?".

Estou preocupado é com o Drácula, que estava mais preocupado com minha contagem do que a preocupação que tenho agora. "Não entendi". *Leo. Saí do manicômio, mas ainda estou noivo, cara. Impossível sair dessa merda. Quero voltar no tempo e me matar antes de marcar o casório.* "Aaaah! Viu? Te falei que se arrependeria e desejaria ser o T-1000 pra voltar no tempo e se matar". *Parabéns, acertou.* "Pois é. Cadê meu celular? Deixei com o Grota". *Você passou meu celular pro Grota?* "Passei". *Hum. Espero que ele esteja colocando créditos. Meu Plano Controle acaba numa chamada.* "Passei pra conta".

Passou meu plano pra conta? "E mudei de operadora. Troquei pra Alô. Ganhamos um Pacote Total. Aparelhos que falam de graça entre si e milhares de horas pra outras operadoras. Além de 4G ilimitado". Freddie olhou de lado, esnobando: "Ganhamos ou eu paguei por isso?". Leo replicou: "Na verdade ninguém pagou, mestre Freddie. Porque veio do dinheiro do processo da velha rica morta pelo *FaceTime*. E isso veio da eficiência da advogada lady

Ellen". Você estremeceu: *Não fale o nome dela*. Lady Ellen foi a advogada do Freddie que conseguiu ganhar da operadora. (O táxi parou na casa da Vovó.)

Ritinha ficou com seu Primo. Você instruiu: *Use camisinha, viu, Primo? Não quero ganhar um tio depois de velho*. Primo: "Vira a boca pra lá, Larry! Sua vó toma pílula". "Hã-hã", Luana coçou a garganta e se mexeu dentro do táxi: "Que papo íntimo de vocês dois, não?". *Foi mal, Luana. Bem, Ritinha, fique com Deus. Primo, cuide dela.* "Au". (O táxi andou.) Você: *Freddie, não consigo viajar agora.* Freddie nem te olhou, ficou esnobe: "Por quê?". Você: *Porque preciso da numeração dos meus espermatozoides. Tenho que saber quantos filhos posso fazer, entendeu?* "Não, Larry, não entendi. Nem quero entender".

Luana emendou: "Eu não quero, nem preciso entender". Você se desculpa. Fica calado. Vermelho. Leo lê sua mente. Leo sabe como te ajudar: "Freddie, podemos atrasar o voo enquanto Larry verifica a contagem dos filhos futuros". Freddie: "Como assim?". Leo: "Posso subornar o piloto com seu dinheiro e pedir pra ele atrasar". Freddie: "Como você vai subornar o piloto com o dinheiro dele?". "Não. Quando eu disse seu dinheiro, me referia ao seu, Freddie. Dinheiro do Freddie. Não o dinheiro seu que remeteria ao piloto". Você: *Por isso o uso de pronomes é complicado. Gera ambiguidade.* Luana: "Isso eu entendo".

Taxista: "Não sei o que os senhores querem fazer. Mas acabei de saber que todos nós atrasaremos". "Como?", Freddie se espanta. Taxista: "Olha a rua!". Vocês olham. "Maravilha!", Leo exclama. "Ah, nem!", Luana reclama. "Que a deusa Pixinga nos ajude!", Freddie se benze. *Que isso?*, você pergunta. Taxista: "Protestos contra a corrupção no governo. O último teve milhões de pessoas nas ruas". *E minhas sementes?* Taxista: "Olha, não sei quantas sementes você carrega aí na entrecoxa, mas sei dos milhões de queixosos que estão entre nosso trajeto até o aeroporto. Então pode ir pro banheiro contar, meu filho. Atrasaremos horas".

Leo espalma a mão pro Freddie: "Viu? De qualquer forma terei que subornar o piloto. Passe o cartão". Freddie suspira e tira o cartão do bolso. Entrega: "Senha 42 42". Leo: "Hum. Interessante". "O quê?". "Nada", Leo desce e puxa você. "Taxista", Leo explica, "eu e o maluco aqui iremos direto pro aeroporto. Pode seguir viagem e cuide da Luana". Ele: "Luana?". Luana:

"Eu sou a Luana, a mulherzinha do grupo". O taxista ignora, põe o fone de ouvido e fecha os olhos. Freddie: "Faça o que tem pra fazer, Leo. Nos encontramos no aeroporto. Se atrasar, irei sem vocês".

Vocês somem na multidão protestante. Você não sabe o que está acontecendo, acabou de sair do isolamento e retornou à sociedade pra encontrar a cidade sitiada por milhões de pessoas enfurecidas. Parecendo filme pós-apocalíptico. *Que bagunça é essa no Rio?* "Rio não. País todo. Pau tá quebrando, Larry". *Por quê?* "Porque quebraram o país". Você nem rende assunto. Você não gosta de política. Voz: *Volte ao hospício. Lá você é amigo da Rainha. Tem a mulher que quer, na cama que quer.* Sméagol: *Voltei?* Você: *Vamos fazer o quê, Leo?* "Entrar ali na lan house", Leo entra na lan house.

Leo conhece todo mundo. Cumprimenta todo mundo. "Vou criar um documento falso da sua saída temporária falsa. Por motivos de bom comportamento, o hospício liberou falsamente você por um dia pra passear no Cristo Redentor. Chamo o Drácula e explico a situação falsa, e te levo ao Cristo. Drácula vai e leva o exame verdadeiro da sua semente. Você pega a numeração e voltamos pro hospício falsamente, pois na verdade iremos ao aeroporto. Ponto". *Por que no Cristo?* "Porque a multidão não sabe lá, quebram o pau só aqui embaixo". *E o suborno do piloto?* "Na verdade já o subornei".

Subornou que horas? "Semana passada, quando Freddie comprou as passagens". *Porra. Você subornou o homem há uma semana e pegou o cartão do Freddie pra subornar o homem hoje?* "É". *Então vai usar o cartão pra comprar o documento falso aqui na* lan house? "Não. Vou usar o cartão pra fazer compras no Mercado Livre aqui na *lan house*. Quero a coleção de luxo de 75 anos do Batman". *Tá. Mas e esse documento? Como vai ser?* Leo tira uma folha do bolso: "Fiz semana passada, depois de subornar o piloto". Você lê o documento, assinatura e data de hoje.

71

Documento pronto

Você analisa o documento e olha pro Leo; escuta a gritaria do povo nas ruas e pensa ser a revolta nacional coisa programada do Leo. *Será?*, você pensa em perguntar, mas um celular apita no bolso do Leo. Ele te passa o celular, é um dos aparelhos oferecidos pela operadora: "Cuida disso, Larry. É mensagem da Capitã". Você confere: *É mensagem da Úrsula, no WhatsApp*. Você vê seu nome no celular. Leo usava o aparelho em seu nome. Você conversa com Úrsula usando respostas monossilábicas expressivas: *Hã? Não! Sim! Hum!* Leo passou três meses se passando por você no WhatsApp.

Você não sabe o teor das conversas, por isso não sabe como responder às perguntas da Úrsula que tem histórico de três meses conversados com Leo sendo você. *Melhor não aprofundar na conversa*, você pensa. Leo comprou as revistas do Batman e ligou pro Drácula do telefone da *lan house*. O mocinho da *lan house* fingiu ser enfermeiro: "Sasho, o acompanhante do enfermo vai lhe falar", e passou o telefone pro Leo. Leo, sério: "Sasho. Larry está em fase de recuperação branda. Aproveitando a lua cheia de hoje, a clínica o liberou para receber o brilho astral da dama prateada".

Drácula: "Quê?". Leo: "Enfim, por ser bom doente, Larry ganhou a tarde livre e visitará o Cristo. Ele quer que o senhor nos acompanhe e leve a numeração exata dos espermatozoides dele. Pois a contagem é algo que todo homem fica curioso em saber". Drácula responde educadamente: "Senhor Leo, compreendo e aceito o pedido do doente. Irei agora mesmo ao Cristo. Mas uma curiosidade. À tarde não temos lua. Como o paciente sairá para receber o brilho da lua cheia?". Leo ignorou e marcou a hora e o local. "Adeus, Drácula, te vejo no Cristo". Você pensa: *Cristo e Drácula?*

Pensa ter ligação sobrenatural o Leo ter marcado o encontro com um vampiro debaixo de um Jesus gigante. Você pensa em perguntar, mas desiste. *De qualquer forma é bom encontrar um vampiro romeno debaixo do Cristo, Leo está sendo precavido.* Leo continua: "Pronto, Drácula tá indo". Vocês deixam a *lan house*. Você pede: *Leo, vamos acelerar isso? Sem enrolar?* Leo concorda: "OK". (Modo prático.) (Chegam ao Cristo Redentor.) Drácula chega ao Cristo Redentor. Drácula abraça você e cumprimenta o Leo. Conversa vai e vem. Drácula mostra o exame: "A contagem deu um valor infinito. Nunca viram igual". Você se alegra.

Leo se alegra. Voz: *Graças a Deus e ao Cristo Redentor agora podemos viajar*. Sméagol: *Semente boa. Nós boa semente. Infinita, Precioso*. Porém, Drácula não se alegra: "Nada pra se alegrar, James. Pois faremos nova contagem. Essa contagem infinita é sobrenatural. Impossível gerar algoritmo infinito de semente. É como se o contador ficasse a vida toda contando e nunca fechasse a conta". Você pensa na pessoa contando. *O contador*. Contador de semente. Ele sentado ao microscópio contando seu espermatozoide infinito. O tempo passa. O mundo acaba e ele ainda conta... "Larry", Leo te sacode, "combinamos de agilizar. Modo prático, lembra?".

Hã? Ah, sim. Desculpe, você sacode a cabeça, respira fundo, olha pro Sasho e grita com toda fúria: *Conde Drácula, seu porco nojento! Nunca me casarei com sua filha!*, gritou isso na mente, claro, enquanto sobrevoava uma floresta tropical no topo duma montanha gelada longe dos trópicos. Das nuvens você viu um castelo em chamas entre a mata e um campo de estacas pontudas. "Quer me falar algo, James?", Drácula pergunta. Você sacode mais a cabeça e responde: *Voltarei para o Titiolina. Preciso de mais três meses. Quando sair, prometo contar as sementes e me casar com a querida Sasha.*

"Que bom, James. Por um momento pensei ter que tomar medidas extremas para garantir a honra da última das virgens, Sasha. Nossos ancestrais eram índios, e mantemos costumes interessantes dentro da Nossa Comunidade". Você pensa no *Último dos Moicanos* e um grupo de índios sacrificando virgens numa pedra ritual. Drácula acaba de ameaçar você num tom cortês. Voz: *Ele vai te matar e te empalar no castelo se você não casar*. Sméagol: *Sméagol está livre?* Você: *Não será preciso medidas extremas, senhor Sasho, meu marido. Estou louco para me casar*. Leo emendou: "Tão louco que voltará para o manicômio. Vamos?".

Vocês se despedem e descem do Pão de Açúcar. Alugam uma bicicleta na orla. *Bicicleta?* "O trânsito está parado ainda. Manifestantes não atacam ciclistas. Podemos tirar a roupa e fingir protestar nus a favor da ciclovia. Nos deixarão passar na hora". Você: *A ideia é boa, reconheço. Mas prefiro andar de bicicleta vestido. Estou há nove meses sem liberar sementes. Por isso meu exame deu contagem infinita, isso quando tinha seis meses e cinco dias. E agora o Drácula me ameaça de morte caso eu não me case com a última virgem da filha dele. Então, fico de roupa, obrigado*.

"Você tá ferrado. Vou aumentar a propina pro enfermeiro do Titiolina que vai sustentar a mentira pra gente, caso o Drácula passe por lá". Voz: *Leo pensa em tudo*. Sméagol: *Leo bom, Precioso. Amigo. Cuida de nós*. Você: *Trate de pensar numa forma de empalar o Drácula e me livrar do casamento*. Leo: "No momento certo". *E o Euler? O que virou dele?* "Já conheci. Gente boa. Parece o Jeca Gay da *Praça É Nossa*. Bem bonzinho. Sabe nem atravessar a rua, muito menos transar. Não sei como se casará. Parece que virgindade é de nascença na família da Sasha".

(Chegaram.) Aeroporto. Realmente, ciclistas foram liberados das manifestações. O piloto ligou pra você, mas não era pra falar com você. Leo: "É pra mim, Larry. Esse celular é seu, mas é meu. Aposentei o Nokia 1100". Leo conversa com o piloto no celular seu que você nem sabia que tinha ganhado. "Pronto pra embarcar. Só esperando a licença, Leo". "OK, piloto. Estou chegando. Proceda conforme combinado". Freddie e Luana estão no saguão, perto das pinturas coloridas que tem na parede. Leo entrega a bicicleta a alguém que nunca viu. "Tá no nome do Freddie mesmo. Depois ele paga a multa".

72

Todos aqui

Você aponta: *Jason e Buneco estão ali*. Leo: "Agora o grupo fechou". *É*, você murmura sem energia. "Ei, Larry. Pare com isso. Anime-se, homem. Estamos em *off-line*. Ninguém vai descobrir que você saiu do Titiolina e tá indo pra praia encontrar a Úrsula enquanto o Freddie se torna doutor mestre na oficina do Gurugoku. Relaxe, guerreiro. Vamos nos encontrar com o Doutor Cabra também". Doutor Cabra é o advogado baiano que trabalha com divórcios. Foi Doutor Cabra quem ajudou Bluais a resolver o problema da traição do casamento dele, do Bluais. Isso se passou em São Paulo, um tempo atrás.

Doutor Cabra é advogado baiano, mas atende em São Paulo. Você: *O que o Cabra tá fazendo em Salvador se ele atende em São Paulo?* Leo: "Tudo faz parte do plano, Larry". Você começa a ficar com medo. Voz: *Você já está com medo!* Sméagol: *Sméagol está de volta, Sméagol está livre. Meu Precioso!* Você: *Leo? Por acaso, você armou isso tudo? Levou o Gurugoku pra Salvador pra fazer oficina num hotel chique? Mandou a Úrsula pra fazer curso no BODE? Mandou o Cabra pra Salvador? E agora estamos indo de avião subornado pra Salvador com Luana, Jason e Buneco?*

Leo não respondeu, pegou o celular e mostrou um vídeo pornô: "Olha isso. Grota vive passando vídeos educativos. Tenho mais de mil. Salvei tudo num álbum: Arquivo Punheta". Você esquece os planos do Leo e pensa: *Salvador vai ser bom. Vou relaxar. Salvador é Nordeste. Nordeste tem muito sol. Sol espanta vampiro.* Voz: *Em Salvador você estará a salvo da Sasha e do Conde Drácula.* Sméagol: *Precioso nunca estará a salvo. Nós cuida do Precioso.* Você:

Obrigado, Leo. Sendo plano seu ou não, vou gostar de renovar as energias na praia. A turma se reúne. Cinco solteiros mais a Luana.

"Chique!", Jason está bêbado. Seu Buneco parece não estar bêbado. Na verdade não tá, senão já teria pulado na fonte d'água do saguão. Voz: *Não sei se o aeroporto do Rio tem fonte. Aqui na história tem.* Leo comenta: "Tá parecendo *Se Beber, Não Case*, né? Só que ao invés de irmos pra Las Vegas, vamos pra Salvador, que na ideia de festejar dá na mesma". *É. Cinco solteirões e a Luana linda no meio.* Leo corrige: "Temos um semissolteiro, Larry. Você ainda é noivo". *Obrigado por me lembrar.* Aí você lembra e fica triste porque se lembrou da Úrsula.

Você queria ser o T-1000. Luana fez *check-in*: #checkin #partiu #voar. O avião é bom. Tem chips, aeromoças e bolachinhas. Chips é bom; bolachinha, não. *Aeromoças são sempre boas.* Leo e Buneco fazem bagunça ao entrar. Jason mexendo no celular, nem olha pra frente; anda zombizando, conversando com a Bruxa no WhatsApp. Você pergunta pra aeromoça se aceitam caixão no voo: *Aceitam caixão no voo?* Aeromoça, cínica, sem senso de humor: "Aceitamos se você for um vampiro, senhor". Voz: *Ela te odeia.* Leo completa: "Não, senhora. Li no Estatuto do Passageiro que podemos embarcar com caixão sim, senhora, senhorita aeromoça".

Ela esnoba: "Nuca vi tal estatuto, senhor". Leo puxa um encadernado da mochilinha: "Toma. Boa leitura". Ela pega. O material é bem-feito. Português impecável. Ela corre os olhos: "Nossa. Esse tanto de coisa que eu nem sonhava?". Ela aperta os olhos: "Estranho isso". Leo: "Estranho?". Ela: "Aqui, no artigo 69 diz que aeromoças devem usar shortinho curto e miniblusa transparente sem sutiã". Você olha pro Leo. Leo olha pra você. Você reclama: *Combinamos de agilizar, Leo.* Ele: "Foi mal", e dá um sorriso amarelo, "moça, pra você não ficar aérea, fique com o documento. Leia tudo e depois me devolva".

A aeromoça logo perde importância. Vocês chegam ao assento. Primeira classe. Leo: "Freddie está pagando tudo". Depois da mímica das aeromoças, e falatório do piloto, o avião começa a fazer o que deve fazer os aviões quando não estão no solo: voar sobre algo. Voz: *E voar sobre algo é tenso.* No começo você fica com medo. Pensa no avião explodindo e numa bola de fogo. Depois pensa numa bola de vôlei e na ilha de *Lost*. Todo avião que cai numa ilha deixa sobreviventes. Você chama a aeromoça do estatuto. Ela chega: "Chamou, senhor?". Você: *Estamos sobrevoando alguma ilha?*

Ela, mantendo a educação, pensando que você está fazendo piada: "Não, meu senhor. Do Rio pra Salvador não tem ilha no caminho. Nem pedra, nem buraco", ela sai de cena. Você fica com medo. Você declara: *Estou com medo.* Leo: "Que foi, Larry?". *Me sinto melhor quando sobrevoo uma ilha.* Leo: "Hum". O assunto nada rende. Vocês estão no modo prático. No modo prático a história flui direta, sem enrolação, sem viagem mental. Mas você é débil, não precisa de viagem aérea pra ficar mental. Então você está na primeira classe, sonolento, deitado numa poltrona-cama melhor do que sua cama-cama.

Leo do lado. Freddie na frente com Luana. Jason e Seu Buneco atrás. Vocês beberam uísque. Seu Buneco reclamando do calor. Pensamento: *Merda! O cara vai querer tomar banho em pleno voo.* Voz: *Empurre-o da janela!* Você olha pra janela do Buneco. *É pequena. Não daria pra empurrá-lo.* Voz: *Use a Força!* Você se lembra de *Lost*, o avião partindo no ar. A vontade de empurrar Buneco passa. Jason não para de beber. Leo tá lendo revistinha. "Olhe, Larry", ele te mostra a revista em quadrinhos, "esta é a primeira edição do *Xis-3*, do Grupo HellBlood". *Bacana*, você adora quadrinhos.

Leo explica: "É a história dum queijo gaúcho abandonado pelos pais. O queijo rola pra dentro dum reator em Chernobyl onde sofre reação química e se transforma no X-Head, o vingador dos cheeseburguers. O pai se chama Lêitê-quênte; a mãe, Mâmâqui". *Queijo gaúcho?* "Os pais são fazendeiros dos Pampas. Lá do sul. É caótico. Depois que caiu no reator, X-Head se encontrou com o químico famoso Sir. Joseph John Thomson, do modelo atômico de Thomson. Lembra-se das aulas de Química com pudim de passas?". *Lembro sim.* Você se lembra bem, já foi pego por uma química. *Leo, continue. Estou gostando.*

73

Leo prossegue

"Sir. Thomson se torna mentor do X-Head e o ensina a usar os poderes. Thomson deixa de lado o modelo químico do Pudim de Passas e adota o Queijo de Passas. X-Head sai pelo mundo destruindo lanchonetes que vendem sanduíche com queijo. Torna-se inimigo mortal da expressão: duplica o queijo. É chamado de Justiceiro dos Derivados de Leite". *Que massa. Como ele é?* "Humano sem cabeça. No lugar tem um queijo, desses chatos e redondos. Parece moeda em tamanho ampliado". *E a turma dele? Todo super-herói tem uma turminha.* "A do X-Head é o restante dos familiares". *Restante dos familiares?*

"Um pernil que se transformou no X-Bacon e um Ovo de Páscoa que virou o X-Egg. Vieram da mesma fazenda. Xis-3. X-Egg, X-Head e X-Bacon. Estou lendo este livrinho também", Leo tirou um livro do cobertor. "Este é o Caminhoneiro Satânico, primeiro volume do HellBlood. História dum sujeito estranho. Psicopata. Cheio de relatos tenebrosos. Cheio de personagens duas vezes tenebrosos. É *trash* cômico, horror inocente". Você pega o livro: *Que legal, hein? Depois quero ler.* (É tudo real. HellBlood existe.) "Pode ficar. Vou terminar o Xis-3", Leo aperta a revista ao peito e murmura feliz, feito criança: "X-Head, meu herói".

(Voz na *sua* mente: Para saber mais sobre o Cabeça-de-queijo, só acessar a fanpage dele no Facebook. A revistinha é real. O Grupo HellBlood também. É tudo verdade, porém grande mentira.) Voz: *E aqui agora, seu herói escolhido é o Super-Homem. E você acaba de colocar X-Head no panteão de heróis preferidos. Agora você fica com o Super. Sonho de transmutação.* Você é o Super-Homem. Você está voando ao redor da Terra. Voando rápido. Velocidade da luz. Você quer fazer a Terra voltar no tempo, voando ao redor dela. Super-Homem fez isso no filme da época do Christopher Reeve.

Ele voa ao redor da Terra e volta no tempo. Você está voltando no tempo, nove meses; quer voltar na época da Ellen vadia. Voz: *Você precisa pegar a pera, ainda não se curou. Você é doente enrustido.* Por isso é o Super-Homem. Volta nove meses; três no Titiolina, seis na abstinência punhetal. (Desconsiderando os cinco dias do espermograma.) Faz quase um ano que conheceu a Sasha, Ellen e Ruiva. Tem três meses e cinco dias que você conheceu a Úrsula e o Drácula. E em menos de um dia você saiu do hospício da Titiolina pra ir a Salvador.

Você é o Super-Homem e pode fazer qualquer coisa que quiser porque você é o Super. E a coisa que você quer fazer por ser o Super e poder fazer qualquer coisa é girar a Terra ao contrário pra pegar a Ellen safada. Na época do pole dance. A noite da Sasha e do boquete da Ruiva. Voz: *Volte naquele dia à tarde, entre na Boate Delas e assista a Ellen dançando; no fim, convide Ellen pra sair e não a deixe conhecer o Freddie.* Freddie, agora, é o grande inimigo do Super. Simples lógica. Freddie é o Lex Luthor.

Voz: *Se ela não entrar pra seita do Lex Luthor, vai continuar adepta à filosofia Pode Dar; assim, você será pegado por ela, Ellen Maravilha.* Sméagol: *Nós quer ser pegado por Ellen Maravilha.* Super-Homem e Ellen Maravilha, a dupla do Arquivo Punheta. Bastasse usar os superpoderes do Super-Homem e pegar qualquer mulher no mundo, mas você é você e quer voltar no tempo para impedir uma mulher de entrar para seita religiosa do Lex Luthor. Voz: *Contudo, se fizer isso vai perder a chance de conhecer a Úrsula e jogar xadrez com Mari no hospício.* Sméagol: *Pense bem, meu Precioso.*

Você: *Tarde demais. Já foi!* Um letreiro luminoso brilha e pisca no céu da ilha: "Processo iniciado". Você está voando no espaço. "Processo iniciado". A Terra começou a girar ao contrário. "Processo iniciado". O tempo voltando. O passado retornando. O passado chegando. A Terra girando até que: "Senhor? Tem algo debaixo do cobertor?", uma aeromoça te acorda, é outra, não a do estatuto. Ela sacode seu ombro. Você segurando 1/3 do membro enrijecido com a mão direita e 2/3 do restante ereto com a esquerda. Volume elevado. Pensamento: *nove meses e cinco dias, caminhando para nove meses e seis dias.*

Aeromoça: "Senhor, é proibido manter volume erguido debaixo do cobertor enquanto estivermos com as luzes acesas. Se o senhor não largar o que segura, eu mesma terei que segurar", essa é a aeromoça te censurando educadamente. *A voz é cristalina.* Você se lembra do Super-Homem voltando no tempo, passado retornando. Você tira o tapa-olho. Abre os olhos e olha pra aeromoça. Uma tela de cinema desce na sua frente e tampa tudo. Na tela você assiste a uma explosão nuclear. É Hiroshima e Nagasaki. *Bombas caindo.* Igual filme mudo de guerra sobre guerra verdadeira. Aviões passando e bombas caindo, chovendo.

Um locutor sisudo, com voz de radialista da NASA fazendo lançamento de foguete, conta: "*Three, two, one.* Lançar". Um Cogumelo de fogo sobe pelo ar. *Arrrggghhh!*, e você grita pelo ar. Urra. Berra. E é lançado de volta à realidade. Você acaba de morrer de novo, porém aprendeu a morrer e a não cair, evitando bater a cabeça. Por isso morreu em pé. Você acaba de se tornar um *walking dead*, ou morto andante, na tradução leuniana. Grita mais uma vez e levanta num pulo. Leo levanta num pulo. Freddie levanta num pulo. Seu Buneco cai no chão num pulo.

Luana levanta num pulo, os peitinhos dela sobem e descem aos pulos. O avião dá um pulo. Você ignora todos e corre pro banheiro, entra e tomba na privada, já vomitando as tripas. "Oi, Isabelinda. Não vimos que você era você", Leo cumprimenta a aeromoça. Isabelinda Montanha. Sua ex-namorada. A culpada por tudo, principalmente pela doença ESCS. Voz: *Ela passou o vírus pra você.* Isabelinda: "Mundo pequeno, não? Que coincidência chata", ela lança a indiferença para vocês. "Linda?", Seu Buneco chama, "tá quente, não está?". Ela responde com indiferença: "Não está não, senhor Buneco". É daquelas com nariz arrebitado. Metida.

74

Tomar banheta

Seu Buneco continua: "Será que posso tomar banheta em algum lugar no avião?". "Banheta?", Isabelinda indaga com mais indiferença, entortando a boca e erguendo um dos lábios ao mesmo tempo em que ergue uma das sobrancelhas. Voz: *Ela é linda! Absurdamente. Porém, chata pra porra.* Sua ex-namorada se parece com modelo da Victoria's Secret. Isabelinda não tem linda à toa. O problema foi quando você a pegou dançando o quadradinho de oito na sala da República, isso matou você pela primeira vez na vida. Você era vivo até morrer naquele dia quando vivia com a a Isabelinda; como casal, claro.

Depois disso você nunca mais ficou de membro duro normalmente. "Larry, isso é um vírus esporrático que se espalha pelo ar feito colônia de fungo em mistura com bactérias", Leo explicou na época, "daquelas redondinhas parecendo coco. Mas que ficaram quadradinhas em grupos de oito. Oito quadradinhos em série". Esse foi o agente causador da ESCS. *Tudo culpa da Isabelinda.* Leo continuou com o diagnóstico: "Você foi contaminado por estafiloquadracocoemoito, vírus perigoso da família estafilococos". (Voz na *sua* mente: Não viu o quadradinho de oito? Procure no Youtube, tem diversos vídeos lá. Inclusive donzelas famosas. Mas tome cuidado, é broxante.)

Agora Leo entrou no diálogo aqui, do tempo presente dentro do avião, virando triálogo: "Isabelinda, banheta significa banho com punheta". "Nossa senhora, que grosseria gratuita, hein?", essa foi a Luana sussurrando do banco da frente. Assim o bate-papo virou quadrálogo. Voz: *Só falta virar quadrálogo de oito. Aí tudo vai brochar.* As coisas prosseguem assim: Luana xinga a falta de modos do Leo. Isabelinda entorta a boca em desprezo a vocês. Seu Buneco insiste no calor e no banheta. Leo voltou a ler o Xis-3. Sorte estarem na classe executiva, só tem vocês. Isabelinda é a aeromoça exclusiva de vocês.

Freddie tá invisível, ninguém o vê. A aeromoça com o estatuto tinha entrado no banheiro com o estatuto debaixo do braço e até agora não saiu. Leo comentou: "Ela tá defecando nas alturas e lendo as leis". Você não sabe se o estatuto é real ou se foi o Leo quem criou; muito menos se aeromoça defeca nas alturas. Sobre isso você não pensa, pois agora só pensa em limpar o vômito da roupa. Jason continua bebendo: "Chique". (A situação perdurou até pousarem.) O piloto exigiu mais propina: "Muita confusão, Leo. Preciso de mais dinheiro pra calar as testemunhas, sacou?".

Leo ainda estava com o cartão e senha do Freddie. Nem pechinchou a propina. Pagou logo: "Pega a maquininha de cartão aí". Então pousaram. Seu Buneco ficou sem a banheta. Leo terminou a leitura do Xis-3. Você não saiu do banheiro. Freddie já estava em terra, esperando o avião pousar. Isabelinda: "Freddie já desembarcou? Como assim?". Leo respondeu: "Ele é ser 100% assexuado, deve saber teletransportar. É quase Doutor Mestre, possui muitos superpoderes incompreensíveis pra ciência moderna. Igual no filme *Energia Pura*". Isabelinda entortou mais a boca. Voz: *Mesmo toda torta ela é linda*. Sméagol: *Minha Preciosa*. Você vomita mais.

Jason: "Chique!". Vocês desceram. Pegaram as malas. Agora estão lá fora, perto dos táxis. Ninguém comentou da sua morte. Nem da saída do Freddie. Nem da banheta. Nem da Isabelinda. A aeromoça do estatuto chegou e devolveu o documento ao Leo, parece ter levado a sério as orientações, porque veio de shortinho e miniblusa transparente. Voz: *Olhe! Ela é bonita*. Arquivo Punheta. Ela é morena índio, olhos de mel, parece dançarina de axé. Nome: Leila Baralho. Você quer segurar o tchan dela, mas Leo te puxa e só sobra um tchau pra ela segurar. Leila sai de cena. Vocês andam.

E agora, gente?, você pergunta. Freddie: "Meu motorista está ali. Iremos direto pro hotel... Antes, Larry, pode passar no banheiro e tirar essa camisa vomitada. Esperaremos você". Luana entortou a boca ao criticar: "Que horror!". Leo sussurra: "Mulher bonita pega a mania de entortar a boca fácil, né, Larry?". *Deve ser*, você se envergonha. Luana odeia vocês no *level hard*. Voz:

Mentira. Ela gosta do Leo. Sméagol: *Termina isso logo, Precioso.* Você: *Vamos terminar logo, Leo?* "Mas e o Cabra?". *Que que tem o Cabra?* "Vamos esperá-lo?". *Ah! Depois ele acha a gente. Vou no banheiro me limpar,* você sai.

Sua mente processa as informações do Cabra. A Voz vai te lembrando. Tem aquela vez que vocês viajaram pra São Paulo a fim de se encontrarem com o advogado Doutor Cabra. É a depressiva história alegre do inglês boa gente traído por boa mulher. *O apelido dele é Bluais.* Bluais é seu amigo e ex-cunhado; irmão da Isabelinda. (Ele se parece muito com a Isabelinda Montanha.) Você é filho de ingleses, descendente do Condex. Voz: *Por isso você tem certo carinho com Bluais e a irmã, que são ingleses também.* Bluais se casou com uma mineira muito boa e linda.

(Desnecessário abrir parênteses, porém necessário: mineira linda se refere à mulher nascida nas Minas Gerais, terrinha do 'sô', 'uai', 'trem'.) Um ano depois, Bluais descobriu a traição. Doutor Cabra provou: "Guerreiro, ela o traía. Um ano de mentiras, falsidade, hipocrisia". Leo confortou: "Mineiro come quieto mesmo, Bluais, liga não". Bluais tinha se apaixonado pela mineira. Ela engravidou e assinaram matrimônio; isso foi antes dele descobrir a traição, nada tem a ver com agora. Agora você está no banheiro, parado em frente ao espelho, babando. O vômito criando manchas secas na camisa. "Tá pensando em quê, Larry?", Leo apareceu na porta.

Estou lembrando a história do Bluais e pensando na Isabelinda. Leo: "Hum. Bacana. Tô esperando aqui fora. Anda logo". *Tá,* você volta a lembrar das lembranças do Bluais. Na verdade você não tem lembranças do Bluais, tem apenas da Isabelinda. Então você pensa nela, na sua irmã (Ela). Ela, sua irmã gêmea, dizia que Leo ficava com ela (Ela) pra passar mais tempo do seu lado (você). E você era amigo do Bluais pra passar mais tempo ao lado da irmã dele (Isabelinda). Sméagol: *Cuidado com pronomes, meu Precioso.* Você tenta não se perder nos pronomes misturados com nome próprio.

75

Bluais casou

Aí veio a revelação do médico, na mesa de parto: "Sua mulher te traiu". Foi isso que ocorreu com Você. Você não é pronome de tratamento, é nome próprio. Sméagol: *Não pode ficar dúvida sobre você e Você*. Voz: *A história do Solteiro Sofre Demais é sua. Larry é você. Mas Você não é o Larry. Bluais é outra história, em que Você é substantivo próprio, V é grandão*. Você é o nome do Bluais. Aliás, o nome correto e registrado é Hiu, mistura nada feliz de Ryu com outra coisa qualquer bem menos feliz do inglês. Bluais, nome: Hiu.

Leo sempre fala quando fala do Bluais: "Explicar nome é tentar explicar algo que não tem como se explicar". Os pais do Bluais são ingleses amantes da cultura nipônica. Assim, queriam o nome Ryu. Voz: *Ryu é coisa do Japão, tirada do Street Fighter*. "Porém", Leo conta, "por atrevimento de pessoas que trabalham no cartório e acham feio o nome do filho dos outros e tem a cara de pau de criticar antes de fazer o registro, Ryu deu lugar a Hio". Em inglês, o H tem a pronúncia tipo R. Exemplo do *Hi* e *Hello*. Rái e Relôu, respectivamente.

Ryu é análogo, foneticamente, a Hio: Riú. A família de Hio se mudou para o Brasil, e por surpresa nada surpreendente, a pronúncia do nome virou 'iu'. No Brasil o H inicial tem som mudo. Sméagol: *Som mudo?* Leo: "Por fim, o nome Hio virou Iu". *Iu é o inglês dos olhos azuis, chamado Bluais*. No falar falado, o nome Iu significa inglesamente *You*. Você: *Brasileiro tem jeitinho pra tudo, né, Leo?* Leo: "Né!". Quando a família de You se mudou para o país do futebol, o Y estava fora do alfabeto. *O acordo ortográfico veio depois*, isso você sabe.

You é você na língua chique. E o nome do garotinho inglês, pra ficar chique e exato no português brasileiro falado, deixou de ser You e virou Você.

Leo: "Então, Larry, por questões de piada e gozação, o nome dele, Iu, ficou sendo You, que é Você. Aliás, não é nome, pois o nome é Hio. Então Você é o apelido". Você: *Mas o apelido vira nome depois de muito usado.* Leo: "Dessa forma surgiu na Nossa Roda o nome Você". Voz: *Sempre que pensar em Bluais, pense em Você.* Leo: "Mas se você pensar nele como Você, vira vocês?".

Doutor Cabra, catedrático no assunto de divórcio, finalizou: "Você ou Vocês, não importa o sujeito. Chifre é igual a consórcio, se você entrou, uma hora será contemplado. Vocês estão sujeitos a traição. Quem não está? Todo castigo pra corno é pouco". Cabra não está aqui, o que está são os pronomes. Voz: *Voltemos a falar de Você, que é o corno Bluais.* Você se lembra da Isabelinda, então se lembra muito bem de tudo. Começou com Leo e Bluais conversando pelo telefone fixo. Na época você namorava a Mônica, e Leo pegava a vizinha do *Yorkshire* e não existia WhatsApp.

"O quê?", esse é o Leo perguntando. "Me traiu", e esse é Você (Bluais) respondendo. Leo: "Quem?". Você: "Minha mulher". Leo: "Quando?". Você: "Tempo todo". Leo: "Onde?". Você: "Em todo lugar". Leo: "Como?". Você: "Muito complicado". Leo: "Por quê?". Você: "Tem tempo?". Assim foi, com perguntas interrogativas e respostas expressivas. (Leo e Bluais conversando pelo telefone sobre o fracasso conjugal do recém-casado Você.) Depois Leo ligou pro Cabra e relatou o caso. Doutor Cabra se vangloriou: "Viu? Te falei. É assim que sempre começam com o 'Ei, doutor! Cancela meu casamento'. Ouço isso todo dia, Leo. Casado sofre demais. Lembre-se".

Bluais e Doutor Cabra serviram para mais temor injetar em você. Porque você sabe que solteiro sofre; mas casado, ainda mais. Voz: *T-1000. Seria tão simples. Só voltar no tempo e matar a Sasha. Mas não, você quis voltar no tempo e pegar a Ellen.* Seu nome é Larry James Lurex. Signo duplo. Gêmeos. Dupla face, duas caras. Por isso eu sou você. Você é Larry. Quem é Larry? Vocês. Professor de Literatura. Ganha pouco e gasta muito. Nem pega muito nem pega pouco, mas tá sempre transando em comunismo sexual com Mari Michele. Você está noivo da Sasha Grei.

Por estar noivo da Sasha você terá que se casar com Sasha e Sasho. Sasho é o pai da Sasha. Sasho é o Drácula carioca com protetor solar facial em placas; lembrando tártaro. O evento no Facebook, *Nosso Casamento*, já consta com milhares de presenças confirmadas. *Jeca Gay, Euler, também se casará.* Euler ainda não tem noiva. O pai, Verbo; e avô, Advérbio, estão em negociação com a noiva do Euler. Euler é o jeca que não sabe transar nem cruzar rua. Euler se casará com você. Não com você, mas vai se casar junto com você na Nossa Igreja.

Você é o Larry. Voz: *Todos somos. Quem não curte safadeza?* Sméagol: *Nós gosta.* Você gosta; e gosta de outras coisas também. Leo gosta de mais coisas que você; Freddie não gosta de quase nada. Ritinha tolera as coisas que você gosta, porém, tem intolerância a abacate. Por gostarem de coisas assim, vocês moram juntos. Freddie, além de guru assexuado, é astrólogo. Mexe com astros e números. Você é professor de Literatura; gosta de todos os períodos, mas tem intolerância ao Clássico. Freddie comenta: "A Base 10 não é clássica, mas é bem simbólica". Leo fez estudo da Base 10.

"A Base 10 fecha com 77 capítulos. 77 porque é um número santo. 7 é especial. 77 é dois 7. Diferente de 2 7, que quando falado percebe-se a separação, mas escrito parece 27", isso Leo comentou quando ficou no Titiolina conversando com a Voz e o Sméagol. Sméagol é tímido, aparece de vez em quando só. Leo continuou conversando com a Voz saída do seu corpo: "27 é 9x3. 9 é 3x3. Então 27 é 3x3x3. O nome desse corpo que você possui é Larry James Lurex. Nome tripartido. Você tem 33 anos. Eu, você e Freddie somos três".

# 76

Corpo possuído

Leo prosseguiu no diálogo com a Voz possessora: "Sasho é contador, ele conta de 3 a 7. 3 é mais santo do que 7. Porém, 7 é 3x2+1. 3+2 é 5, a geração da atual Ritinha. 7x7 é 49, quase 50. 50 reais foi a quantia paga à Ruiva pra ajudar esse corpo a se erguer pra Sasha". Leo fala ter pago 50 à Ruiva. Na verdade a Ruiva recebeu 40; Leo, 10. Voz: *Prossiga, Leo. Fale mais da numerologia.* "10 é 9-1. Virando o 9, vira 6. 6+1 é 7. É tudo simbólico, matematicamente contado pelo contador do laboratório".

"Drácula também conta, mas ele usa uma calculadora HP 12C, aquela financeira pra calcular juro composto". Voz: *É claro que ela calcula outras coisas mais.* Mas sobre isso você nada quer saber. Nem o Leo quer saber, porque ele usa outra HP; a científica 48 G+. "Eu queria uma HP que gere gráficos esquizofrênicos da medicina esquizofrênica sexual. Igual aos gráficos que o Larry disse ter visto no livro do doutor". Voz: *Sei. Eu vi os gráficos também.* Leo: "Vou pesquisar no Mercado Livre depois, ver se acho alguma". Voz: *Compre a coleção de revistinhas do Batman também. Edição especial.*

Isso Leo conversou com você enquanto você estava em coma sexual no Titiolina. Você ouviu tudo caladinho, enquanto a Voz argumentava com Leo. Parece que você, sem ser você, contribuiu com o uso indevido do cartão de crédito do Freddie para a compra das revistas que o Leo comprou na *lan house*, horas mais cedo na presente da história. Mas isso você não se importa, nem conta pra ninguém. A única conta que faz agora é de 9 meses e 5 dias; que estão virando 6 dias. 9 e 6, você pensa, *se trocar vira 6 e 9. Tudo simbólico.*

Você está na ilha, usando a faca infinita numa pera infinita caída dum pé de pera. Você está picando pera pra fazer salada de frutas. A Rainha Russa está do seu lado. Ela conta nos dedos e comenta: "Na verdade é salada de fruta, porque só temos pera". Você faz a contagem: *É. Só uma fruta*. Fruta ou frutas, não importa, o que importa é que a ilha acaba de importar mais gente. Outro avião caindo. *Lost*. Vocês abandonam a salada e correm para o abrigo anti-aviões-em-queda. As italianas estão espremidas lá dentro. A Rainha Russa está espremida em você.

Você é um cavaleiro real com faca infinita e fósforo infinito à prova d'água. O fisioterapeuta Gandalf é o mestre de cerimônias da ilha. Ele vai até os destroços do avião novo que acabou de cair de velho. Gandalf: "Alô! Tem alguém vivo aí?". Dos destroços sai um vulto feminino torto. É a Isabelinda com a boca torta de desprezo. Ela nunca gostou do Gandalf. Ela: "Prefiro o Merlin", resmunga, mas aceita a ajuda do Gandalf fisioterapeuta. Sméagol aparece e fica de longe olhando, planejando nas sombras a forma de matar a Isabelinda. Sméagol: *Nós torce o pescoço dela, Precioso*.

Gandalf chega com a Isabelinda, a única sobrevivente do novo avião. "Única nada. Eu também sobrevivi!", essa é a Leila Baralho, a aeromoça dos olhos de mel. Ela ainda usa short curto e blusa transparente. Chegou com o estatuto debaixo do braço, parecendo Moisés descendo do Monte Sinai com as placas dos Dez Mandamentos. Você está protegendo a Rainha Russa, contudo, ninguém protege você da Isabelinda. Você se lembra dos três itens usados pelo Jason pra deixar a ilha. Você precisa voltar ao corredor infinito e trocar seus itens pelos itens do Jason. *Só assim sairei da ilha*, você pensa.

Voz: *Você nunca sairá da Ilha!* Sméagol: *Precioso, vamos pra caverna*. Voz: *Na caverna você não é amigo da Rainha, mas lá não tem Isabelinda pra te atentar*. Você tem ESCS. Na contagem atual, está no grau Sete da Esquizofrenia Sexual aguda. Sete é o número santo da criação. Na ilha não tem Freddie. Mas tem Leo. Jason tinha, porém, foi embora usando três itens. Você pensa: *Como pode dar tudo errado numa vida tão curta?* "O que está resmungando, Larry?", Isabelinda chega perguntando. Vocês estão no baile de formatura das princesas russas, na praia norte da ilha agora habitada.

É luau. Oferenda na praia. Você é o mestre fogareiro, aquele que acende a fogueira e não deixa o fogo apagar. Você usa o fósforo infinito pra manter a fogueira infinita das russas. *Não estou resmungando nada, Isabelinda*, você responde. Ela nada replica. Voz: *Até aqui no plano surreal ela te odeia*. Você: *Eu sei*. Sméagol pula de uma sombra pra outra, de olho na Isabelinda. Voz: *Sméagol quer ajudar nós*. Você: *Ninguém pode nos ajudar. Nem o Chapolin Colorado*. Você tem 33 anos e está numa ilha acendendo o fogo das donzelas russas num luau à luz de luas.

São sete luas. *Oferenda sem balões de camisinha*. Você gosta do Chapolin. Leo comprou a coleção de luxo do Batman, 75 anos. Você quer ler a coleção de luxo do Batman que será entregue na Nossa República. Pra isso você precisa apagar o fogo das russas e nadar até o corredor infinito, pegar três itens e deixar a ilha. Voz: *Mas se apagar o fogo das russas, você nada mais verá. O corredor fica no mar. Uma ilha num rochedo*. Você precisa do fogo pra enxergar. *Sem fogo tudo apaga*. Você quer apagar o fogo das russas e não pode.

Você sofre de Ereção Só Com Safadas e vai se casar com a última das virgens de uma família de dráculas cariocas. Você não consegue acender o fogo. O luau na verdade nem teve início. A fogueira broxou. As mulheres na ilha estão te esperando. Você está molhado. Molhado de forma indesejada, não de forma acesa. Você está todo molhado. Algo baboso, que estica entre os dedos, é transparente, parece com: "Larry? Larry?", Leo te sacode no chão, "olha pra você, amigo. Tá babando igual bebê". Leo passa papel higiênico na sua boca. Você estava babando igual ao Homer Simpson.

77

Agora acaba

Hã?, você treme os olhos. "Larry? Acorda, cara. Para com isso. O Cabra chegou. Tá no carro com o pessoal. Larry?". Você estava caído no banheiro. Babando. Sem reagir. Leo se preocupa: "Puta merda. Morreu de novo? Porra!". Voz: *Lembra que gato tem sete vidas? Lion, o chefe dos Thundercats é um gato. Você já pegou a Cheetara, que é gata. Então, por osmose, você é gato. Suas vidas estão acabando.* Você: *Vamos pra casa jogar Playstation, Leo? Deixo você jogar com o Ryu. Eu jogo com o Zangief.* Ryu é lutador do Street Fighter. Ryu solta o famoso hadouken.

Zangief é um lutador russo do Street Fighter. Zangief não solta nada, mas dá o famoso pilão giratório. Ryu é bem melhor do que o Zangief. Pelo menos pra Nossa Roda que não é viciada em Street Fighter. Por isso Leo fica entusiasmado: "Nossa. Que beleza", mas perde o interesse logo, "putz. Não vai dar, amigo. Estamos em Salvador já". Quando Leo passa a te chamar de amigo é porque você está próximo do fim. Lion tem sete vidas. Você está no grau Sete da Esquizofrenia Sexual. Já morreu várias vezes. Deve se precaver, com sete mortes tudo acaba. Fim.

Com custo você se ergue. Leo tira uma camisa da mochilinha e te empresta. Leo está ainda mais parecido com o gordinho barbudo do *Se Beber, Não Case*. Até usa suporte de carregar bebê no peito, mas adaptado pra carregar coisas leunianas. Ele chama a adaptação de mochilinha. "Tem cueca também", ele te mostra, "são aquelas que ganhei do Chicó". Você nega: *Eu vomitei na camisa, não caguei na cueca.* Leo: "Hum. Mas o cheiro é o mesmo, hein? O que anda comendo?". Você inspira: *Nossa. É mesmo.* Voz: *O cheiro não é seu. Vocês estão no banheiro do aeroporto.*

Você explica: *O cheiro não é meu. Estamos no banheiro do aeroporto.* Leo confirma: "Ah! É. Então lave as mãos e a cara, você estava deitado nesse chão imundo". Você lava as mãos e a cara, veste a camisa do Leo. É uma regata cavada da She-Ra. *Eu não vou vestir uma regata cavada da She-Ra, Leo.* Mas Leo já havia saído de cena. Leo e Freddie têm a habilidade de desaparecer. Voz: *E isso é preocupante.* Você murmura: *Como pode dar tudo errado numa vida tão curta?* Voz: *Calma, nem tudo está perdido; muita coisa ainda pode se perder.*

Você sai do banheiro vestido de She-Ra. She-Ra é irmã gêmea do He-Man. Você é gêmeo de irmã e irmão. Sua irmã se chama Ela; o irmão, Ele. Ela vem do inglês she; Ele, he. He é o nome inglês do seu irmão gêmeo nascido segundos depois da sua irmã She nascida segundos depois de você. Os nomes foram ideias da sua avó, a Vovó Sexy. Ela sugeriu, quando viu os trigêmeos chorando na incubadora: "Filha, coloque o nome desse de He, e dessa de She". Sua mãe gostou da ideia e perguntou: "E o outro eu coloco o quê?".

"Pela lógica da sequência seria It", Vovó refletiu sabiamente. Sua mãe: "He, She, It?". Vovó: "Yes". Para sua sorte, seu pai não era alfabetizado, portanto não entendeu a relação entre os pronomes pessoais, então retrucou: "Pro nome pessoal, It é feio. He e She pode ficar. O outro será Larry". Assim você passou a ser registrado como Larry. Desde o dia do seu nascimento, quando chorava na incubadora, você passou a ser irmão do He-Man e da She-Ra. Leo tem muitos brinquedos do He-Man e camisetas da She-Ra. Ela, a She-Ra, sua irmã, fala que Leo queria ser o Gorpo.

"Pelo menos o corpo já tem", Ela esnoba o Leo. Gorpo é o bobo da corte do desenho do He-Man, aquele mago anão que flutua. Seu irmão, Ele, defende o Leo: "Leo é pequeno, mas não é anão. Bobo é, porém, da corte não. De sorte que ele e It se dão as mãos pra passear pelo salão". Seu irmão fala em rimas. Voz: *E é muito chato.* Sméagol: *Nós odeia ele.* Você: *E até hoje ele me chama de It.* Você é o mais velho dos três por questão de segundos. Por ser o mais velho, é mais vivido.

"E por ser o mais vivido, é o que mais passou por coisas externas ao útero da mãe dos três". *E olha que mesmo velho, não me lembro de nada que se passou na incubadora quando nós três chorávamos.* "O que nos remete a pensar em fofocas, Larry", Leo conjecturou com você, certo dia quando seu irmão te chamou de It. "Foram fofocas sim. Nenhum dos três se lembra da incubadora. Então temos três pessoas que podem ter revelado a Ele seu nome original". Você e Leo estavam tentando descobrir quem contou ao He que seu nome original era It.

Você: *Meu pai, minha mãe ou minha vó.* Leo: "Um dos três contou seu ex-futuro nome, It, a seus irmão gêmeos chatos". É. "Sua vó é foda, foi ela com certeza". É. *Minha vó é foda*, você fala sem graça. Leo: "Bem que seu Primo fala". *Fala o quê?* "Que ela é foda". Mas agora a Voz te poda: *Esqueça os três que revelaram seu nome. É outro três que nos preocupa.* Sméagol: *A voz tem razão.* Você tem três meses de licença draculianas. Isso na teoria falsa do atestado falso da sua estadia prolongada por três meses no hospício.

Daqui a três meses você terá sido, falsamente, libertado do Titiolina e estará preparado para se casar. Isso é o que pensam Sasha, Drácula e a família do Euler. Você, no caso, pensa outra coisa. *Leo havia perguntado à aeromoça Leila Baralho se poderia entrar com caixão no voo. Drácula dorme num caixão. Drácula é o pai da Sasha.* "Tudo faz parte do plano", as palavras do Leo ecoam pela sua mente. *Tudo faz parte do plano?* Você grita: *Leo, seu desgraçado! Você trouxe a Sasha e o Drácula no caixão!* E a história acaba aqui. (O resto você inventa...)

Dedico este livro a Ritinha de Godoi e Silva, a quinta do nome Rita. A única parte verdadeiramente genuína em toda essa bagunça mentirosa. Ritinha de Godoi e Silva mora no interior de Minas Gerais e todo dia faz cocô no sofá. É uma gracinha de menina.

(Observação importante: Se você não curtir, compartilhar, comentar e espalhar pra todo o mundo o SOLTEIRO SOFRE DEMAIS, Ritinha fará cocô no tapete da sua casa. E cocô com creme de abacate, que demora pra desfazer e deixa um cheiro muito forte de cocô com abacate. O que você prefere? Cocô ou divulgar?)

Este livro foi composto com fonte **Adobe Jenson Pro,**
e impresso em papel **Pólen Soft** na **Gráfica Paym**
para a **Editora Empíreo.**
São Paulo, Brasil, setembro de 2015.